教育研究方法

陈秀珍　王玉江　张道祥　著

Education Research Methods

山东人民出版社·济南
国家一级出版社　全国百佳图书出版单位

图书在版编目（CIP）数据

教育研究方法 / 陈秀珍，王玉江，张道祥著．--济南：山东人民出版社，2014.9（2022.1重印）
ISBN 978-7-209-08660-8

Ⅰ．①教… Ⅱ．①陈… ②王… ③张… Ⅲ．①教育科学-研究方法 Ⅳ．①G40-034

中国版本图书馆CIP数据核字(2014)第201232号

责任编辑：王　晶

教育研究方法
JIAOYU YANJIU FANGFA

陈秀珍　王玉江　张道祥　著

主管单位　山东出版传媒股份有限公司
出版发行　山东人民出版社
出 版 人　胡长青
社　　址　济南市英雄山路165号
邮　　编　250002
电　　话　总编室（0531）82098914
　　　　　市场部（0531）82098027
网　　址　http://www.sd-book.com.cn
印　　装　山东省东营市新华印刷厂
经　　销　新华书店

规　　格　16开（170mm×240mm）
印　　张　15
字　　数　250千字
版　　次　2014年9月第1版
印　　次　2022年1月第6次
ISBN　978-7-209-08660-8
定　　价　32.00元

前言

教育科学研究是新世纪合格教师必备的专业素质。而今，社会的发展更迅速，教育的差异性更明显，教育变革的要求更深刻，教育研究的迫切性也就更强烈。因此，作为一名教师教育专业的学生，要有清晰的职业发展定位。“学者未必是良师”，一个合格的教师既要有知识和学问，又要有与教师职业相应的技能和品格；同时要有对儿童成长规律和教育规律的深刻认识，要有不断思考和改进教育工作的意识和能力；而教师的教育研究意识和研究能力又是推进未来教师职业专业化的有力保证。通常教师的教育研究素质要包括勇于探索、刻苦钻研、团结合作、不断创新等科研精神；要包括积极研究、潜心捕捉、发现问题、探究求索等科研意识；更要包括教育选题、搜集资料、社会调查、实验研究、统计处理、总结成果、撰写报告等具体、科学的科研方法。

在长期的教育研究方法教学过程中，我们发现在校的教师教育专业学生探究的精神、研究的兴趣比较容易激发，但对严谨、逻辑、细致、具体、烦琐的研究方法和程序却缺少一份耐心。为适应应用型师范高校教师教育专业教学改革和发展的需要，更好地贴近学生专业发展的实际需求，我们对教育研究方法在内容和体系上作了一些创新和尝试性的变动，以体现应用型培养在本门课所具有的特点，即理论的基础性、经验的参照性、实践的可操作性。在内容方面，我们在广泛吸取我国和西方教育研究方法丰硕成果的基础上，以马克思主义方法论为指导，吸收当代自然科学、社会科学、思维科学方法论方面的成果，对教育研究方法的一般原理、教育研究的构思设计、教育研究的选题、教育文献研究、教育调查研究、教育观察研究、教育实验研究、教育行动研究、教育个案研究、教育研究结果的分析与评价进行了系统论述，力求体现时代特色。在体系结构上，增加了学习目标、研究议题、实战体验等板块，增加了论文答辩和评价等章节，同时在书中增加了一些短小精悍的教育研究实例和作者之前研究的案例，以帮助学习者开阔教育研究的眼界、更好地理解教育研究的内容，加强对实践教育研究的指导和操作。

在本书的撰写过程中，我们参阅和引用了许多国内外有关的研究成果，借鉴了有关的成说，使我们的写作一开始就站在了巨人的肩上。对引用的观点和材料，尽管我们尽可能作了详细的交代，但难免有所疏漏。在此，向所有文献的原作者表示真诚的致谢。本书出版，得到了滨州学院各位领导和山东人民出版社的大力支持，特别是本书责任编辑王晶女士为此做了大量工作，在此深表谢意。

“高山仰止，景行行止，虽不能至，然心向往之”。我们愿以此与本书的读者共勉。水平所限，不妥之处难免，敬希读者批评指正，以匡正之。

张道祥

2014 年 7 月

目　录

第五章　教育观察研究

第六章　教育实验研究

第七章　教育行动研究

第八章　教育个案研究

第九章　教育研究成果表述

第一章　绪　论

学习目标

学习完本章后，你将能够：

1. 解释：研究、教育研究、教育研究方法。
2. 说明价值研究与事实研究、基础研究与应用研究的不同，以及它们各自对教育实践的作用。
3. 描述定量研究和定性研究的不同点，以及这些差异如何影响各自研究数据的收集与分析的方法。
4. 解释教育研究各项原则的内涵，并说明各原则在教育研究中的应用。
5. 描述不同类型教育研究方法的主要特征。
6. 说明教育研究的一般过程。

第一节　教育研究概述

一、教育研究的内涵

“研究”一词经常用于日常交谈，但“研究”又不同于日常生活中偶发的认识活动，也不能用谁在做、做什么、怎么做来界定。要理解“研究”的本意，需要追本究源。从汉语构词的角度看，“研”有“探求察考”之意；“究”本意为“溪流尽头”，可引申为“事物的本质”，故“研究”是指探求事物的本质。《现代汉语词典》对“研究”有两种解释：“探求事物的真相、性质、规律等”；“考虑或商讨（意见、问题）”①。一般认为，“研究”是一种系统的探究活动，人们探求事物真相、性质或规律以便于发现新的事物、获得新信息的活动。

关于教育研究，许多学者从不同的角度进行了界定，但分歧较多，一般认为：教育研究是运用科学研究的原理和方法，以教育现象和教育问题为对象，探寻教育活动规律及有效教育途径和方法的一种科学实践活动。教育研究与所有科学研究一样，由三个基本要素构成：客观事实、科学理论和方法技术，同时执行着描述、解释、预测和控制的功能，只不过研究对象的特点不同。教育研究以发现或发展教育科学知识体系为导向，通过对教育现象的解释、预测和控制，以促进一般化教育原理、原则的发展。

二、教育研究的类型

关于教育研究类型问题，有两点需要说明。第一，对教育研究方法进行分类，主要目的在于帮助我们对研究方法的理解应用，在于掌握每一类方法的基本特点、适用范围和条件。第二，教育研究方法体系本身也是不断发展变化的过程，随着科技发展，新的方法不断形成，特别是随着科技发展和相关学科新方法的冲击，教育研究方法也在不断变革。划分教育研究类型的标准有很多种，根据不同的标准划分的教育研究类型也不同。

（一）价值研究与事实研究

依据所研究问题的不同教育研究可分为价值研究与事实研究。两种研究引发出教育研究中的事实问题与价值问题这两种完全不同的问题。

1. 价值研究

价值研究主要回答因为什么、为谁、为什么目的、应优先考虑什么等问题，是一种“应然”研究。价值研究的基本目的是确认某种目的是否值得为之争取，采取的手段是否能被接受以及改进系统的结果是否良好。价值研究通过价值的确认与分析而直接面对价值问题。

2. 事实研究

事实研究是一种“实然”研究，主要回答的问题是：是什么，在什么时候，到什么程度，等等。事实研究对事物、事件、关系和相互作用等等进行描述、观察、计数和测量。事实研究要求研究者把尊重客观实际放在首要地位，一定要注意排除各种干扰和主观因素，尤其不能依据个人或上级的价值观念臆造事实。

（二）基础研究与应用研究

根据研究目的的不同，教育研究可分为基础研究和应用研究。

---

① 中国社会科学语言研究所词典编辑室.现代汉语词典[Z].6版.北京:商务印书馆,2012.1497.

1. 基础研究

基础研究的主要目的在于发展和完善理论，提示教育活动本身所固有的法则或一般规律，建立具有普遍性的理论，也称“纯研究”或“理论研究”。

2. 应用研究

应用研究的目的在于应用或检验理论，评价它在解决教育实际问题中的作用，即将基础研究所揭示的法则或规律运用于教育实践活动，以直接指导或改进教育实践活动，提高教育实践活动的有效性与合理性。

（三）定量研究和定性研究

根据研究性质的不同，教育研究可分定量研究和定性研究。

1. 定性研究

定性研究是指研究者运用历史回顾、文献分析、访问、观察、参与经验等方法获得教育研究的资料，并用非量化的手段对其进行分析、获得研究结论的方法。它是基于描述性的研究，也称质性研究。

2. 定量研究

定量研究是一种对事物可以量化的部分进行测量和分析，以检验研究者自己关于该事物的某些理论假设的研究方法。定量研究有一套完备的操作技术，包括抽样方法、资料收集方法、数字统计方法等。定量研究的基本步骤是：研究者事先建立假设并确立具有因果关系的各种变量，通过概率抽样的方式选择样本，使用经过检验的标准化工具和程序采集数据，对数据进行分析，建立不同变量之间的相互关系，进而检验研究者自己的理论假设。①

教育研究中定性、定量研究的连续性特征如图 1－1 所示。

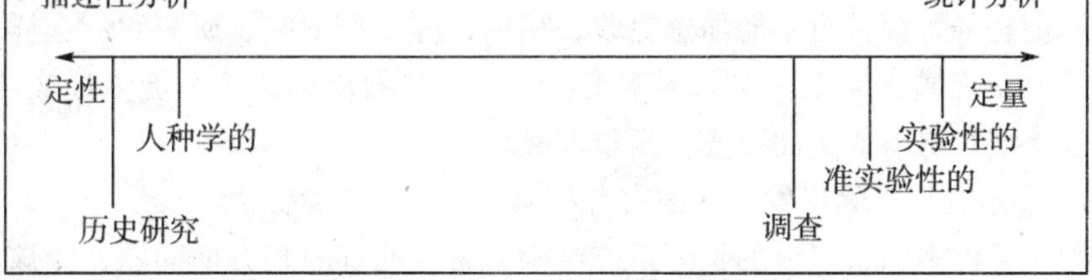

图 1－1　教育研究中定性、定量研究的连续性特征

① 维尔斯曼. 教育研究方法导论. 袁振国，主译. 北京：教育科学出版社，1997：171.

3. 定量研究和定性研究的区别与联系

定量研究和定性研究不是绝对的，二者是一个统一体。二者的区别有五个方面：(1) 从认识论角度来看，两者基于不同的范例。定性研究从最纯粹的意义上讲从属于自然主义者的范例，即研究在自然情景中进行，研究所获得的意义也只适应于特定的情境和条件。定量研究根源于实证主义，与定性研究相比更接近于科学的方法。定量研究对结果和产品予以极大的关注，而定性研究者更注重过程的影响。(2) 研究路径不同。定性研究是归纳的过程，开设研究时并不强调理论基础，而是在研究过程中形成理论，而且在研究过程中，理论不断被改变、被放弃或被进一步提炼。定量研究具有演绎性的特征，从开始就更倾向于以理论为基础。(3) 研究设计上存在差异。定性研究不强调严格和标准的研究程序，研究更灵活，采取的方法也样。而定量研究则要求有更标准的研究程序和预先设计。(4) 目的上的差异。定性研究旨在解释社会现象，而定量研究则在于确定关系、影响、原因。(5) 表现形式上的不同。定性研究主要是叙述，而定量则是通过数据的展现说明研究结果。①

三、教育研究的原则

教育研究的原则是教育研究必须遵守的基本要求，是研究工作的基本规范。它是教育研究规律的反映和教育研究实践经验的概括。

(一) 客观性原则

客观性原则是指研究者在研究过程中必须尊重事实，以客观事物的本来面目为依据，根据受教育者的社会生活条件和身心发展研究教育现象与规律，反对主观臆测，妄自论断。它是研究者必须遵循的基本原则。只有最大限度地保证研究的客观性，才能最大限度地实现研究目标。在教育研究中贯彻客观性原则，应遵循以下要求：

1. 要有严肃的科学态度和严谨的工作作风

对科学研究不能抱任何偏见或成见。对那些与自己原来设想不相符的材料，不能轻易舍弃，更不能随意更改；相反，应该重视它、研究它，这样才更有利于发现规律，深化认识。不能想当然，事先做出结论；不能为证实结论，去寻找事实；更不能歪曲事实，断章取义。

2. 要坚持从实际出发，详细占有材料

教育是由多因素组成的整体系统结构，研究教育的某方面问题，应该从多方面搜集资料。

---

① 魏薇，王红艳，路书红. 教育研究方法[M]. 济南：山东人民出版社，2012：8.

（二）创新性原则

创新性原则是指在教育研究中，研究者应该在继承前人研究成果基础上，发现新问题、提出新观点、得出新结论、产生新认识。创新既是对教育传统最深刻的批判，也是对教育传统有力的继承。在教育研究活动中要贯彻创新性原则，要求研究者：

（1）从教育历史出发，认真钻研和整理古今中外的优秀教育传统和经验。

（2）密切关注本研究领域和研究方向上的研究动态，及时发现那些还未被别人研究或者未被完全解决的问题。

（3）要从多角度思考问题，善于从那些已经被研究过的问题中发现新的创造空间。

（三）理论联系实际原则

理论联系实际原则是指从教育的实践需要和实际情况出发，形成和发展教育理论，并努力运用教育理论来指导教育实践，以推动教育理论和实践向前发展。教育研究者应做到：

（1）重视教育理论的建构及其对教育实践的指导作用。在教育研究中，无论是确定研究课题，还是提出研究假设、进行研究设计、搜集整理资料、选择和运用研究方法，都要自觉接受教育理论的指导。

（2）教育科学研究应当密切结合我国教育事业发展的实践需要和实际问题来进行。

（四）伦理性原则

伦理原则要求教育研究应遵循基本的社会道德准则，不侵犯研究对象或研究参与者的权益，避免对其造成身心伤害。要贯彻这一原则，研究者应做到：

1. 尊重被研究者和参与研究者的权利

在研究活动中应优先考虑如何保障被试的权利。如不参与协作权、不署名权、保密权、要求研究者承担相应责任权等。

2. 慎重解释研究材料或研究结果

研究者要合理地向公众或研究对象解释研究成果，避免造成不必要的误解与误导。

3. 避免给研究对象或教育实践造成消极的后果

研究者要“以人为本”，尊重研究对象或教育实践，如访谈时要坚持研究双方的平等对话、要尊重对方的选择等，避免研究过程中对研究对象身体和心理造成伤害。

4. 尊重参与者的隐私与秘密

研究者无论采用哪种方式收集资料，都必须尊重研究对象的隐私权，不能暴露研究对象的身份和隐私。

第二节 教育研究方法及其类型

一、教育研究方法的含义

人们对“方法”内涵的认识存在着一个发展过程，是一个随着时间而不断丰富、扩展、深化的过程。从历史的角度看，“方法”的内涵经历了“量规——工具或手段——程序”的过程。古代度量方形之法为“方法”，度量圆形之法为“圆法”，后合称“方法”。在西方，希腊的方法是从“沿着”“道路”发展而来的，意思是沿着正确的道路前进。语义学的解释是“按照某种途径”，指的是为了达到一定的目的而必须遵循的调节原则的说明。后来演化为“研究自然界、社会现象和精神现象的方式、手段”。再后来“方法”一词被最广泛地理解为工具与程序。从把方法看作对某类静态物度量的规范到对活动的程序、途径、手段的规范；从对个别方法的理解到对方法体系的认识；从对方法功能的认识到对方法结构的认识。人们还把行动操作的方法与思维的方法结合起来，作为方法中不可缺少的、相互依存的两大组成部分。

教育研究方法是按照某种途径，有组织、有计划、有系统地进行教育研究和构建教育理论的方式，是以教育现象与问题为对象，以科学方法为手段，遵循一定的研究程序，以获得教育科学规律性知识为目标的一整套系统研究过程。它同样是一个认识过程，其结果是解释或预测、发现或发展一定的教育原理、原则和理论。它既是一种知识的体系，又是一种行为准则。

二、教育研究方法的基本类型

（一）以研究过程的阶段为标准的方法分类

1. 设计阶段的方法

在设计阶段采用的研究方法，主要包括确定课题的方法（发现问题的方法、分析课题价值的方法）、查阅文献的方法（搜集文献的方法、整理文献的方法等）、研究设计的方法（提出表述假设的方法、抽样的方法、研究工具手段编制的方法等）、制定研究工作设计的方法（包括编制研究操作方案、经费预算的方法）。

2. 实施阶段的方法

在研究的实施阶段，主要包括形成事实的方法和形成科学理论的方法。

（1）形成科学事实的方法。

①搜集事实材料的方法：A. 以活动为对象搜集事实材料的方法：观察、

调查、经验总结、个案追踪、实验等。B. 以文献为对象收集资料的方法有：文献法、内容分析法等。

②整理事实材料的方法：A. 描述统计的方法：主要有图示法、列表法、集中量数、差异量数、地位量数、相关量数等。B. 推断统计的方法，主要有平均数差异的显著性检验等。

（2）形成科学理论的方法。

①基本的推理方法，如归纳、演绎、类比等。

②具体的思维方法，如分析、综合、分类、比较等。

3. 总结评价阶段的方法

在总结评价阶段，主要包括撰写报告的方法（经验总结、资料综述等）和成果评定的方法（自我评价、专家评审、行政验收等）。

（二）以问题性质为标准的方法分类

1. 理论方法

理论方法是对复杂的教育问题的性质和相互关系，从理论上加以分析、综合、抽象、概括，以发现其内在规律或一般性结论，主要包括归纳、演绎、类比、分类、比较、分析、综合、概括等方法。

2. 实证方法

实证方法主要采用自然科学中的实验、统计、数学等方法进行教育研究，主要包括观察、问卷、访谈、测量等方法。

3. 实验研究方法

实验研究方法是根据一定的假设在教育活动中创造能验证实验假设的系统和环境，主动控制研究对象，排除无关因素的干扰，从而探索事物的因果关系，包括前实验、准实验、真实验等方法。

4. 历史研究方法

历史研究方法涉及对过去发生事件的了解和解释，包括文献法、内容分析法等方法。

第三节　教育研究的一般过程

不同类型不同层次的教育研究，所用的具体模式可能不同，但进行研究的总体思路都是一样的，主要包括以下阶段、内容和要求（表1－1）。

表 1－1　　教育研究的基本阶段、内容和要求①

主要阶段	活动内容	基本要求
准备阶段	选择课题；查阅文献；提出假设；制订方案	慎重、周密
实施阶段	搜集资料，形成科学事实；分析事实资料与旧有理论，形成新的理论；撰写研究报告	尊重事实；有批判有突破；观点与材料一致
总结与评价阶段	制定研究工作报告；鉴定和评价成果	总结反思；着眼未来研究

一、准备阶段

（一）选择课题

选定课题是研究活动的起始环节，是为了开展一项具体研究工作确立一个研究主题。选择课题包括提出问题和确定课题。

思维起于问题，能敏感地发现问题并提出有质量的问题，首先，要求研究者具有关注和了解社会热点和学界热点的研究意识；其次，要求研究者具有改革意识，敢于怀疑，善于变换思考角度，善于类比和移植。

在提出问题以后，并不是所有的问题都值得研究或有能力研究，这就需要进一步确定课题。首先要判断问题本身的理论价值或应用价值；进而考虑研究人员的研究实力和学术兴趣；最后还需要考虑资料、仪器、设备等物质条件。

（二）查阅文献

课题确定以后，应立即着手了解所研究的课题的研究历史和现状，以及思考先前的研究成果是否还有需要扩充和完善的地方。

（三）提出假设

假设，是根据一定的科学知识和新的科学事实对所研究的问题的规律或原因做出的一种推测性论断和假定性解释。它是在进行研究之前预先设想的、暂定的理论。对各种教育问题和现象所做的且尚待证明的初步解释都属于假设性质。假设工作包括：①确定研究的目标，②表述研究假设，③确定研究对象，④设计研究活动的方法、工具和手段等环节。

（四）制订方案

研究方案是研究工作的行动纲领，其内容必须全面、具体。制定研究方案包括如下内容：①用文字准确表述研究的问题，每个部分配置相应的人员、经费、设备、资料；②将研究进度分为几个时间阶段；③规定各个课题组之间信息沟通的方式和时间。

---

① 杨小微. 教育研究的理论与方法[M]. 北京:北京师范大学出版社,2008:69.

二、实施阶段

（一）搜集资料阶段

研究资料一般分数据资料和文字资料两种，分别采用不同的搜集方法。在教育研究中用来搜集资料的主要方法有观察、问卷、访谈调查、测验等。

（二）整理与分析资料阶段

资料搜集后要进行整理分析，最关键的问题是形成科学事实，即把分析研究的结果归纳成几条原理原则或者对其做出事实判断。

科学研究的目的就是要形成能揭示客观事物的性质及其运动变化规律的新理论，理论的形成必须以大量的事实或原有理论为基础。形成新的理论通常要综合地运用各种具体的思维方法，如分析、综合、比较和归纳、演绎、类比、概括等。

（三）撰写研究报告阶段

对教育研究的总结是指对研究课题的选择，研究设计，研究资料的搜集、整理、分析以及研究结论的形成等全过程进行系统的整理和概括，在此基础上按规范撰写科研论文或研究报告，以展示研究成果。

三、总结与评价阶段

鉴定和评价是研究活动的最后一个环节。评价首先是要对研究成果的学术水平和应用价值进行鉴定，其次是对研究活动的科学性进行评估。

第二章　教育研究的选题

学习目标

学习完本章后，你将能够：

1. 解释：变量、研究假设、抽样。
2. 说明正确选题的意义。
3. 说出研究问题的来源和选题的策略。
4. 解释选题的原则与要求。
5. 说明教育研究设计的一般过程。
6. 说明研究选题表述的要求，并选定一个教育研究课题。

研究议题

确定毕业论文的选题，撰写开题报告。

第一节　理论基础：教育研究选题与设计

在教育研究的准备阶段，必须考虑两个关键问题，一是研究什么，二是怎样研究。课题的选择就是要确定研究什么，课题的设计则是回答怎样研究。

选择和确定研究课题是进行教育研究的第一步，并且是关键性的一步，它不仅决定研究者现在和今后研究工作的主攻方向、目标与内容，而且在一定程度上规定了教育研究应采取的方法与途径。选择和确定研究课题是一项完整的研究工作的开端，课题选定的恰当与否，方案设计得合理与否，是课题研究成败的关键。因此，有意识地发现研究问题、选择和确定恰当的研究课题，是研究者必备素质。

一、教育研究选题

选题，顾名思义，指经过选择来确定所要研究的中心问题。从广义上讲，选题包括两方面含义：一是确定教育研究的方向，二是选择进行研究的问题。教育虽然领域广大，研究课题十分丰富，但要真正选择和确定一个既有较高价值，又适合自己的研究实际并能够取得研究成果的课题并不容易。选定一个好的课题是教育研究成功的一半，是教育研究关键性的一步。

（一）正确课题的意义

1. 课题选定是教育研究的起点

研究始于问题，发现并提出有意义的问题是教育研究的起点。所谓研究，就是对人类未知的问题做出解答。研究不但解决问题，同时也会在不断解决问题的过程中引出更深的问题。正是“问题”的不断深入，导致了研究的不断深入。可以说，教育研究发展的历史同时也是教育问题发展的历史，是问题的不断展开和深入的历史。选题不当是导致研究失败的最常见原因。正因为如此，伟大的科学家如爱因斯坦、贝尔纳等，都认为提出一个问题往往比解决一个问题更重要，也更困难。

2. 课题选定反映着研究的价值

教育研究的目的是要解决教育面临的各种问题。在亟待解决与验证的问题中，有全局性的，有局部性的；有普遍适用性的，有具体的；有难度大的，有难度相对较小的，等等。这些问题由于对教育的影响不同，在教育活动中所处的地位和作用不同，其价值体现也就不同。因此，研究者必须根据问题解决的价值及本身的条件，尽量选择那些带有全局意义的规律性问题，抓住教育内在的本质问题进行研究，才能真正发挥教育研究的价值。

3. 课题选定决定着研究的成败

教育研究的任务是为了解决“教育问题”，教育研究的目的是通过“教育问题”的解决，探讨出解决这种问题的新理念、新原则、新方法与新举措，从而实现“教育知识”的生产与创新。然而，研究的任务能否完成，研究的目的能否实现，很大程度上取决于研究课题的选定，这主要表现在：

（1）课题选定决定着研究的方向。所谓研究方向，就是研究者经过长期的研究与实践所认定的必须着手解决的某些方面的问题，并在这些方面开创自己的研究领域，形成稳定、明确的主攻目标和研究线索。教育现象和过程较为复杂，需要研究的问题很多。研究者总是根据实践和自身发展的需要，明确研究方向，从中选择问题进行研究。哲学家培根曾经说过：“如果目标本身没有摆对，就不可能把路跑对”；“跛足而不迷路能赶上虽健步如飞但误入歧途的人”；

“如果一个人走错了路的话，那么越是活动，越是跑得快，就会越是迷失得厉害”①。这三句话再清楚不过地告诉我们，把握正确的前进方向，是达到理想境地的根本保证。

课题还影响着整个研究过程的方向。课题是对研究对象、研究范畴、研究主题的界定，整个研究工作由此发展，并围绕其进行。例如，“农村初中学生辍学原因及对策研究”的课题，指出了研究的对象是初中学生，其范围限于农村，目标是揭示出“辍学原因”，并提出相应的对策。而整个研究方案的设计、实施、成果的鉴定，又都必须紧紧围绕课题进行。显然，课题明确，整个研究活动的方向就明确。

（2）课题选定影响着研究的方式。课题作为教育研究的起点，启动着整个教育研究的机制，制约着教育研究的方式。在教育研究过程中，不同的研究课题、研究方法、研究工具等都不尽相同，资料的收集和利用存在差异。例如，“现阶段小学生思想道德状况分析研究”与“小学生课外阅读指导研究”，两个课题都需了解学生课外阅读情况，但前者应侧重于阅读内容的分析，后者则应侧重于阅读方法的研究，这就是受到课题限制所致。

4. 课题选定衡量着研究者素质

研究选题是由研究者来“选”的，“选”定的课题又由研究者去“做”。“选”时，运用什么样的“视角”；“做”时，能够达到什么样的“水平”，这都是反映研究者自身素质的一面“镜子”。我国科学界的老前辈严济慈先生在谈到研究选题与研究者素质的关系时，将研究者分为三个等级。他说：“初级人员在别人给他指定的领域、选定的题目之下完成一定的研究工作；中级人员自己能够找到一个比较合适的题目，并独立地去解决它；高级人员除自己从事创造性工作外，还应该具有指导工作的能力，能为别人指出一个合适的研究领域或题目”②。程千帆教授也谈到：“课题选择的本身，恐怕也很能检验出自己的学识、思维、判断能力”③。这些都有力地说明了课题选定是衡量研究者素质的一个尺度。在某种意义上说，课题选定是从事教育研究活动的一项基本功，努力掌握好这一基本功，对于从事的教育工作是大有益处的。

（二）教育研究课题的来源

在教育研究中最糟糕的问题就是没有问题。当研究者没有研究问题时，首要任务就是开拓挖掘研究问题；当研究者处于问题包围之中时，主要任务是选

① 陈妙云. 学术论文写作[M]. 广州：广东人民出版社，1998：122.

② 喻立森. 教育科学研究通论[M]. 福州：福建教育出版社，2001：142.

③ 程千帆. 学术论文协作贵在创新[J]. 中国文学研究，1996(2).

择可研究的问题。事实上，研究课题的来源渠道是十分广泛的，可以概括为以下几个方面：

1. 社会变革与发展对教育研究提出的问题

在实践过程中，问题是层出不穷、永无止境的。当前社会实践中迫切需要解决的重点问题，也是教育事业发展亟待解决的问题。我们可以把这些问题中重要的、迫切需要解决的直接转化为研究问题。如我国教育发展的战略目标研究；我国教育层次、类别、形式、区域结构的研究；基础教育质量规格的指标体系、基本需要与地区差异研究；关于教育经费占国民生产总值的比例及其增长速度的研究；教育公平及均衡的研究等，都是教育研究的重大理论课题和实践问题。

2. 研究者个人在教育实践中观察与思考产生的问题

个人经验是寻找研究问题最重要的资源，研究者在教育实践过程中，一是要寻找丰富的教育教学经验与事实之间的内在联系，揭示其内在的规律性；二是要从争论中发现问题，提高对教育问题的敏感性，自觉培养教育智慧。只有这样，才能不断在实践中发现、关注问题。例如，小学高年级学生厌学有时是相当普遍的问题。据有关调查，在大城市中，小学高年级学生厌学的比率达14.4%。[①] 那么，这个问题的现状如何？产生这种现象的原因又是什么？这一年龄阶段的儿童身心有何特点？学校教学内容、教学法、考试法与学生厌学有无关系？又如，学习困难学生的教育问题：学习困难学生是怎样形成的？学习困难学生有哪些特点？教育教学中怎样促进学习困难学生的转化？

3. 从日常观察中发现的问题出发提出课题

日常观察也是发现问题的有效途径，在观察中会得到很多意想不到的收获，同时也能有效地激发观察者的灵感和热情。

4. 从教育实践的矛盾、困惑中寻找研究问题

当我们无法准确判断事物的合理性时，疑问便自然产生，就会在原来以为没有问题的地方发现可研究的问题。教育工作者在教育实践中会遇到各种困难，也会产生这样或那样的疑点，有的还带有一定的普遍性，解决这些问题对于提高教育质量有较大的意义。例如，长期以来，肯定性评价在幼儿教育中的作用是毋庸置疑的，而否定性评价的作用却众说不一，否定性评价的作用到底如何？这就是疑点。一位教师根据这个疑点，提出课题“否定性评价对形成幼儿良好行为的效果研究”并进行了认真的研究，取得了较好的研究成果。

---

① 蓟运河. 教育科研技能训练指导[M]. 北京：中国林业出版社，2001：41.

5. 在学科理论的深化、拓展或转型中产生的问题

这是从教育理论发展方面提出的课题，不只要揭示原有理论同经验事实的矛盾，还要揭示理论内部的逻辑矛盾；不仅包括学科系统规划建设中若干未知的研究课题，而且包括已有教育理论传统观念和结论的批评怀疑，以及学术争论中提出的问题。以德育论为例，围绕德育本质与功能可以形成一系列研究问题，如学校德育的社会统一要求与发展个性关系的研究，德育的工具价值与目的价值的研究等。

6. 承袭已有的研究成果来探究新的问题

教育理论中原有的问题解决了，新的问题又会冒出来，科学研究就是在不断地解决和不断地涌现新问题中发展前进，要解决的问题不会是越来越少，只能是越来越多。如：成功教育、愉快教育在教育教学中有其积极作用，但在教育教学中是否只能给予成功和愉快的情绪体验？挫折和失败在教育教学中究竟起怎样的作用？正强化和负强化在教育中各有哪些作用？适用条件有哪些？

7. 从不同学科之间的交接点找问题

不同学科之间的交叉是现代学科深入发展和不断整合的趋势，在交接点上必然会出现矛盾、冲突和问题，因此是最容易发现新课题、萌发新观点的地方，当今出现的许多交叉学科，为教育研究的进展带来了巨大的推动力。仅以教育学为例，教育科学与哲学、人文科学、社会科学、自然科学等领域渗透交叉中进行多向综合而产生的诸如教育控制论、教育生态论、教学生理学、教育病理学、教育美学、教育法学、教育评价学、教育未来学、教育技术学等新学科研究领域，以教育作为共同的研究对象，运用多学科的理论和方法，使研究得到了有效的深化。

教育研究领域中值得研究的问题很多，要发现或选择一个合适的研究问题似乎不是一件容易的事，需要研究者从各个可能的来源去寻找，去思考，去发现合适的研究问题。

（三）选题的基本要求

研究课题必须是问题，但问题并非一定都可作为研究课题。选择课题的关键是明确选题的基本标准和原则。教育领域广大，研究课题丰富，但要选择一个既有较高价值，又适合自己研究实际且能够取得研究成果的课题并不容易。为保证研究的质量和效果，教育研究课题的选择应该遵循以下一些基本要求：

1. 选题要有研究价值

教育研究选定的问题应是前人从未解决或尚未彻底解决的问题，通过研究应有所创新，有新意和时代感。问题的意义是确立选题的重要依据，它制约着

选题的根本方向。如何衡量选定课题的意义，主要是看两个基本方面：一是所选择的研究课题是否符合社会、教育事业发展的需要，是否有利于提高教育质量，促进青少年全面发展。二是所选择的研究课题是否符合教育科学本身发展的需要，是否符合检验、修正、创新和发展教育理论，以及建立科学的教育理论体系的需要。选题的价值原则要求根据实践和理论发展的需要，选择实践中迫切需要解决的，理论上有较大意义的问题进行研究。

（1）应用价值。为体现应用价值，一是应选择当前教育改革与发展中最迫切、最急需解决的现实性问题作为课题进行研究，如“新型城市化背景下城市义务教育均衡发展研究”“优质公办幼儿园举办分园的模式研究”等；二是应选择对当前教育改革与发展具有指导价值，起咨询、解惑、决策作用的问题作为课题进行研究，如“我国高中阶段教育普职融通模式研究”“小、初、高一体化课程建设与育人模式变革研究”等；三是应选择最新理论研究成果如何在实践中加以应用的问题作为课题进行研究，如“三‘理’协调—基础教育实现合理发展的理论与实践研究”“社交网络促进农村中小学教师教学胜任力发展的策略研究”等；四是对在实际教育教学工作中产生的先进的经验加以分析、研究，提升到理论性的高度加以概括，以便推广，这类课题也具有广泛的应用价值，如“长三角区域高等教育联动改革与协调发展战略研究”“福建省幼儿园实施健康教育的有效途径”等。

总之，所选择的研究课题要符合社会发展、教育事业发展的需要，要有利于提高教育质量，促进青少年全面发展。

（2）理论价值。为了体现理论价值，一是选择具有普遍教育意义的战略性的问题作为研究课题。如在瑞典教育界，“教育与人的发展”这一课题开题时间是1938年，研究对象是1 500个10周岁小学生，迄今课题组研究人员仍对已步入“古稀之年”的“学生”进行跟踪研究，考察他们所受的教育（包括终身教育）与他们智力、才能、职业、收入、贡献、思想、道德、健康、家庭之间的相互关系。二是针对当今我国教育理论相对滞后于急速发展的教育实践的需要状况，对在教育实践中出现的新问题、新情况进行理论上的探索，如“普通教育整体改革实验研究”“教学过程中教师主导学生主体的辩证关系的研究”等。三是选择超前于教育实践，为教育方针、政策、规则的制定以及出台教育改革方案提供理论依据的前瞻性的教育问题作为课题进行研究，如“教育投资决策研究”“教育事业十二五发展规划若干问题研究”，等等。

这方面课题一般比较专深，具有重要的学术价值，在理论上要有所突破和建树，或有重要的补充和完善。

（3）综合价值。教育研究虽然在应用价值和理论价值方面各有侧重，但往往二者兼而有之。侧重应用价值的课题只有提示教育规律上升到理论，才具有普遍意义；而侧重学术价值的课题，其最终目的是对教育实践起指导作用。例如，中国人大附小开发的《小学生质量综合评价手册》在全面质量评价学生素质上进行了有益探索，北京市已经用《小学生质量综合评价手册》替代了传统的学生成绩册，使这一研究产生了很好的应用价值；在课题研究的过程中，研究者在现代教育理论的指导下，对人才观、质量观、评价观等理论问题进行了积极的研究，这些成果使这一研究同样具有了一定的理论价值。

问题值不值得去研究，要像顾炎武所说的："必古人之所未及就，后世之所不可无"，这就要求我们要"从大处着眼"，用综合的普遍联系的全面观点去分析研究个别事物及其相互关系。这里需要说明的一点是，我们对选定问题的价值不应做狭隘的理解，不能以一个课题在研究中的成败来判定它所提出的问题的意义。原因在于，人们正是从错误问题所导致的失败中生发出许多重要知识，从正反对比中得到经验教训。

2. 问题提出有一定的科学理论依据和事实依据

选题首先要以教育科学基本原理为依据，这就是选题的理论基础。科学理论将对选题起到定向、规范、选择和解释作用。没有一定的科学理论依据，选定的课题必然起点低、盲目性大。

选题的现实性，集中表现为选定的问题要具有很强的针对性，要以事实为依据。这是选题的实践基础。研究课题是从实践中产生的，具有很强的针对性；实践经验同时又为课题的形成提供一定的、确定的依据。在选择课题时，特别要注意以下两个问题：一是要选择具有普遍性的问题，也就是可以透过现象揭示教育本质规律的问题，不要受个别或偶然现象的影响。二是要选择具体、明确的问题，研究的内容、范围、角度等都必须清楚，如"小学生零用钱消费的调查""小学生错别字产生原因及对策"等，研究的问题都有确定的含义；而"心理因素对学生影响"所涉及的问题过于笼统、模糊。

3. 问题表述必须具体明确

选定的问题一定要具体化，范围要小，不能太笼统。一般来说，研究问题的范围要清楚明确，宜小不宜大。

（1）选题应界限清、范围小。研究者要善于从选定的研究领域中筛选问题，并缩小问题范围，最后将注意力集中于某一个独特的小问题之上。例如，当研究者选择"教师的能力"这个问题领域后，若认为研究"教师的教学能力对学生的影响"这个问题范围太大，不够明确，则可改为"教师教学能力对中学生学业水平的影响"，这样问题的界定范围就较小而且比较明确了。只有对问题有清晰透彻的了解，才能为建构指导研究方向的参照系统提供最重要的依据。因此，不宜把课题选得太宽、太大、太复杂。韩非子在《喻老》篇中指出：“天下之难事必作于易，天下之大事必作于细。”这就是说，做事要从小处着手。

（2）课题表述应具体明确。课题所反映的问题应该具体明确，研究对象、研究范围、研究内容甚至研究方法应尽量在课题设计中明确体现出来，不要空泛、笼统、模糊。如果课题不明确，针对性不强，科学性就差，搞起研究设计来无从手，最终难以实施。如有个教师提出了“学生良好学习习惯培养的研究”课题，从该课题所反映的研究对象、研究内容来看，就比较空泛、笼统。属于学生良好学习习惯培养的问题很多，“学生”群体也是多层次的，有小学生、中学生、大学生等等，到底研究哪一群体，研究哪一些问题，课题中反映得不明确。有一所学校提出的“小学戏剧教育的育人功能及实施模式研究”课题所反映的问题比较明确，因变量因素、自变量因素以及研究的主要方法都在课题中表现出来了。

4. 问题研究要有可行性

教育研究课题的选择必须考虑完成课题的现实可能性，充分考虑主客观条件，分析课题在实际研究过程中的切实可行性，处理好量力而行与尽力而为的关系。美国贝尔研究所前所长莫顿说：“选择的题目如果根本没有实现的可能，选题就等于零。”[①] 遵循可行性原则选题，要注意三个方面：

（1）考虑研究的客观条件。客观条件是指课题研究所必需的资金设备、研究基地、文献资料、协作条件及领导的关注、家庭成员的支持、相关学科的影响和社会环境等。这就是恩格斯指出的：“我们只能在我们时代的条件下进行认识，而且这些条件达到什么程度，我们便认识到什么程度”[②]。有的选题看起来似乎是从教育发展的需要出发，但由于不符合现实生活实际，违背了基本的科学原理，也就没有实现的可能。例如1958年有人提出课题“关于中国十五年内普及高等教育的对策研究”，这样的选题不仅徒劳，并且常常会导致实践的盲目性。

（2）考虑自身的主观条件。主观条件主要指研究者的知识结构、思维特点、科研经验与科研能力、研究兴趣等。也就是说，要权衡自己的条件寻找结合点，选择能发挥自己的优势特长的课题。有的人擅长实践操作，就不一定非要选理论研究课题；反过来，有的人擅长理论思维，就不一定非要选择实验研究课题。而在一个课题协作研究组当中，不同特长的人优势互补，才能真正发挥出整体研究效益。对于在教育第一线从事实践工作的教师，选题最好小而实。自己提出的研究问题，更容易激发信心和责任感，更容易发挥创造性。总

① 黄金南，等. 科学发现与科学方法[M]. 武汉：华中工学院出版社，1983：23.

② 中共中央编译局. 马克思恩格斯选集：第3卷[M]. 北京：人民出版社，1972：562.

之，知自己之短长，扬长避短，才能尽快出成果。

（3）考虑研究的时机问题。选题必须抓住关键性时期，什么时候提出该研究课题要看有关理论、研究工具及条件的发展成熟程度。提出过早，问题会攻不下来。提出过晚，又会被认为是亦步亦趋，毫无新意。正如贝弗里奇所说，如何辨别有希望的线索，是研究艺术的精华所在。

“知问题之难易，知主观之长短，知客观之利弊”，发挥研究者自身的优势条件，扬长避短，这是选择能完成的课题的基本要求。

5. 问题要新颖，有独创性

研究者应该选择和确定有新意的、有独到之处的研究课题，言人之所未言。它主要表现在观点上、方法上、应用上、时间上、内容上的新。为了避免重复劳动和无效劳动，就应该选择具有一定创新意义的新颖性课题进行研究。否则将造成经费、时间、精力上的浪费。因此，应注意以下几点：

（1）选题要体现时代感。选题的时代感要求研究者根据时代发展的新要求，把敏锐洞察到的教育新问题作为研究课题。例如，“虚实融合环境中的非正式学习模型及其应用研究”“西部大开发中的基础教育改革”等。

（2）选题要突出内容新。选题在内容上的创新主要表现在两个方面：一是研究的问题应是前人没有解决或没有完全解决的；二是对某一问题提出了新的认识、新的概念、新的观点。例如，有一位小学音乐教师发现低段小学生初学“五线谱”时常易混淆音符的位置，于是就根据儿童的认知特点，提出“彩色五线谱进行小学低段音乐教学”的研究课题。选题上的内容新具有一定的相对性。例如，“小班化教学的实验研究”这一选题，在西方某些国家并不新颖，但小班化教学的研究在我国是有新颖性的。

（3）选题要凸显角度新。对于热门的教育课题，对于他人已经研究并取得成果的课题，经过认真思考，从新的角度去发挥，仍然体现了创新性，给课题赋予新意。例如，江苏省泰兴市新市小学黄桂林在认真查阅了全国各地小学语文阅读教学改革研究方案后，从一个全新的角度创造性地提出了“用假设的方法引导学生阅读，大面积提高教学质量”的课题，通过十多年坚持不懈的研究，取得了显著成果，其经验已被全国十多家报刊推介。

以上论述了选择和确定研究课题的基本要求，它们相互联系、相互制约，切不可将它们分割开来，机械地搬用。选题是一个由多种因素紧密联系在一起的整体认识活动，作为指导这个整体活动有序运转的选题要求，也应该是一个密切联系的有机整体。程千帆教授说：“选题要像开矿一样，不要选穷矿，不要选人家开采过的、没有多大发展前途的矿，也不要选那些岩石过硬，而自己的技术水平还暂时达不到要求的矿；要选人家还没有开过，具有学术价值和发展前途，技术水平能够达到的矿”[①]。这个比喻惟妙惟肖，耐人寻味！

（四）选题的策略

研究者的科研能力体现在能否发现研究问题上。正确选择和确立研究课题的策略有：

1. 分析的策略

通过对教育现状的分析，发现或揭露教育中存在的问题，从而选择适当的课题。所分析的教育现状可以是综合性、宏观性的，例如从小学生择校现象的调查分析，引发关于教育公平性的研究或是加强薄弱学校的研究；也可以是典型性的，例如从小学高段学生双休日补课现象的调查分析，提炼出小学如何退出升学率竞争的研究或是小学生假日活动的研究等；还可以是微观性的，例如从小学生怕写作文的现状，分析提炼出小学作文教学改革的课题。

分析着重于对教育现象各个方面性质的认识，是综合的基础，研究者还必须把自己对各方面的认识在思维中重新结合为一个整体，在对教育现象整体性认识的基础上提出课题。研究者应具有敏锐、深刻的思维品质，从而及时捕捉到有价值的现象，发现深藏在现象后面的本质。

2. 归纳的策略

广大教育工作者在教育教学实践中积累了丰富的经验，把这些经验总结出来，上升到理论的高度，就可以归纳出一系列的研究课题。例如，滨州市实验幼儿园进行的“诗画教学实践与研究”等，就是从成功的教育教学经验中归纳提炼的选题。归纳是以科学理论的分析作为指导，探索事物之间的、内在联系与现象之间的因果联系。研究者要有较高的理论素养和教育实践能力。

3. 怀疑的策略

怀疑是对已有结论、常规、习惯行为方式等的合理性做否定的或部分否定的判断，它可以引起人们对事物的重新审度，会从原以为没有问题的地方发现问题。

怀疑要有依据，没有依据的怀疑，是盲目的，徒劳的。怀疑的依据，一是事实与经验；二是逻辑推理。例如，对于中小学生的思想品德素质，家庭影响、社会风气作用甚大，学校教育有时显得苍白无力。研究者就对“学校教育对人的发展起主导作用”这一命题提出疑问：学校教育能否对人的发展起主导作用，是有条件的还是无条件的？是在一切方面起主导作用，还是在某些方面起主导作用？是在人的发展过程的任何阶段起主导作用，还是在某个阶段起主导作用？此外，研究者还可以通过对有关资料的分析，比较不同观点，诘问前

---

① 程千帆. 学术论文协作贵在创新[J]. 中国文学研究，1996(2).

人的结论，揭露理论与实践的差异等，从中产生研究课题。

运用怀疑策略的先决条件是研究者要有批判性思维，“尽信书不如无书”，要勇于破除迷信，解放思想。但通过怀疑提出的课题，经过研究可能证实或被否定。研究者对此要有思想准备。

4. 类比的策略

类比是一种从特殊过渡到特殊的思维方法。运用到科学研究方法上来，就是通过与其他学科研究对象类比和借用其他学科的思维方法，来发现本学科研究的新问题。例如，数学教学的经验能否移植到语文教学中来？社会常识教学的经验能否运用到自然常识的教学中来？课外活动的经验能否运用到课堂教学中来？等等。

善于运用类比策略的研究者，其知识面较宽，在思维品质上具有较强的迁移性和概括性。

5. 换位思考的策略

从不同的角度认识原有的研究对象，以形成新的认识。它需要摆脱原有的思维定式和已有知识的影响，实现意向转化。

换位思考可以在同一层面上进行。例如，抓学校工作，历来都把教学放在第一位，其实不抓好学校德育，教学本身也上不去。也可以在两个不同的层面进行，其中有的从较抽象转化到较具体。还可以从不同事物之间，以及事物与事物之间的结合部来进行换位思考。例如，从小学素质教育思考到幼儿园与小学教育的衔接研究、小学与中学教育的衔接研究等。善于通过换位思考、转变思考角度发现新问题的人，往往表现出灵活性和严密性等思维品质。

（五）研究课题的表述

教育研究课题的选定，实际上是经历了一个从产生研究意向到选定研究方向，从问题朦胧模糊到逐渐清晰集中，从有初步的研究构想到明确研究思路，确立研究方法的过程。找到了可以研究的问题，还要会恰当地表述。在研究的开始阶段，对问题的陈述可以粗略一些，然后通过查阅文献系统地限制。

1. 问题的表述

问题的陈述可以采用叙述或描述的形式，也可以采用问题的形式，具体采用哪种形式并不重要，重要的是陈述要精确和无可置疑。下面是一些问题陈述的例子，请仔细比较。

例1：原陈述：小学生的创造能力。

修改陈述：发散性思维的得分与所选择的六年级学生的特点间的关系。

问题陈述：六年级学生发散性思维的得分与一般智力测量的分数的关系是什么？与阅读成绩测量分数的关系是什么？与动作灵巧测量的关系是什么？

例2：原陈述：高中生的辍学。

修改陈述：对有正常学习能力辍学生所处学习环境进行人种学研究，以确定潜在的辍学因素问题陈述：学校环境中的什么因素会造成有正常学习能力的学生的辍学？

研究问题的陈述应该简洁明了，并确定研究活动的关键因素（变量）。相关术语必须界定。

2. 研究题目的表述

研究问题经过多次的筛选、聚焦后，变得比较具体明朗了。但研究问题并不是研究课题，研究者必须将研究问题转换成研究课题，必须用简洁的文字表述一个真正的研究题目。好的课题本身体现了研究者的研究能力，一个有价值的问题，不只是找到了研究对象，而且还蕴含了研究者的思路、方法、策略。课题题目的表述要求具体明确。好的课题题目、实证性的研究题目要求：

（1）最好能囊括研究范围、对象、内容、方法。研究课题的表述最好囊括研究范围、对象、内容、方法。例如，“滨州市小学生识字量与语文学业成绩的相关研究”，在这个课题中“滨州市”是研究范围，“小学生”是研究对象，“识字量与语文学业成绩”是研究内容，“相关研究”是指研究采用的方法。

（2）题目内容最好涉及两个变量。研究题目涉及变量之间的关系，研究内容就会变得清晰、具体，研究目标就会明确、一目了然。例如，“初中生智力水平与学业成就的关系研究”，这个题目的研究内容就是“智力水平”与“学业成就”这两个变量的关系。这样的题目让人一看就能知道研究的性质、主旨。当然，研究题目中不是不能用一个变量，相比较而言用一个变量不及用两个变量来得清楚、具体。一个变量的研究课题往往是理论性的、发散性的研究，范围扩散，不宜聚焦。两个变量的研究课题往往是实证性的、一一对应的研究，范围集中专一。

（3）题目不要用疑问句形式或结论形式。研究问题作为一个问题，当然要用疑问句形式，但作为一个课题题目必须要用陈述句形式加以描述。另外，在课题尚未正式研究之前就将结论性的话语作为课题题目是不合适的，事先就假设“理论”正确合理，毋庸置疑，然后让事实、材料乖乖就范，这样的研究不会有什么大的价值的，因为不用研究就已经有了结论，研究只不过使用裁剪了的事实材料来证明原已确定的结论罢了。

（4）题目不能只有范围没有问题。好的课题题目要小，要有深度和厚度。研究课题要单刀直入，切中问题，不要贪多求全。很多题目只有“范围”而没有“问题”，如“课堂教学的艺术”“语文教学中的阅读理解研究”“素质教育研究”等，都不是好的课题题目，因为这些题目本身没有“问题”，只有“范围”。

（5）避免道德或伦理上的价值判断。教育研究是一种具有价值取向的活动，教育研究有时也具有实用价值，但研究题目的文字描述则要求避免价值判断，采取价值中立。例如，“小学教师敬业精神低落原因的调查”，这个研究题目暗示着教师敬业精神否定性的价值判断。我们可以将这样的研究题目改为中性的、不具价值判断的题目：“小学教师敬业精神及其影响因素的调查”，实际上，这两个研究题目实施过程、要做的事可能都一样，但后一个题目表述更恰当，更像一个研究课题。

总之，题好一半文。研究课题的表述要明确、具体、简洁；要与研究目的和研究主旨吻合；要涉及研究的主要变量；要显示研究的特征；要避免价值判断。

二、教育研究设计

教育研究设计是为了合理选择研究对象和研究方法，明确规定研究的范围和目标，制定具体的研究程序和进度，为顺利完成研究任务提供保证，同时也是检查指导与评价研究工作的参照依据。

（一）确定研究变量

变量是指可变的量，指某一群体的组成成分在性质、数量上可以变化、操纵或测量的条件、现象或事物的特征，这些变化的特征就可以作为研究变量。可以变化的变量如当代、青年、厌学生；可以操纵的变量如教学方法、惩罚方式；可以测量的变量如学习态度、身体素质、心理健康。变量是与常量相对的概念，具有两个以上的值。具体来说，变量就是会变化的、有差异的因素。例如，一项研究想比较两种不同的教学方法对大班幼儿计算成绩的效果，在这个研究中，年级水平是一个常量，因为每个被试都是大班儿童，大班对于每个个体来说具有相同的值，在研究中它是不变的条件，教学方法有两种，教学方法可按多种价值标准来衡量，因此它是变量。另外，计算成绩也是个变量，因为两种方法实施后，不同的被试在计量上会有不同的分数，计算成绩的值是不相同的。

教育研究中最重要的、应用最广泛的变量有自变量、因变量和无关变量。

自变量是由研究者主动操纵而变化的变量，是能独立地变化并引起因变量变化的条件、因素或条件的组合。它是在实验前假定存在的因果关系中的原因变量。自变量的变化水平完全取决于研究者的操纵与设计。例如，研究教师“教学水平”与学生“学业成绩”的关系，教师“教学水平”的高低影响学生“学业成绩”，那么“教学水平”就是该项研究的自变量，是研究者要操纵的原因变量。在教育研究中自变量一般是我们所关注的教材、教法、教学手段或教学组织形式等。

因变量是通过自变量的变化而引起被试行为或者有关因素、特征的相应反应的变量。它是在实验前假定存在的因果关系中的结果变量。在教育研究中因变量通常与教育目的有关，如知识的掌握、能力的增进、品德及其他优良个性品质的形成等。

无关变量是指与特定研究目标无关的非研究变量，即除了研究者操纵的自变量和需要测定的因变量之外的一切变量，是研究者不想研究但会影响研究进程的、需要加以控制的变量。例如，研究两种不同的教材对学生学业成绩的影响，在这里“教材”是自变量，“学业成绩”是因变量，除此以外其他各种因素都是无关变量。在这项研究中，无关变量可能会有教学时间、教学环境、学生的智力、原有的知识基础、家教辅导等，这些因素会干扰自变量和因变量的对应关系。当这些因素与自变量——教学方法的作用混杂在一起时，往往导致人们难以确定两种教材效果的优劣，无法判断最终的研究结果（因变量）是来自教材（自变量），还是来自教学时间、教学环境、学生的智力、原有的知识基础、家教辅导等其他因素（无关变量）。如果研究者能有效地控制这些无关变量，研究结果就会比较明确可靠。

通常研究要探讨的是自变量和因变量的对应关系，自变量是研究者要操纵的因素，是变化的原因。因变量是研究者测定的因素，是变化的结果。自变量的变化能引起或影响因变量的变化，而因变量的变化依赖于或取决于自变量的变化。无关变量是研究者要控制的因素，因为不排除这些无关因素的干扰，便难以解释自变量和因变量的对应关系。自变量、因变量、无关变量三者的相互关系见图 2－1。

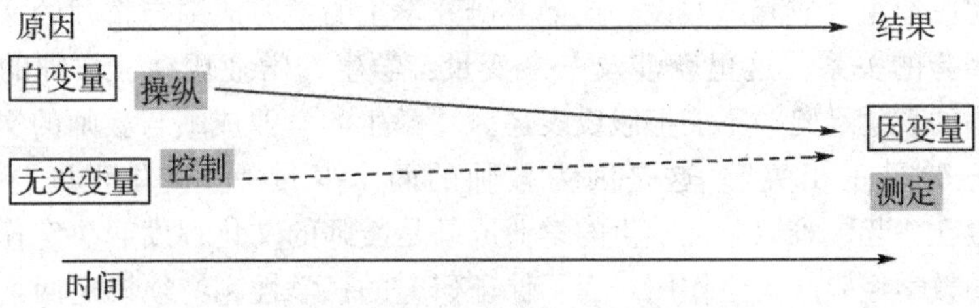

图 2－1　自变量、因变量、无关变量关系图

从图中我们可以看到，研究的目的是探讨自变量和因变量的对应关系，图中用实线表示，研究的焦点最终集中在因变量的测定上。从时间顺序上看，自变量以及无关变量总是发生在因变量测定之前。

（二）建立研究假设

科学研究的真正任务在于探索未知，逐步形成理论。假设是理论建构和发展的重要基础，也是教育研究过程中的重要环节。确定课题后，应根据研究的性质决定是否需要假设。通常定量研究、探究性研究要求明确提出假设，而定性研究、描述性研究则不一定要预先提出假设，其假设往往隐含在研究过程之中或在研究过程中形成。

假设是研究者根据一定的科学知识和科学事实，对所研究问题的规律或原因做出的一种推测性论断和假定性解释，是在研究之前预先设想的、暂定的理论。教育研究要探讨的是两个变量之间的关系，在尚未获得结果之前，研究者事先提出一种暂时性的、推测性的答案，这就是假设。

假设通常由论题、关系陈述、推论三个要素组成。论题就是研究所要回答和解释的问题，如前述例子中识字量与语文学业成绩关系的问题；关系陈述是关于问题可能的答案和解释，如将识字量与语文学业成绩的关系定格为正相关；推论是这种假定性答案的理论依据，即识字量与语文学业成绩的正相关可以根据研究者的经验、常识产生，也可以由逻辑推理产生。对各种教育问题和现象所做的尚待证明的初步解释都属于假设性质。好的研究假设必须具备以下要素：

1. 研究假设的提出

要有一定的科学根据，建立在明确的概念、已有的科学理论和科学事实的基础上，并且得到一定的科学论证。研究假设不是单纯思辨的产物，不是毫无事实根据的主观臆断，也不是以荒诞臆想为基础的虚妄猜想。研究假设不能与教育科学中已经验证的正确的理论相违背；不能与已经验证的过去的事实相矛盾。

2. 应说明两个或两个以上变量之间的期望关系

一般一个假设只能涉及两个变量，如果涉及多个变量之间的关系，可将变量一一对应地组合成几组假设。比如要研究学生的学习成绩与教师的文化程度和教学经验的关系，这里就涉及三个变量：学生的学业成绩、教师的文化程度、教师的教学经验。不能把假设表述为“学生的学业成绩与教师的文化程度和教学经验呈正相关”，这是因为教师的两个变量——文化程度与教学经验——混在一起，难以验证学生的学业成绩是教师的文化程度起决定作用，还是教师的教学经验起决定作用。为了保证研究的科学性，必须设定两组假设并分别进行验证：学生的学业成绩与教师的文化程度呈正相关；学生的学业成绩与教师的教学经验呈正相关。

3. 假设应当用陈述句形式简洁、明确地描述

假设要以叙述的方式说明两个或更多变量之间可期待的关系。用陈述句形式是指不要用问句形式，因为假设是研究者对研究问题预先赋予的答案，而不是把问题转问他人。另外，假设的表述应尽可能简洁明了，假设要直截了当，

不要隐含在文字描述之中。

4. 假设应当是可检验的

假设可以被研究者用一定的方法收集数据和事实加以验证；另外表述的语义是明确的、可操作的、不至于造成歧义的。无法被检验的假设只能算是猜测，一般不能作为研究假设，因为无法检验其有效性。假设可检验的条件是：假设中的主要变量可以用数量化的或以可操作的形式来重新表示。因此，可检验性是科学假设的必要条件。

（三）选择研究对象

教育研究是有目的、有计划地认识教育现象及问题，揭示教育规律的活动，具有很强的探索性。为了探索教育现象与过程发展规律，选取的研究对象必须具有典型代表意义，只有这样才能保证研究结果的可靠性。

1. 抽样的基本原理

抽样就是从一个总体中抽取部分具有代表性的个体作为样本，然后用这一样本的结果去推断总体。总体是特定研究对象的总和。样本是从总体中抽取的、对总体有一定代表性的部分个体，它是能代表总体的一定数量的基本观测单位。例如，我们要了解滨州市小学二年级学生的识字量是多少，由于全市小学二年级学生数量巨大，不可能对每一个学生都测量，只能在滨州市小学二年级学生总体中抽取部分个体进行识字量测验，然后根据得出的研究结果推断全市小学生的识字量。假设滨州市小学二年级学生总体为10 000 人，从中随机抽取样本1 000 人，并对这1 000 人进行识字量测试，获得结果为平均识字量1 600字，然后根据测试结果推断滨州市小学二年级学生平均识字量为1 600 字左右。抽样的基本原理见图2－2。

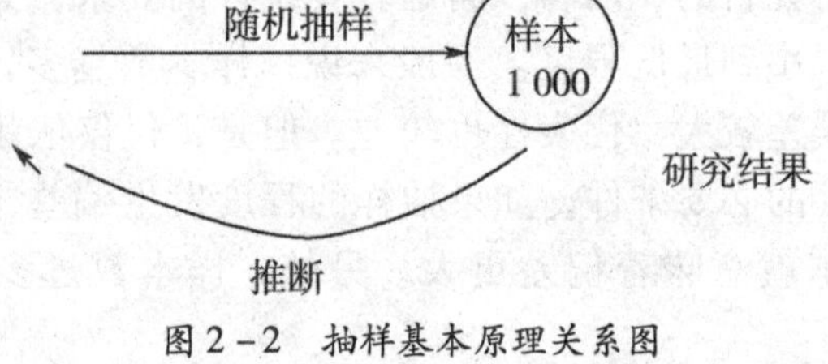

图2－2　抽样基本原理关系图

抽样是以概率论为理论基础。抽样是为了合理地减少研究对象，节约人力、物力、时间，使研究力量相对集中，使研究工作更加深入、细致，从而提高研究的准确性和可靠性。一般来说，定性研究中抽取的样本很小，样本有时仅仅是一个案例或一个个体，研究目的是为了对所研究对象进行更深入的了解。定量研究的样本数较大，样本可以是一群个体，并要考虑样本能否准确代表总体，能否对总体做出推断。

2. 选择样本的基本要求

选择研究对象是研究设计的首要工作，选择有典型代表意义的研究对象应遵循以下要求：①明确规定总体；②取样的随机性；③取样的代表性；④合理的样本容量。

（1）确定研究总体范围。抽样，首先要明确抽样的总体范围。研究课题和研究目的通常决定了总体的范围。例如“滨州市 7 岁儿童识字量的调查”，这个课题的总体就是滨州市全体 7 岁儿童，不包括外省市的 7 岁儿童，也不包括滨州市其他年龄段的儿童。如果总体范围不很清楚，在抽样前应对总体做出明确规定。否则，会对抽取样本和结果推断造成麻烦。

（2）抽样的随机性。随机性是指总体中的每个个体被选入样本的概率不为零。换句话说，总体中的每个个体入选的机会均等。抽样必须是随机的，这样可避免研究者的主观倾向或人为因素造成的偏差。

（3）样本的代表性。样本的代表性指样本应具备总体的性质或特征，样本能在较大程度上代表总体。样本的代表性会影响研究结论的可靠性，影响研究结论的推断程度。对样本代表性的最大威胁是抽样偏差，如 1936 年美国某刊物有关总统大选的民意调查结果预测罗斯福落选，兰登将在总统选举中获胜，但事实正好相反。因为这次民意调查虽然是随机抽样的，而且样本数也不少，但调查者的样本主要是从电话号码簿和汽车登记册中抽取的。1936 年有电话和汽车的人仅代表了美国选民中的某个特定阶层，对于选民总体来说不具有代表性。这次民意调查的失败在于抽样偏差，样本没有代表性，抽取的样本在质上与总体特征不吻合。

（4）合理的样本容量。样本容量是指抽取样本的具体数量。样本数量的多少，既要符合研究目的、内容，满足教育统计的要求，又要考虑抽样的可能性，并使误差减小到最低限度。一般来说，样本数越多，代表性越好；样本数过少，抽样误差较大，代表性也较差。但是，仅仅依赖增大样本数并不是保证充分代表性的必要条件，如果抽样的程度发生偏差，遗漏了总体的某些部分，增加样本就意味着偏差更大。另外，样本数过多会造成不必要的浪费。

样本数量以多少为宜，是一个复杂的问题。一般来说，样本大小取决于以下一些因素：①研究的类型、范围；②统计分析的精确程度；③允许误差的大小；④总体的同质性程度；⑤抽样的方法；⑥研究成本，包括时间、精力、财力；⑦分析类别的多少。

如果研究是定量研究，研究范围广，要求的精确度高，允许的误差值小，总体的变异性大，变量的相关程度低，条件控制不严，测定指标信度低，因果关系复杂，分析的类别多，那么样本数量可多些。反之，则可少些。

根据经验，在教育研究的调查研究中，样本数量最好不要少于100；相关研究中，样本数量最好不要少于50；实验研究中，样本数量最好不要少于30。当然，以上给出的数字仅仅供参考。在研究中具体样本数为多少，还需根据实际情况做出决定。

推算样本数可用公式计算出总体数量与样本数量的参照数据，见表2－1。

表2－1　有限总体数量与样本数量关系表

总体数（n）	10	20	50	100	200	500	1 000	2 000	5 000	10 000	50 000	100 000
样本数（n）	10	19	44	80	133	217	278	322	357	370	382	384

注：可信度为95%，允许误差为5%。

从总体与样本数量的关系表中可以看出，样本数并不是与总体数量的增加而同步增加的。当总体数量不断增加，样本数的增长逐步减缓。如，总体数为1 000，抽取278个被试便可满足可信度95%，允许误差不超过5%的抽样要求。如果总体为10 000，满意样本数为370；总体为100 000，满意样本数为384。由此可见，当总体达到10 000以上，接近于无限总体时，样本数的增长很少。

3. 抽样的基本方法

抽样的方法多种多样，主要分为两大类：概率抽样和非概率抽样。

（1）概率抽样。概率抽样就是研究总体中每个个体被抽取的概率是已知的，抽样方式是随机的。概率抽样常用于定量研究或大规模的正式研究中。具体的抽样方法有：

①简单随机抽样。简单随机抽样是随机抽样方法中最基本、运用最广泛、简便易行的抽样方法，是其他抽样方法的基础。简单随机抽样总体中的每一个体都有被抽到的同等机会，可通过抽签、随机数字或摇号机摇号来实现抽样。另外，功能较全的计算器都编有随机数字程序，可利用计算器的这一功能进行随机抽样。

②系统随机抽样。系统随机抽样又是把总体中的所有个体按某种顺序排列编号，然后依固定的间隔抽取样本（间隔的大小视总体与样本数量的比率而定）。换句话说，当样本的第一个个体被随机选定后，其他的个体就可按一定的规律抽出。

③分层随机抽样。分层随机抽样是将总体按某一属性或特征分成若干层次或类别（子总体），然后以各层或各类在总体中所占比重，按比例随机抽取样本。分层随机抽样确保每层子总体都被包容在抽样范围内，避免了某一子总体出现“超载”现象或出现意外样本。由于样本中各层数量构成与总体中的数量构成比例相当，从而能保证样本的代表性。对于总体构成比较复杂、总体数量

较大、各层次标志明显的情况下，宜采用分层随机抽样。

④整群随机抽样。整群随机抽样就是以自然群体（学校、班级等）为单位，从较大的群总体中随机抽取样本，整群随机抽样与其他抽样方式的区别在于它的样本单位是群体而不是个体。

采用整群随机抽样比较方便，切实可行。这种抽样不会因研究而打乱原有的班级，能兼顾到常规的教学秩序、师生配合等问题。另外，群可作为分析的单位，对统计分析具有意义。但是，整群随机抽样所获样本分布不均匀，群体间可能会存在差异，在一定程度上会影响样本的代表性。因此，在选择研究群体时需要慎重考虑。

（2）非概率抽样。非概率抽样是指每个研究对象被抽取的概率是未知的，抽样方式不是随机的，样本是按研究目的而选择的。非概率抽样常用于定性研究或小范围的非正式研究中。具体的抽样方法有：

①目的抽样。当研究情境不能运用随机抽样时，为达到研究目的而选择样本称为目的抽样。目的抽样与随机抽样的区别在于它们抽取样本的方式不同，它们运用的逻辑基础不同。随机抽样的逻辑基础是所选择的样本要有代表性，而目的抽样的逻辑基础是想掌握和了解样本的实际情况。目的抽样并非是随意的，样本的选择是以事先确定目的、准则为依据的。

②完全抽样。完全抽样是样本数量和总体数量完全一致。这是抽样的特例，通常在总体数量极少的情况下适用。

③异质抽样。异质抽样就是抽取某种特征完全不相同的、差异最大的个体为样本，目的是为获得两类信息，一是不同个体之间的区别和差异；二是不同个体之间的共同之处。采用异质抽样的研究常常是比较研究。

④同质抽样。选择具有典型意义的、特征相近的个体为样本。与异质抽样相比，同质抽样走的是中间道路。

⑤立意抽样。又称定标抽样，是研究者根据自己确定的标准，凭自己的经验和主观判断来确定所需样本。立意抽样注重样本质的方面，能针对性地研究某些问题，经济实用，但抽样的主观性较强。

⑥随意抽样。又称偶然抽样，指按研究者的需要和方便，利用现有的机会对偶然遇到的对象进行抽样。随意抽样简便易行，是新闻记者常采用的方法，但它受研究者主观意志支配，很难保证样本的代表性。

在教育研究中，选择研究对象是需要考虑的实际问题。当选择概率抽样时，研究目的是为了能从样本推断总体，因此必定要用随机抽样的方法，这样样本才具有代表性。然而，随机抽样并非在任何情况下都是可行的，不同的研究目的会要求不同的抽样方法来与其相适应。当运用非概率抽样时，代表性就不可能在概率的基础上进行讨论，而必须在逻辑的基础上进行讨论。通常非概率抽样灵活性较强，使用方便，不受统计原理严密的框架限制，但抽样的主观性较强，缺乏代表性。

总之，具体抽样的类型、标准、方法以及样本容量的大小，应视研究的实际情况而定。一般来说，概率抽样不受抽样者主观意志的影响，能确切地定义样本，确定抽样概率，抽样误差较小，并能从样本推断总体，为研究结果的准确性和可靠性提供保证。因此，在条件许可的情况下，应尽可能采用概率抽样。

（四）确定研究方法

研究方法主要回答如何研究的问题，它是研究计划中的一个关键环节。研究者需要选择适宜的研究方法实现研究设想，以达到所预期的结果。教育研究方法多种多样，不同类型、不同内容、不同条件的研究课题需要选择不同的研究方法，因此研究者必须从课题研究需要出发，从不同角度、按照不同的标准选择研究方法。在确定研究方法时，需要从以下四个方面加以综合考虑：

1. 研究被试的取样方法

明确研究的总体、样本的大小、取样的手段。

2. 研究的控制方法

操纵、控制变量的方式，实验处理，仪器的配备和程序的安排等。

3. 收集研究资料的方法

确定测量指标、测定方法、设计量表、规定数据记录方式等。例如，研究历史问题，用历史研究法、文献资料法、个案研究法，等；研究现实问题，用调查法、观察法、个案研究法、文献资料法等；研究经验总结，用经验总结法、文献资料法、个案研究法等；研究理论问题，用理论研究法、比较法、统计法、逻辑推理法等。

4. 研究资料的分析方法

根据资料特征选择研究统计分析、内容分析、质性分析及检验假设方式。

（五）制订研究计划

拟订研究计划是教育研究中最为关键的一步，在研究计划中需要详细说明研究数据收集和分析的过程；同时，详细充分的研究计划可以作为研究报告的提纲。“磨刀不误砍柴工”，制订一项完整的、全面的课题研究计划，可以使课题研究建立在明确、具体、可操作的基础之上，使课题研究收到事半功倍的效果。

1. 研究计划的基本要求

一份研究计划的基本要求可以概括为以下四个问题：[①] 研究什么？为什么

① 吴明清. 教育研究：基本观念与方法之分析[M]. 台北：五南图书出版有限公司，1991：564-565.

研究？如何研究？有何成效？

（1）研究什么？当人们阅读一份研究计划时，第一个反应可能是：这个课题要研究什么？要回答这个问题，首先，要有合适的标题，标题最好能涉及研究的范围、对象、内容、方法；其次，要明确提出研究问题，让别人了解研究问题的性质；第三，要有文献综述，使人了解研究领域的基本状况；第四，要列举研究的待答问题或研究假设，让别人了解研究的重点；第五，要界定研究的变量及重要的名词、概念，让别人了解研究的范围。

（2）为什么研究？在解决了“研究什么”的问题之后，人们很自然会继续发问：为什么要从事这项研究？要回答这个问题，首先，要说明研究的动机；其次，要提示研究的重要性和必要性，揭示研究的意义和价值；第三，要列举研究的具体目标。

（3）如何研究？当了解研究的理由之后，人们顺理成章地想知道研究将如何进行。要回答这个问题，首先，要说明研究的方法和实施程序，包括研究对象及其取样、研究的方法与步骤、研究工具的选择与编制、收集资料的程序、资料分析的方法等；其次，合理配置研究资源，包括研究人员的组织、研究进度的安排、研究经费的预算等。

（4）有何成效？研究的价值体现在研究结果对现实世界和精神世界的贡献上。因此，人们最后总会问：研究最终会获得什么样的成果？要回答这个问题，首先，研究者必须在研究计划中具体说明研究的预期成效；其次，要有成果达到的水平和表现形式。

无论采用什么格式撰写研究计划，以上四个问题是必须要具体回答的。掌握了这四个基本要求，研究计划中才不会遗漏必要的信息和内容，研究计划才可能得到更多的外部支持。当研究计划完成后，我们也可以按是否清楚地回答了这四个问题来评价研究计划的优劣。

2. 研究计划的基本结构和内容

一般来说，研究课题内容多种多样，研究方法各不相同，因此，撰拟研究计划可以形式多样，只要符合以上四个基本要求，只要清楚地表达必要的信息与资料，就是一份合格的研究计划。一般来说，它应包括以下几项内容：

课体研究计划框架见表 2－2。

表 2－2　课题研究计划框架

（1）实证性课题研究计划框架	（2）理论（思辨）性课题研究计划框架
课题名称 署名 摘要（必要时） 目录（必要时） 一、导论 1. 研究课题的陈述（研究的缘起） 2. 研究问题的背景 3. 待答问题或研究假设 4. 名词及变量定义 5. 研究目的和意义 6. 研究范围 二、文献综述 1. 介绍该领域的重要研究成果 2. 研究成果可能对本课题的影响 3. 评述他人研究所采用的方法 4. 分析他人研究的成果和结论 三、研究方法 1. 研究对象及抽样方法 2. 研究主要方法与设计 3. 研究工具与材料 4. 实施程序 5. 资料处理及统计方法 四、预期成效 1. 预期结果（或发现） 2. 预期效用 五、研究进度及每一阶段预期完成的项目 六、研究经费的预算 七、研究人员的组织与分工 八、参考书目 附录（必要时）	课题名称 署名 摘要（必要时） 目录（必要时） 一、研究的缘起与目的 二、问题的背景与现状 三、研究的表述与设计 1. 基本理论与假设 2. 名词、术语的界定 3. 论证的基本思路 4. 收集资料的范围与程序 5. 分析资料的方法 四、研究进度及每一阶段预期完成的项目 五、研究的预期效果与限制 六、研究经费的预算 七、研究人员的组织与分工 八、参考书目 附录（必要时）

（1）课题名称。课题名称要简洁明了，一个好的课题名称要能准确地反映研究的范围、对象、内容、方法，能显示研究变量以及变量之间的关系，使人一看就能大致了解课题研究的内容。例如，滨州市小学生学习负担的调查、中学生学习时间与学习效果的关系研究。

（2）研究的目的与意义。课题研究的目的与意义，主要回答为什么要进行这项研究、课题有什么价值、课题产生的背景等问题。在表述上要提示研究的理由，可以从问题的现状提出，指出问题的重要性，从而表明进行研究的必要性；也可以从前人研究的不足入手，阐述进行研究的价值。总之，研究者要把握这部分写作的基本逻辑：由于问题的重要性或严重性，有必要进行研究；由于以往的研究不足或有错误，必须加以解决或纠正。

（3）研究内容。研究内容也就是研究问题，它是研究计划的主体。通常是把课题提出的研究问题进一步细化为若干个小问题，加以列举。

（4）待答问题与研究假设。任何研究都以待答问题或研究假设为具体行动的指引，因此无论采用什么格式撰写研究计划，必须具体明确地列举待答问题或研究假设。

（5）研究对象和研究变量。教育研究总是指向一定的研究对象。由于研究对象的多样性和复杂性，研究者在制订研究计划时必须对研究对象和研究的主要变量加以界定，避免不同的人从不同的角度理解而造成混乱。对研究对象的描述，涉及研究的总体范围、样本数量、抽样的方法，必要时还需提示研究对象的来源和特征。

（6）文献综述。研究工作必须以有关文献为基础，在撰写研究计划时，应对相关文献做系统的陈述，以展示研究者对该领域研究现状的了解程度。

（7）研究方法与设计。这一部分说明研究采用的途径、手段以及准备如何开展研究的步骤。因此，要明确详细地描述，研究对象、研究方法、研究工具、资料收集程序与分析方法，应分项说明。当然，在有限的篇幅中很难将研究方法与设计的全部细节描述周全，一般只需点到有关学术名词即可。例如，用“分层随机抽样”来说明抽样方法，用“等组前后测实验”表示实验设计模式，用“t 检验”表示统计分析方法。

（8）研究进度。规划研究进度，可以从两个方面考虑：一是时间进度，二是工作项目进度。若研究有时间的限制，则以最终完成时间为依据，倒过来分配每一工作项目的时间；若无明确的时间限制，则可以工作项目为依据，安排每一项工作的时间。确定研究进度，要留有余地，通常要给出时间进度表或工作项目进度表，从而保证研究能有条不紊地开展，能按预定要求如期完成。

（9）成果形式。预计的研究成果可以从两个方面来说明，一是提示研究的预期成果和成果的表现形式，如研究论文和研究报告、专著和教材、教具和教学仪器、教学软件等。研究周期较长的课题，还应该说明阶段性成果和最终成果。二是说明研究成果可能产生的效益，包括经济效益和社会效益。

（10）课题组成员及其分工。如果研究工作由一个人独立完成，那么在研究计划中只需填写研究者个人的学历、职务、专业等情况。如果研究是由一个课题组承担，则需列出课题组每个成员的基本情况和具体分工情况。

（11）经费预算。经费与设备是进行研究的物质条件。经费预算要本着节约的原则，实事求是地估算。研究计划中要把开支的项目、用途、金额一一列出，最好采用经费预算一览表。一般经费预算的主要项目有：图书资料费、研究人员研究费、小型会议费、交通差旅费、测验问卷编制费、上机费、印刷费、研究实施的劳务费、设备材料费、邮电费、行政管理费、研究评审费、杂费等。

（12）参考书目与附录。研究计划本身具有相当程度的学术性，正规的研究计划要求列出参考文献或参考书目，必要时也可将相关的资料作为附录。

以上 12 个方面大致包括了正式的、严格的研究计划的基本结构和内容。在实际撰写研究计划的过程中，可以直接按照这 12 个方面内容撰写，也可以根据“研究项目申请书”或“项目申请评审书”的要求、内容，将这 12 个方面拆散，进行适当的增删或调整，分别填入项目申请书有关栏目。不过，有些科研机构或主管部门制定的研究项目申请书的格式比较简略，研究者除了按研究项目申请书规定的格式填写外，最好再按上面提到的 12 个方面另拟一份详细的研究计划，供实施研究时参考。

第二节　拓展阅读：参考选题

一、全国教育科学“十二五”规划 2012 年度课题指南

（一）重点课题

（1）社会主义核心价值体系融入国民教育全过程研究

（2）国家教育体制改革试点研究

（3）中华优秀传统文化教育研究

（4）高校创新能力国际比较研究

（5）工业化、城镇化、农业现代化同步推进下的农村教育发展与改革研究

（6）高中阶段的教育发展战略研究

（7）信息化促进优质教育资源共享研究

（8）中小学语文教育改革研究

（9）中小学理科教材国际比较研究

（10）学校质量评价标准研究

（二）一般课题

1. 教育基本理论

素质教育实践的理论建构研究；改革开放以来的中国教育改革经验研究；党的中央领导集体教育思想研究；教育在文化传承与创新中的基础作用研究；教育法制理论研究；当代社会教育两大功能关系研究；教育学科建设的研究等。

2. 教育史研究

中国教师史研究；中国学生史研究；中国城市学校与城市教育史研究；中

国教育研究史研究；中国专业学位教育发展研究；世界主要国家现代学校教育制度的演进研究；欧美职业技术教育史研究等。

3. 教育发展战略研究

重大教育热点问题研究；民办教育发展战略研究；人力资源强国建设相关教育指标体系研究；基本公共教育服务体系建设研究；统筹城乡教育综合改革试验研究；省（自治区、直辖市）教育发展战略研究；县域内推进义务教育均衡发展研究；高等学校产学研协同创新机制研究；高等教育资源优化与结构布局战略研究；西部地区实施教育现代化的战略研究；终身教育体制与机制建设研究；学习型社会、学习型城市、学习型社区指标体系研究等。

4. 教育经济与管理研究

重大教育决策评估研究；教育经费使用效益研究；统筹城乡发展的基础教育资源配置研究；教育管理体制“管办评”分离改革研究；教育督导管理模式和运行机制研究；高考社会化可行性及实施途径研究；促进民办教育发展的公共财政扶持政策研究；教育扶贫开发的有效途径研究；教育中介组织的功能及管理研究；教育法律纠纷的特点与应对机制研究；教育行政执法的手段与效能研究等。

现代教师教育体系构建研究；农村教师专业发展与队伍建设研究；免费师范生培养和使用机制研究；促进义务教育均衡发展的教师流动机制研究等。

5. 基础教育研究

新课程改革实施与评价监控研究；学生学习和创新能力培养研究；高质量的课堂教学模式研究；大城市义务教育阶段择校问题现状和对策研究；义务教育阶段学生课业负担监测与公告制度研究；流动人口子女在流入地义务教育后升学考试研究；留守儿童关爱机制研究；学生校外学习状况研究；学前教育规律研究；不同发展地区普及学前教育的模式研究；特殊教育师资队伍培养和培训机制研究；随班就读工作机制和保障体系研究；学校教育、家庭教育与社会教育协调配合研究等。

6. 高等教育研究

高校分类标准及评价体系研究；构建教育强国的高等教育国际化能力与评价体系研究；提高高校绩效的理论与方法研究；高校人才培养模式改革与质量提升研究；普通高校本科教学质量国家标准研究；学科专业管理制度研究；高校中青年教师教学能力现状及提高办法研究；研究生招生制度改革研究；研究生教育质量监督保障机制研究；完善中国特色学位制度研究；高校毕业生就业状况统计及监测研究；开放大学的功能定位与管理体制机制研究等。

7. 职业技术教育研究

职业教育质量标准研究；职业教育招生模式改革研究；高等职业教育专业

设置管理与预警机制研究；职业学校教师培养与补充机制研究；职业教育现代学徒制研究；校企合作长效机制研究；职业教育制度执行监管机制研究；面向农村的职业教育定位和功能研究；地方政府职业教育政绩评价指标体系研究；中高职有机衔接的机制研究等。

8. 德育研究

网络环境下促进青少年健康成长策略研究；大、中、小学德育课程教学改革研究；道德文化的当代困境及其教育应对方法研究；时代精神与道德教育改革研究；传统德育思想资源现代转化研究；学生公民教育研究；中小学生命教育研究；师德建设与考核研究；大学生社会责任感现状及其培养研究；高校学风建设与学术规范教育研究；学术诚信建设中的法律问题研究；教育引导学生正确认识和对待宗教问题的策略研究等。

9. 教育心理研究

网络对学生心理发展的影响研究；学生高效率学习的心理学研究；学习困难学生心理发展特点及教育矫正研究；教师心理健康素质的研究；大、中、小学校心理健康教育的衔接与贯通研究；中小学生心理健康标准与测评系统研究；儿童青少年人格评价体系构建与健全人格培育研究；创造性思维的培育策略研究；学生心理危机干预系统的构建研究；留守儿童和流动儿童的心理发展特点研究等。

10. 体育卫生艺术教育研究

学校体育理论创新与发展研究；学校体育质量标准及评估体系研究；中小学“体育与健康课程标准”实施难点及改进研究；大、中、小学体育目标衔接、体育课程与教学改革研究；学校体育设施、场馆建设与器材配备现状及标准研究；学生审美品质和能力培养研究；与素质教育相适应的艺术教育有效模式研究；在职中小学艺术教师专业发展研究；开发利用优秀民间艺术资源研究；学校突发公共卫生事件防控体系建设研究；学生健康素养评价指标体系研究；青少年肥胖干预研究等。

11. 教育信息技术研究

教育信息化标准研究；惠及全民的教育信息化支撑体系应用示范研究；基于云计算的区域教育资源公共服务模式研究；面向学习创新的数字化教育装备开发与应用研究；信息化学习方式的变革及影响因素研究；在线学习分析模式与工具研究；农村中小学现代远程教育工程应用效益评估研究；教育信息技术促进继续教育的创新与发展研究等。

12. 成人教育研究

信息化环境下学习型社会的内涵建设研究；学校和社区互动与合作研究；继续教育的制度建设与资源整合研究；新农村建设与城镇化、农业现代化进程中的新农民、新市民教育研究；农民工培训的现状、问题与对策研究；教师继续教育创新研究；“国培与省培计划”实施的模式创新及有效性研究；闲暇教育研究；成人教育的质量保障研究等。

13. 民族教育研究

民族团结教育实践模式研究；民族地区教育文化适应与就业问题研究；中国特色民族地区双语教育政策研究；民族地区中小学幼儿园双语教师队伍建设研究；西部民族地区学前教育发展现状调查及对策；民族地区职业教育研究等。

14. 比较教育研究

中国教育在世界教育发展格局中的地位研究；创新型国家发展过程中教育改革的比较研究；合作办学模式比较研究；高校考试招生制度的比较研究；大学通识教育模式的比较研究；高中多样化发展的比较研究；普通高中课程方案与课程管理制度国际比较研究；科普教育的国际比较研究；中外医学教育课程设置比较研究；中外学校体育教育比较研究；中小学校车制度的比较研究；国际教育援助的比较研究；中外杰出人才群体比较研究等。

二、山东省教育科学“十二五”规划课题指南

（一）综合项目及教育基本理论研究

推进教育公平与均衡发展研究；困难群体教育保障机制研究；和谐平安校园建设研究；传统文化对教育思想、观念的影响及与教育现代化关系研究；教育民主化与法制化相互关系研究；深化教育投资体制改革及提高教育投资效益研究；提高教育资源共享效益研究；教育科研成果推广机制研究；学生创新能力、实践能力和创业精神培养研究；深化教育管理体制改革研究；新形势下人才培养模式转变研究；教育改革与发展如何为解决山东省经济社会发展中的难点、重点问题服务的研究；山东省教育现代化的理论与实践研究；山东省教育资源配置的现状调查及合理配置的对策研究；高层次人才培养、管理和办学体制改革研究；儒家教育思想及齐鲁文化与当代教育改革研究等。

现代教育思潮和流派研究；马克思主义教育理论中国化研究；教育科学研究的理论与方法的发展研究；教育核心价值研究；教育学科建设研究；儒家教育思想继承与创新研究。

（二）教育发展战略研究

适应经济与社会发展的山东省教育结构研究；山东省终身教育的结构框架实施策略的研究；构建教育学习型企业和学习型社区、学习型家庭的研究；小城镇建设与教育结构调整研究；山东省欠发达地区教育发展的思路与对策研

究；山东省城镇化进程中的城乡教育一体化发展战略研究；山东区域经济产业结构调整与教育发展方式转变实证研究；新时期山东省高等教育发展战略研究；山东省民办教育在我省教育发展中的地位、作用研究；山东省民办教育的现状与发展趋势研究。

教育在社会主义现代化建设中的重要战略地位和作用的研究；教育体制改革与经济体制、科技体制、政治体制及劳动人事制度改革相配套的研究；农村城市化与小城镇建设对教育发展要求及改革对策研究；不同规模城市各类教育结构协调发展的研究；中国特色教育发展道路研究等。

（三）深化素质教育研究

山东省全面推进素质教育的要求与保障体系的研究；山东省素质教育典型经验的总结与理论升华；全面提高教育质量，减轻学生过重负担研究；中小学生科学素质培养研究；中小学科技教育与创造力培养研究；信息技术与当代教育教学改革研究；现代教育技术理论与实践研究；计算机及现代信息技术在教学领域的开发与应用研究；优质网络学习课程的开发与应用研究；农村地区学校现代信息技术的普及与资源综合利用问题研究；家庭教育研究；学校、家庭、社会三位一体的育人机制，为推进素质教育创造良好的社会环境研究。

提高学校体育质量和效益研究；全面提高学生身体素质与体育特长生培养研究；山东省儿童青少年学生身体素质发展状况调查；山东省儿童青少年学生营养及健康状况调查；加强学校卫生工作与培养学生良好生活习惯研究；提高学生审美素质研究；学生审美素质在学生素质发展中的作用研究；提高学校美育质量与效益研究；山东省各类学校美育状况调查及加强美育对策研究。中小学艺术教育培养目标、教育模式、实施方法、评价体系研究；艺术教育与科学教育关系研究；山东省城乡艺术教育现状分析及发展策略研究；山东省普通学校艺术教育质量与效益现状分析；劳动对象和方式的变化对学校劳动技术教育的目标、内容、途径、方法的要求研究；劳动技术教育与学生实践能力培养研究；劳动技术教育与学生创新能力培养研究；劳动技术教育与职业预备教育结合的研究；产教结合研究；勤工俭学、校办产业发挥育人功能研究；校外劳动和社会实践基地建设研究；加强和改进对学生的生产劳动和实践活动教育对策研究等。

（四）教育管理与教育评价研究

政府教育管理职能转变及其效率问题研究；教育质量与效益的科学内涵与评价标准的研究；教育管理体现信息化、人文化、艺术化研究；优化学校管理机制研究；加强和完善教育督导制度的研究；学校内部管理改革的深化研究；各级各类学校收费制度的规范化管理研究；山东省教育行政发展研究。

新课程背景下高考、中考及校内考试改革研究；高等学校招生与考试相对分离、分类考试、多元录取、自主选择的选拔机制研究；促进学生发展的评价标准、评价工具和评价方法研究；促进教师发展的评价标准、评价工具和评价方法研究；素质教育质量保障体系和教育质量监控研究；构建素质教育评价制度的研究；高中学业水平考试的信息利用及促进教学质量提高的效能研究；自学考试的理论与方法研究；学分认定的诚信问题研究等。

（五）德育研究

新时期对国民素质要求及德育工作所面临的任务和挑战研究；新时期德育工作目标的研究；青少年罪错成因研究；诚信、责任、禁毒、解救网迷等德育目标教育实践研究；山东省青少年思想品德的调查与研究；提高德育实效性的实验与研究；中华民族优良道德传统教育研究；个体道德社会化与道德教育内容、过程及规律的研究；在世界观、人生观形成中德育的作用和规律的研究；网络对青少年学生身心健康成长影响及对策研究；网络时代学校德育研究；当前家庭教育的误区及改进对策研究；日常生活守则和行为规范养成教育研究；独生子女发展特点及教育对策研究；新时期共青团、少先队工作的研究；道德情感教育的德育价值研究；道德情感的结构及不同年龄阶段学生道德情感发展特点的研究；家庭德育功能研究等。

（六）教育心理研究

学校心理健康教育内容、模式研究；学生思维能力及创造力培养的心理学研究；学生个性培养的理论与实践研究；学生学习心理辅导研究；山东省教师心理健康状况研究；山东省各类学生心理健康状况调查研究；心理健康教育课程体系研究；学生心理健康教育的方法研究；学生心理健康教育评价体系研究；学生心理素质的培养及测评研究；学生心理档案的建立与使用研究；班主任工作渗透心理健康教育研究；学校心理咨询室的建设研究；后进生心理障碍的防治与矫正；离异家庭学生的心理问题分析及教育对策；元认知理论及在教学改革中的应用研究；儿童心理发展规律及其与各科课程学习规律关系研究；男女生学习心理差异及教育对策研究；提高学习效率的研究等。

（七）教学理论与实践研究

各科课程实施现状分析；课程评价的标准、工具和方法的研究；地方与学校课程的开发与管理研究；研究性课程的开发与研究；各科教学与学生素质发展研究；课堂教学改革研究；分层次教学研究；学生课外学习指导研究；各科教学培养学生解决实际问题能力研究；学生知识、技能、情感、态度、价值观目标及其培养研究；学习策略教育目标与学科教学研究；创新教育的理论研究；创新教育的培养目标研究；创新教育课程改革研究；创新教育课堂教学改革研究等。

（八）基础教育研究

完善义务教育质量基本标准，建立义务教育质量监测制度研究；基本普九目标实现后义务教育的巩固与发展研究；基础教育的优质均衡化发展研究；优质教育资源合理配置的研究；辍学问题的成因与对策研究；农村中小学如何适应当地经济和社会发展需要的研究；义务教育阶段课程评价研究；高中教育任务、目标及办学模式研究；高中文理分科问题研究；政府教育管理职能转变及其效率研究；山东省学前教育现状及发展策略研究；农民工子女教育政策研究；山东省经济欠发达地区幼儿教育研究；幼儿道德教育的内容、方法研究；幼儿认知发展与社会化发展水平的测量与评价研究；幼儿创新教育理论与实践研究；特殊教育学校课程设置与教学内容的研究；残疾儿童社会适应性教育研究；特殊儿童心理偏常与不良行为的辅导、矫治研究；山东省特殊教育学校布局与规模化研究；特殊教育学校中学前教育的补偿康复研究等。

（九）高等教育研究

高校合理定位，形成各自的办学理念、办学风格和办学特色研究；高等教育办学机制研究；推进高校教学改革，加强教学管理，健全教学质量监控及保障体系研究；新时期高等学校课程理论、内容及教学方法、模式研究；山东省高素质、高层次专业人才培养研究；高等学校科学研究、技术开发、社会服务相互转化的机制与实践研究；高校校园文化建设研究；高等教育专业结构布局研究；高等学校专业设置问题研究；提高高等教育教学质量的研究；新时期高校德育目标、模式、内容的研究；大学生创新能力、实践能力和创业精神培养研究；提高大学生人文素养和科学素质的方法与途径研究；高等教育适应经济与社会发展，更新教学内容和改进教学方法的研究；不同层次、各类高等教育与生产劳动、科学研究相结合的途径、形式和方法研究；高等教育教育模式和课程体系改革研究；应用型人才培养研究；高校科研成果产业化研究；新时期山东省研究生教育的发展规模、速度及学科结构改革研究等；山东省高校产业规范化建设研究。

（十）职业技术教育研究

山东省经济与社会发展对中等职业技术教育发展需求研究；山东省欠发达地区中等职业技术教育现状调查与发展对策研究；山东省中等职业技术教育办学体制、办学模式改革的研究；山东省中等职业技术教育师资队伍建设的研究；中等职业技术教育培养目标、模式及评价研究；不同地区中等职业技术教育的专业设置、教学内容及培养目标研究；职业技术教育课程建设研究；职业教育中学生熟练的职业技能和适应职业变化的能力培养研究；山东省高等职业技术教育发展与经济社会发展相适应的研究；山东省高等职业技术教育发展战略研究；山东省高等职业技术办学体制、办学模式研究；职业院校“双师型”师资队伍建设研究；中等职业教育和高等职业教育一体化的研究；建立职业院校专业课程标准和技能标准，及职业资格证书认证的问题研究；校企合作问题研究等。

（十一）成人教育研究

山东省社会经济发展水平与成人教育发展速度与规模研究；山东省远程教育发展与质量监控研究；成人教育招生制度与学历教育制度研究；新形势下成人教育课程目标体系研究；成人教育课程设置和教学内容改革研究；成人教育质量标准与评价的研究等。

（十二）教师队伍建设研究

师德现状与师德教育研究；教师专业化建设的理论与实践研究；优秀教师成长的个案研究和规律探索；山东省各类学校师资队伍需求与现状分析；山东省名师名校工程建设研究；新世纪校长素质要求、选拔机制和管理体制研究；创新性教育者培养研究；师范教育的发展与对策研究；义务教育教师绩效工资制度研究；教师继续教育制度研究；教师继续教育网络研究等。

第三节 实战体验：撰写毕业论文开题报告

独立完成毕业论文的开题报告。具体格式如下：

毕业设计（论文）开题报告

题　目＿＿＿＿＿＿＿＿＿＿＿＿＿＿＿＿＿＿＿＿

系（院）＿＿＿＿＿＿　年级＿＿＿＿＿＿

专　　业＿＿＿＿＿＿　班级＿＿＿＿＿＿

学生姓名＿＿＿＿＿＿　学号＿＿＿＿＿＿

指导教师＿＿＿＿＿＿　职称＿＿＿＿＿＿

二〇　　年　月

开题报告填表说明

1. 开题报告是毕业设计（论文）过程规范管理的重要环节，是培养学生严谨务实工作作风的重要手段，是学生进行毕业设计（论文）的工作方案，是学生进行毕业设计（论文）工作的依据。

2. 学生选定毕业设计（论文）题目后，与指导教师进行充分讨论协商，对题意进行较为深入的了解，基本确定工作过程思路，并根据课题要求查阅、收集文献资料，进行毕业实习（社会调查、现场考察、实验室实验等），在此基础上进行开题报告。

3. 课题的目的意义，应说明对某一学科发展的意义以及某些理论研究所带来的经济、社会效益等。

4. 文献综述是开题报告的重要组成部分，是在广泛查阅国内外有关文献资料后，对与本人所承担课题研究有关方面已取得的成就及尚存的问题进行简要综述，并提出自己对一些问题的看法。

5. 研究的内容，要具体写出在哪些方面开展研究，要突出重点，实事求是，所规定的内容经过努力在规定的时间内可以完成。

6. 在开始工作前，学生应在指导教师帮助下确定并熟悉研究方法。

7. 在研究过程中如要做社会调查、实验或在计算机上进行工作，应详细说明使用的仪器设备、耗材及使用的时间及数量。

8. 课题分阶段进度计划，应按研究内容分阶段落实具体时间、地点、工作内容和阶段成果等，以便于有计划地开展工作。

9. 开题报告应在指导教师指导下进行填写，指导教师不能包办代替。

10. 开题报告要按学生所在系规定的方式进行报告，经系主任批准后方可进行下一步的研究（或设计）工作。

一、课题的目的意义：
二、文献综述（分析国内外研究现状、提出问题，找到研究课题的切入点，附主要参考文献，约2000字）：
三、课题研究的内容、方法和预期目标：
四、所需仪器设备、材料情况：

<table>
<tr><td rowspan="9">五、课题分阶段的进度计划</td><td>序　号</td><td>起止日期</td><td>工作内容</td><td>阶段成果</td></tr>
<tr><td>1</td><td></td><td></td><td></td></tr>
<tr><td>2</td><td></td><td></td><td></td></tr>
<tr><td>3</td><td></td><td></td><td></td></tr>
<tr><td>4</td><td></td><td></td><td></td></tr>
<tr><td>5</td><td></td><td></td><td></td></tr>
<tr><td>6</td><td></td><td></td><td></td></tr>
<tr><td>7</td><td></td><td></td><td></td></tr>
<tr><td>8</td><td></td><td></td><td></td></tr>
<tr><td>指导教师意见</td><td colspan="4">签字：
年　　月　　日</td></tr>
<tr><td>教研室主任意见</td><td colspan="4">签字（公章）：
年　　月　　日</td></tr>
</table>

第三章　教育文献研究

学习目标

学习完本章后，你将能够：

1. 解释：文献、教育文献、教育文献检索、文献综述。
2. 区分零次、一次、二次、三次文献，并说明每一类型文献在教育文献研究中有作用。
3. 说出教育文献在教育研究中的意义。
4. 描述教育文献检索的步骤，以及每一步骤的目的。
5. 说明教育文献检索的要求、途径和方法。
6. 说明撰写教育文献综述报告的基本内容，并能撰写一份教育文献综述。

研究议题

撰写教育文献综述。

第一节　理论基础：教育文献研究

一、教育文献概述

（一）教育文献的含义

“文献”一词最早见于《论语·八佾》：“文献不足故也”，朱熹在《四书章句集注》中解释：“文，典籍也，献，贤也”。可见文献在古代原意指典籍和宿贤两个方面的内容，即“文”指历史上的图书、档案等典籍记录；

“献”指贤者所发的议论和追记的记录。随着时代的发展，“文献”的含义也有所变化。1984 年中华人民共和国国家标准《文献著录总则》中，文献是指记录有知识的一切载体，即把人类知识用文字、图形、符号、音频和视频等技术手段记录在一定物质载体上的结合体，或理解为固化在一定物质载体上的知识。“一切载体”不仅包括手稿、书籍、报刊、学位论文、档案、科研报告等书面印刷品；也包括录音、录像、影片、幻灯片、文物等实物形态的各种材料；还包括计算机使用的磁盘、光盘和其他电子形态的数据资料等。

教育文献是记载有关教育科学的情报信息和知识的载体，即一切用各种符号形式保存下来的，对教育研究具有一定历史价值、理论价值和资料价值的文献材料。有较大的理性认识价值或实践指导价值的文献，是教育研究的重要情报源和信息源。

（二）教育文献的类型

由于教育研究成果的记载和传播方式的多样性，教育文献的种类也是多种多样的。根据载体形式的不同把文献分为印刷型、缩微型、电子型、声像型和手写型；按来源及公开性可分为正式文献和非正式文献；按文献的功能划分为事实性文献、工具性文献、理论性文献、政策性文献、经验性文献；根据文献内容的加工方式和传递信息的质和量的不同，人们将文献分为四个等级，分别称为零次文献、一次文献、二次文献和三次文献。

1. 零级文献

零级文献又称灰色文献，指未经发表和有意识修饰的最原始文献，即第一手文献。如未经发表的书信、手稿、草案、讨论稿和原始记载等，包括口头谈话记录及文物、教学材料和学生作业样本等。历史形成的零级文献大都收藏在档案馆、博物馆；现实的零级文献则分散在教育工作者和教育研究人员手中，是非常重要的教育情报源。这类文献大多数不是为教育研究，而是为其他目的而撰写的，如学生日记、教师日志、会议记录等。

2. 一级文献

一级文献又称原始文献，是直接记录事件经过、研究成果、新知识、新技术的专著、论文、调查报告等原始文献，它所记载的知识、信息比较新颖、具体、详尽。如期刊论文、专利、科技报告、学位论文、各地的统计年鉴、地方或部门档案资料等，这些文献具有创新性、实用性和学术性等明显特征。在整个文献中，一级文献是数量最大、种类最多、所包括的新鲜内容最多、使用最广、影响最大的文献，有很高的直接参考和借鉴使用价值，但储存分散，不够系统。

3. 二级文献

二级文献又称检索性文献，是将大量分散、零乱、无序的一次文献进行整理、浓缩、提炼，并按照一定的逻辑顺序和科学体系加以编排存储，使之系统化，以便于查找的检索性文献。一般包括题目、书目、索引、提要和文摘等，如《中文科技资料目录》《中国科技期刊数据库》等，《新华文摘》《书摘》《文摘报》等文摘类报刊也属于二次文献。二级文献具有汇集性、简明性、系统性和可检索性，它能起到对一级文献进行检索的作用，便于查找一次文献。

4. 三级文献

三级文献是围绕某个专题对其内容进行综合、分析、研究而编写出来的参考性文献。三级文献一般包括综述、评述、评论、进展、动态等。这类文献反映了文献加工者对一次文献的主观见解，是众多一次文献的综合研究结果，具有较高的实用价值。综述性文献浓缩性高、信息量大、覆盖面宽、内容新颖。可以充分利用反映某一领域研究动态的综述类文献，在短时间内了解其研究历史、发展动态、研究水平等，以便能更准确地掌握待查项目的技术背景。

总之，从零级文献、一级文献、二级文献到三级文献，是一个由分散到集中、由无序到有序、由博而约地对知识信息进行不同层次的加工过程。它们所含信息的质和量是不同的，对于改善人们的知识结构所起到的作用也不同。零级文献和一级文献是最基本的信息源，是文献信息检索和利用的主要对象；二级文献是一级文献的集中提炼和有序化，它是文献信息检索的工具；三级文献是把分散的零级文献、一级文献、二级文献，按照专题或知识的门类进行综合分析加工而成的成果，是高度浓缩的文献信息，它既是文献信息检索和利用的对象，又可作为检索文献信息的工具。研究者应根据研究的需要选择利用不同的文献资料，但文献研究的基本原则是：只要有可能，尽量使用第一手资料。

（三）教育文献的主要分布

1. 书籍

书籍包括名著要籍、教育专著、教科书、资料性工具书（如教育辞书和百科全书）及科普通俗读物等。它是教育科学文献中品种最多、数量最大、历史最长的情报源。

名著要籍指一个时代、一门学科、一个领域内最有影响的权威著作。它们是人类文化的瑰宝，是治学和研究的基础，是进行教育研究的必读书、必备书。

教育专著指就教育领域内某一学科专门某一教育问题作系统全面深入论述

的著作或论文集，内容包括有关问题的发展历史和现状、研究方法和成果、不同学派的观点和争论，以及存在的问题和发展趋势。如瞿葆奎主编的 26 卷本大型《教育学文集》即属此类。

教科书是专业性书籍，具有严格的科学性、系统性和逻辑性。它要求学术的稳定性、名词术语的规范性、结构系统的严谨性、文字叙述的可读性。由于教科书学术上的稳定性和出版周期较长、更新速度较慢等原因，教科书往往滞后于学术研究的进展程度。

年鉴是查阅事件、概况的工具书。教育年鉴是系统汇集一年或数年内重要事件、学科进展与各项统计资料的工具书，以记事为主，内容包括专论或综述、统计资料与附录等。由于年鉴具有记载翔实、内容丰富、项目齐全等优点，是研究者重要参考工具书。

手册是某一方面经常需要查阅的文献资料或专业知识的工具书。往往就某一分支学科有关问题的历史和现状、方法和结果以及各种争论观点做广泛客观的叙述，不涉及作者本人见解。手册具有类例分明、资料具体、叙述简练、小型实用、查阅方便等特色。例如，《当代中国社会科学手册》① 第十三章“教育学研究”，就分别介绍了教育心理学、教育经济学、幼儿教育、普通教育、职业技术教育、高等教育和教育史等不同领域发展历史、当前研究的主要问题与发展趋势。

教育资料工具书主要指教育辞书、百科全书和检索工具书。

2. 报刊

报纸和期刊均属于定期或不定期的连续出版物。报纸是以刊登新闻和评论为主的定期连续出版物。期刊有周刊、月刊、双月刊、季刊等。

报纸以出版迅速、情报及时而为研究者所重视。目前我国出版发行的教育类专业报纸有几十种，如《中国教育报》《教育时报》《教师报》《教育导报》及各省的教育报等。《光明日报》《文汇报》《中国青年报》等的教育专栏，也很受研究人员的关注。

期刊出版周期短、内容新颖、论述深入、发行量大、影响面广、反映学术界当前最新研究成果，是研究者的主要参考资料。期刊包括杂志、学报和文摘。

3. 教育档案类

教育档案类文献是人类在各种社会实践活动中直接形成的、并且具有保存价值的原始文献资料。教育档案包括教育年鉴、教育法令集、教育统计、教育调查报告、学术会议文件、资料汇编、名录、表谱以及地方志、墓志、碑

① 汝信，易克信. 当代中国社会科学手册[M]. 北京：社会科学文献出版社，1989.

刻等。

4. 专家询问

专家询问文献是通过个人交往接触的非正式渠道搜集资料，研究者与本专业或相近专业的研究人员、学者进行交谈，交流讨论学术问题，具有高度的选择性和针对性以及启迪作用。

5. 电子信息检索系统

电子信息检索系统是由计算机程序人员编制的、储存于计算机中的帮助读者查阅文献资料的软件。一般又分为两种：一种是图书馆中资料中心使用的文献检索系统，它和该图书馆资料中心的数据库连接，读者能利用它从数据库中检索所需要的资料。如“中国期刊网”“中国期刊数据库”。另一种是国际互联网中各种网站上的搜索引擎，如“搜狐（Sohu）”“新浪（Sina）”等网站上都有搜索引擎。读者利用搜索引擎可以从庞大的互联网中搜寻和阅读所需文献资料。和其他种类的文献相比，电子信息检索系统有容易保存、便于检索的特点。

（四）教育文献在教育研究中的作用

文献检索的思想与方法贯穿于研究的全过程。当研究课题未确定时，课题的产生常常是从泛泛地浏览文献、阅读文献开始的；研究课题初步确定后，研究人员则必须围绕课题内容广泛地收集和查阅有关的文献，以了解前人在这一领域的研究成果。甚至在研究实施过程中，在分析研究结果、撰写研究报告时，仍需时刻关注文献资料的进展情况。

1. 全面正确地掌握所要研究问题的情况，帮助研究人员明确研究方向，确定和选择研究课题

查阅文献的重要目的就是发现和确定研究课题，研究中通过查阅文献，研究者可以把握相关领域研究的历史发展脉络、主要研究成果，并获取最新发展趋势和信息。要了解哪些问题已经解决，哪些问题有待于进一步修正和补充，在此问题争论的焦点是什么，从而进一步明确研究课题的科学价值，找准自己的问题。

2. 提供科学的研究思路、论证依据和研究方法，使研究有较高的起点

通过文献检索，研究者从过去和现在的有关研究成果中受到启发，不但可以获得所研究课题的有关线索，使研究范围内的概念、理论具体化；而且能够了解与本课题有关的国内外最新的理论、手段和方法等研究规范，为研究者准确判断研究对象的本质，更科学地论证自己的观点提供更有说服力的、更丰富的事实和数据资料，使研究结论建立在更可靠的材料基础之上；同时经常查阅文献，站在研究领域的最前沿，可跟踪了解国内外的最新研究成果和方法，并从中得到启发，寻找解决问题的可能答案，使所研究的课题站在更高的起

点上。

3. 避免重复劳动，提高科学研究的效益

研究者如果能根据课题需要搜集并阅读有关的资料，能有助于选择课题研究的重点，提高研究工作的创造性水平，扩大研究工作对理论和实践的影响，借鉴他人成功的经验，吸取他人在研究过程中的教训，并能最大限度地避免自身研究可能产生的问题或错误，为研究者提高研究的效益奠定坚实的基础。国外的研究者都十分重视图书情报的收集与信息加工工作，据美国科学基金委员会、美国凯斯工学院研究基金会调查统计，一个科研人员用在一个科研项目中研究图书情报资料上的时间，占全部科研时间的1/3至1/2(见表3-1)。①

表3-1　**社会科学和理工科各项研究活动的时间比例**　（数据单位:%）

	选定课题	情报搜集与信息加工	科学思维科学实验	学术观点的形成（论文）
社会科学	7.7	50.9	32.1	9.3
理工科学	7.7	30.2	52.8	9.3

4. 提供理解研究结果的背景资料

在开展教育研究的过程，可能会出现一引起事先没预料到的事，或者出现与所希望的结果不同，甚至出现相反的结果。这时，要正确、合理地解释这些结果，就有赖于已有文献所提供的资料信息。

二、教育文献检索的基本过程

知识有两种，一种是我们已知道其内容的知识；另一种是我们知道在哪里可以找到其内容的有关线索的知识。文献检索就是研究者运用科学的方法从图书馆和资料中心查找文献资料的活动。文献检索过程中，研究者通常需要回答以下问题：需要寻找什么信息？到哪里去寻找信息？用什么途径或方法去寻找信息？找到信息后如何加工处理这些信息？文献检索的基本过程见图3-1。②

① 裴娣娜.教育研究方法导论[M].合肥:安徽教育出版社,2000:91.

② 陶保平.学前教育科研方法[M].上海:华东师范大学出版社,1999:55.

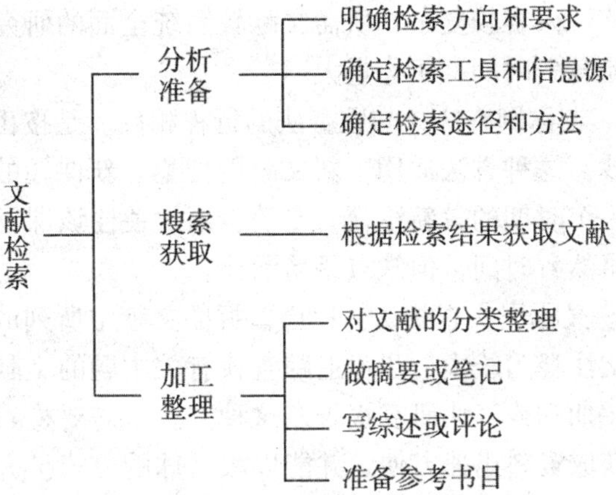

图3－1　文献检索的基本过程

（一）分析、准备阶段

此阶段包括分析研究课题，明确自己准备检索的课题要求与范围，确定课题检索标志，以确定所需文献的作者、文献类号、表达主题内容的词语和所属类目，进而选定检索工具、确定检索途径。

1. 明确检索方向与要求

文献检索，首先要明确课题研究的方向和要求，确定所需文献的主题范围、时间跨度、地域界限、载体类型等。对研究课题了解越充分，检索的针对性越强，效率也越高。

2. 确定检索标志和工具

正确地确定检索标志和工具，能够以最简捷的方法，迅速、准确地获得研究所需的文献信息。要确定检索工具和检索标志，通常要求研究者了解各种检索工具的性质、内容和特点，根据现有条件选择与课题适宜的、自己所熟悉的检索工具，在自己能把握的信息源中查找文献。教育研究常用检索性工具书按其用途可分为检索性工具书和参考资料性工具书两类。

3. 确定检索途径和方法

确定检索途径和方法，常见的检索途径有手工检索和计算机检索，手工检索可根据文献的既定标志，即文献外表特征（如作者名、文献名、代码等）或内容特征（如分类目录、主题词等）进行查找。以计算机为工具进行文献检索的方法主要有：光盘检索法、联机检索法和计算机网络检索。常用的教育文献检索方法包括顺查法、逆查法、追踪法、综合查找法。

（1）顺查法。按时间顺序，以所课题研究的发生时间为检索始点，按事件发生、发展时序，由远及近、由旧到新的顺序进行查找。顺查法一般可以查全，可以随时比较、筛选，查出的结果基本上能反映事物发展的全貌。这种方法适用于范围较广、内容较复杂、所需文献较系统全面的研究课题以及学术文献的普查；缺点是较费时间，工作量大。

（2）逆查法。也称倒查法，与顺查法的行程相反。是按由近及远、由新到旧的时序进行查找。这种方法适用于新文献的搜集、新课题的研究。这种课题大都是需要最近一个时期的较新论文、专著，不太关注该课题的历史渊源和全面系统的资料；虽然省时间，但缺点是易漏检。

（3）追踪法。又称引文查找法。以已掌握的文献中所列的引用文献、附录中参考书目或引文注释为线索，步步追踪查找有关主题的文献。一般先追踪查找权威性的专著、期刊或经典研究报告。这种方法不需要检索工具，文献涉及范围比较集中，获取资料迅速方便，并能以滚雪球的方式扩大检索范围，容易获得研究课题的重要的、丰富的原始资料。缺点是所查的资料受原作者引用资料的局限性及主观随意性的影响，会有遗珠之憾；资料往往无年代顺序、比较杂乱，且缺少最近年代的研究成果。因此，要注意文献的可靠性，一般在检索工具缺乏的情况使用。

（4）综合查找法。将各种方法结合加以使用以达到检索目的。

以上各种检索方法各有优缺点，研究者在查阅文献资料的时候应根据自己的实际情况、检索条件、研究要求等做出选择。

（二）搜索、获取阶段

根据检索结果获取文献。搜索与所研究问题有关的文献，然后从中选择重要的和确实可用的资料分别按照适当的顺序阅读，并以文章摘录、资料卡片、读书笔记、打印、复印等方式保存有价值的信息和资料。

（三）加工、整理阶段

要从收集到的大量文献中摄取有用的情报资料，就必须对文献做一番去粗取精、去伪存真、由表及里的加工工作。主要包括：剔除假材料，去掉相互重复、陈旧、过时的资料；从研究任务的观点评价资料的适用性，保留那些全面、完整、深刻和正确地阐明所要研究问题的一切有关资料。

1. 对文献的分类整理

分类整理是指将大量无序的文献材料按一定的分类标准，进行分门别类、系统整理的过程。可按时间、内容或主题等作标准进行分类。

2. 做摘要或笔记

摘要是关于原始文献主要信息的总结。研究者在阅读原始文献过程中做摘要的目的主要是为研究需要有针对性地进行资料积累，作为课题研究的参考，以备今后查考。摘要要用简练的语言，将原文的主要内容进行浓缩、加工、整理，概括反映文献的特征、要旨、梗概。如果文献是书籍，摘要内容包括主题、概述、评论三部分，可利用出版提要、原书提要、前言、后记、序跋等；

如果文献是研究报告，摘要内容包括问题、方法、结果。每份摘要前要有完整的书目。

笔记是记录、整理文献资料的主要方法。做读书笔记有标记、批注、摘录、提要、札记、综述等多种方式。读书笔记的积累价值不仅是抽取并积累了文献中对研究者来说最有价值的部分，而且积累了研究者对文献的评价和自己在研究过程中出现的新思想和新观点，这对继续研究起到重要的影响。

3. 写综述或评论

研究者在阅读和分析大量原始文献的基础上对某个问题的研究状况进行的归纳、综合。文献综述中所介绍的内容不仅包括研究所从事的工作，还必须包括活跃于该课题领域内的其他专家、学者的工作以及他们的观点、理论或学说。

4. 准备参考书目

对参考文献编目排序，以提供综述撰写过程中所依据的资料，便于读者查对所引证的文献正确与否，也为再次检索资料提供方便。一般来说，应该将所有参考文献名称按照一定的格式，准确、完整、无误地列出；如果数量过于庞大，也可以仅列出主要参考文献的目录。

三、教育文献检索的途径

教育文献检索的途径可分手工检索和计算机检索。

(一) 手工检索

手工检索是文献检索的基础。手工检索是根据文献的既定标志，利用目录、索引、文摘等检索工具来查找和获取所需文献的方法。文献的既定标志由外部特征和内部特征两方面构成，外部特征有著者名、文献名、代码；内部特征有分类体系和主题词。教育研究中常用的检索途径有分类、著者、关键词等。文献的五个特征构成了文献检索的五条途径（见图 3－2）。[①]

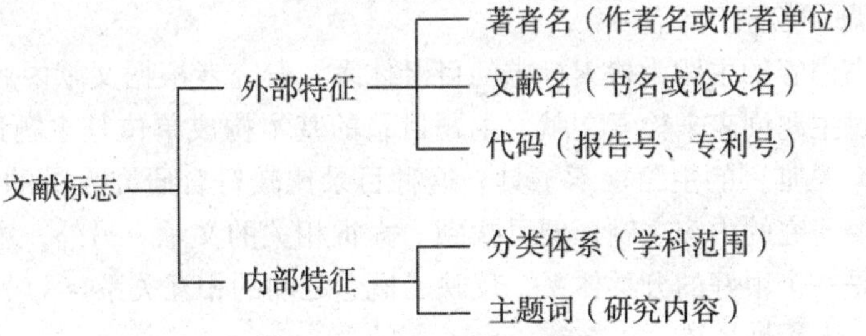

图 3－2　文献标志分类图

① 陶保平. 学前教育科研方法[M]. 上海：华东师范大学出版社，1999：67.

1. 著者检索

以作者姓名为检索标志的目录体系，卡片是按著者姓名的字顺排列。研究者在已知作者姓名的情况下，按作者姓名排检方法，从检索工具中去查找文献。中文姓名的排检有按姓氏笔画排检和按姓氏汉语拼音排检两种方法。著者目录的字顺排列规则有部首法、四角号码法、笔画笔形法、汉语拼音法等，最常用的为笔画笔形法和汉语拼音法。外文姓名的排检必须以姓的第一个字母作检索点。这种索引还可以反映某著者正在做什么，研究工作是否活跃，是否改变了研究方向等。著者索引分为两类：个人著者索引和团体著者索引。这种目录对研究人物、学说、流派比较便利，在大型图书馆中可集中查到某人的全部著作。

2. 书名检索

以图书书名为检索标志的目录体系，卡片是按书名的字顺排列。研究者在已知文献名称的情况下，按文献名称排检方法，从检索工具中去查找文献。可利用书名目录、篇名索引或论文索引等检索工具。利用书名目录检索，必须了解书名目录的排检体系。书名目录的字顺排列规则与著者目录的字顺排列规则相同。

3. 代码

即根据文献的代码进行排检。一般先从代码索引中查出文献的代码，再去查找原始文献，可利用报告号索引、专利号索引等。

4. 分类体系

通过图书分类体系表来检索文献，就是以检索主题的分类号码为目标，按某种分类法的类目体系组织索引款目。研究者要尽快查找到所需文献，就得熟悉图书分类法。国内教育研究常用检索工具中的书目和索引均按中国图书资料分类法标引和编排，分 5 个部类 22 大类，其中 G 类为文化、教育、体育。分类索引是最重要的索引，是教育研究者查找文献的主要途径。这种方法适用于检索某一类问题或某一学科领域的文献。利用分类体系检索文献，必须了解各种不同的分类体系和分类表。分类目录、分类索引是分类检索的工具。

5. 主题词检索

以图书内容的主题为检索标志的目录体系。研究者根据文献内容所涉及的主题，通过主题词表来检索文献。主题目录的基本构成单位是主题词，《汉语主题词表》是唯一的主题检索工具。这种目录比较符合研究人员的检索习惯，即按自己要研究的内容主题，便可找到一大批相关的文献。另外，主题词表的内容本身是一个很好的分类体系，反映了概念之间的相互关系。

（二）计算机检索

现代信息技术主要包括微缩技术、视听技术、计算机技术、多媒体技术、网络通信技术及数据库技术等。这些技术在教育学领域有很广泛的用途。现代教育技术通过计算机检索系统，为文献检索现代化提供了广阔的前景。计算机检索是利用计算机查找存储在磁带、磁盘、光盘或网络中的文献。计算机检索不仅功能强、资料多、范围广、速度快，大大提高了检索效率，而且拓展了信息检索的领域。检索途径主要是根据文献的主题词和关键词来进行，如果主题词没选好，有可能找不到你所需要的文献。通常可将两三个相关领域放在一起交叉考虑，另外多选几个主题词，这样可缩小检索的范围。以计算机为工具进行文献检索的方法主要有光盘检索法、联机检索法和计算机网络检索。

1. 光盘检索法

光盘检索法是通过研制检索软件，将文献资料做在磁盘或光盘上，供用户上机检索。光盘检索的优点是存储量大，价格低，保存方便，索引简便，不需要专业人员帮助，用户可直接使用，费用较低。

2. 联机检索法

联机检索法是用户将检索终端与计算机检索系统相连，运用一定的指令和检索策略同检索系统的终端进行“人机对话”，从文献数据库中查出所需文献。联机检索最明显的优点是查全率高和速度快，可以直接上机修改检索要求，查找所需文献，并可根据用户要求打印目录、摘要和原始文献。

3. 计算机网络检索

计算机网络检索是将许多计算机检索系统用通信线路连接起来，形成巨大的计算机检索网络，利用计算机联网进行文献检索。计算机网络检索的特点是可以利用任何一台终端检索网络内任何一个计算机文献资料库，实现真正的资源共享。

四、教育文献检索的要求

（一）全面、准确地检索教育文献

正确的检索资料方法要达到四点要求：准，高的查准率；全，高的查全率；深，占有资料的多样性及内容的专深；快，要迅速。具体而言，表现在以下几个方面：

1. 检索要全面

不仅要查阅与课题有直接关系的资料，还要查阅与课题有间接关系的背景资料；不仅要了解我国研究现状，还要了解外国的现状；不仅有正面的也有反面的，既有纵向的也有横向的，既有中文的也有外文的，既全面又系统。

2. 检索要认真细致

准确是查阅资料时要认真、仔细推敲观点和论据，并做好记录，准确把握信息，尽量避免论据失误。检索时不仅要查阅与自己观点一致的资料，还要查阅与自己观点不一致的资料；还要注意搜集由不同人或从不同角度对问题的同一方面做出记载、描述或评价的文献；防止研究者自己已有观点或假设对文献的影响，避免轻易否定或不自觉地忽视与自己观点相左的材料。

3. 要勤于积累

每一个研究课题都需要汇集积累一定的文献资料，而每一个课题的研究过程还是一个新的文献资料的积累过程。一般情况下，积累文献可先从那些就近的、容易找到的材料着手，再根据研究的需要，陆续寻找那些分散在各处、不易得到的资料。积累文献是一个较为漫长的过程，为了使整个过程进行得更有效，可以根据实际情况分为若干阶段进行整理。每一阶段，把手头积累到的文献做一些初步的整理，分门别类，以提高下一阶段搜集文献的指向性和效率。积累文献，不只是在有了具体的研究任务以后才需要做，更重要的是在平时经常注意积累和搜集各种文献资料，养成习惯，持之以恒。

4. 要善于思索

在阅读资料时，要善于抓住核心资料中的核心词语所表述的核心思想，防止主观臆断。在阅读中要注意运用比较、分析、联想方式，在理论联系实际的基础上，提出解决问题的新思路、新观点。

（二）确认文献的真实性

确认文献的真实性即对文献进行鉴别。文献鉴别的主要任务是辨别文献的真假和质量的高低。在一切涉及文献的研究中，对文献的鉴别是最必要的基础阶段。确认文献真伪一般有外审和内审两种方法。

1. 外审法

外审法是对文献本身真伪的鉴别。指通过外部评论确定资料的真伪或真实性，即“辨伪”和“证实”，一般包括对版本真伪的鉴别和作者真伪的鉴别。版本真伪鉴别，一方面，把该书的编排体例与同时代的同类出版物比较；另一方面，还可以查书中的内容是否有反映成书年代以后的事实。作者真伪的鉴别，一般有三种方法：一是先通过分析认作者的其他作品确定作者的语言风格，核实文献的风格是否与之一致。二是分析全部文献的体例是否一贯。三是文献的思想观点和逻辑是否前后一致。

2. 内审法

内审法是指对文献所载内容是否属实的鉴别。指通过内部评论确定资料的准确性和价值，即文献资料本身的含义、价值。主要包括著者的学识能力、品德威望；文献的客观性与公正性；文献的准确性和全面性等。

主要方法有：一是文字性文献互证，若不同文献中记载的同一事件有不一致，则需进一步核实。二是用实物来证实文字性文献，看文字记述与可靠的实物证据是否相符。三是把文献描述的内容与产生文献的历史背景对照，看它是否与当时的政治、文化背景相悖。四是研究作者的生平、立场、基本思想和文献形成时的具体环境，来判断作者记述的客观性和倾向性。

无论是内审法还是外审法，都是通过比较来进行鉴别，以达到去伪存真、提高文献质量的目的。在具体研究中，可根据被审文献的性质和复杂程度，采取多种方法或交错复核的方法。

五、撰写教育文献综述报告

文献综述是研究者在全面搜集和广泛阅读的基础上，通过归纳整理、分析鉴别和比较，就一定时间内出版发表的有价值文献的主要内容所撰写的评述。文献综述不是对文献资料的简单摘录和拼凑，而必须是研究者在对文献内容评判性阅读的基础上，根据研究工作的需要从总体上对各种文献资料进行概括性的叙述和评价。一般来说，对一个专题（或某个课题）的文献综述应有两方面的内容：一是对已有研究的历史发展和现状的阐述；二是综述者的评价、建议。

（一）文献综述的类型

文献综述的类型大体可分为三类，即目录性综述、文摘性综述、分析性综述。

1. 目录性综述

按某一专题或某种共同特征将一定时段内出现的内容相似的原始文献题目加以综合描述。这种综述与题录相似，既不反映原始文献的质量，也不涉及作者的观点，只是就事论事地提供信息。如某人做过什么等等。

2. 文摘性综述

文摘性综述是对文献探讨的问题进行综合描述。它所反映的内容比目录性综述要明确、具体，但对所含的信息不加分析和评论，只是把收集到的文献所论述的问题加以归类，分别描述。如在某个问题上，某人是怎样论述的，其他人又是怎样论述的，等等。文摘性综述是课题研究常用的综述形式。

3. 分析性综述

分析性综述是将原始文献中论及的内容加以归类、浓缩、综合、分析，并附有综述撰写者的见解和评论，甚至做出结论。这类综述要求高，难度大。撰写者除了大量占有资料、熟悉专业内容外，还要具备较高的分析能力和概括能力。这类综述本身就是一项创造性的研究成果。通常期刊上发表的“综述”“进展”“动态”“述评”等，均属于分析性综述。

（二）文献综述的步骤

1. 确定主题

确定主题就是要明确撰写综述的目的，综述给谁看，解决什么问题。重点可放在“新”上，即收集新观点、新方法、新技术、新进展等，加以介绍，以引起人们的注意和兴趣；重点也可放在“争”上，即对有争议的观点、有分歧的理论进行介绍，加以综述；重点还可以放在“用”上，即介绍实践活动和经验，提供实例供大家参考。

2. 收集资料

综述的参考价值往往以参考文献的多少、新旧来衡量。文献的获得既要靠研究人员平时的资料积累，又要有意识地去检索查阅。收集资料可以向有关专家请教；从书籍、刊物所附的参考文献中追踪，或利用检索工具查找，还可用计算机检索。一般新课题的综述，所引用的文献最好是近5年内的；用于发表的综述，参考文献要在6~7篇甚至更多。

3. 研读文献

研读文献是文献综述的关键。通常先浏览，初步获得一个总体印象。在此基础上，认真研读重点文献，充分熟悉、理解、消化文献内容。研读文献还需要批判性地、创造性地阅读，读出文献的问题所在，并能从中产生新的思路、新的课题。

4. 撰写综述

根据写综述的目的，以及收集到的文献内容，要确定分哪几个方面去写。论述的每个方面越明确越好，应尽可能包含最新的信息。

（三）文献综述的基本格式

文献综述的撰写可以有不同的写作形式，一般来说可以分为以下五部分：

1. 题目或标题

文献综述的题目比较灵活，从内容上看，可以对某一个领域、一个学科分支、一个专题甚至一种方法进行综述。文献综述的题目决定着综述的内容。因此，题目应是综述内容的高度浓缩和概括，一定要顾名思义、一目了然，选题一定要反映当前此专业的主要矛盾焦点或新技术、新动向。

2. 引言或前言

提出研究的问题。简单扼要地阐明文献综述撰写的目的、背景、意义，介绍有关概念的定义，收集资料的范围和来源（文献的时间跨度和主要分布），文献资料的分析维度和分析程序，说明有关问题的历史、发展状况与动态，以及目前对主要问题的争论焦点，使读者在阅读完前言后便对全文获得一个大体了解。

3. 正文

这是文献综述报告的主体部分，全文的“躯干”。主要包括论据和论证两部分。主体部分的叙述是灵活多样的，没有固定格式，不论哪种方式，一般包括：一是分阶段系统清理研究问题的发展过程，说明每一时期该课题研究的重要问题及取得的重要进展。二是重点阐明该课题范围内当前研究的重点和热点问题，在一些主要问题上争论的不同观点，代表性著作及事件。三是在研究方法论层面上对以往的研究进行一定的反思。专业术语的翻译要尽可能规范统一，转述的语句要忠实原文，不要歪曲原作者的意思。

4. 总结或结论

总结或结论部分主要是对主体部分的论证结果，提出还存在的问题和今后研究的方向或展望，并扼要地概括主题，提出问题的焦点和结论，最好提出自己的见解，赞成什么，反对什么。这部分是带有总结性的字句，应恰如其分，尤其是对有争议的学术观点，叙述时要留有余地。

5. 参考文献

参考文献是文献综述的重要组成部分，一般都在文章的最后，它表示尊重被引证学者的劳动，表明综述中引用的资料有可靠来源，并且为读者深入了解或探讨某些问题提供寻找有关文献的线索，因此必须核对无误，全部列出。未发表的资料可在文中引用处注明，不再列入参考文献。参考文献的编排应符合一定格式，眉目清晰，查找方便，应该能够准确无误地按所列出的线索找到被引用的文献。

第二节　教育文献综述导读

一、教育文献综述示例

我国生物学教学设计十年追溯①

王玉江（滨州学院生命科学系　256603）

教学设计（Instructional Design）是以促进学习者学习为根本目的，运用系统方法，分析整合教与学的各种因素，将教育教学理论转化为具体教学策略，创设有效的教与学系统的过程。教学设计作为一门以解决教学问题为宗旨的独立学科，是20世纪80年代从西方传入我国，研究范畴与我国传统教学中备课相近。因其理论与操作技术更加系统化和科学化，操作性强，到20世纪90年代末，逐渐得到国内教育工作者的青睐，开始深入研究，其概念、原理和技术也开始逐渐

① 王玉江. 我国生物学教学设计十年追溯[J]. 生物学教学,2007(06):32. 全文转载于人大复印资料《中学政治及其他各科教与学》,2007(09).

应用到各学科教学实践中。

为了解生物学教学设计的研究现状，更好地促进我国传统生物学教学与外来教学设计理论和技术的优化整合，笔者对国内生物学教学领域权威期刊《生物学教学》与《生物学通报》近十年（1995 年 1 月 ~2006 年 4 月）发表的论文，以“教学设计”为关键词对文章的标题进行了检索，并以此为研究对象进行统计分析，得出结论如下：

1. 发表文章数目的变化规律

（以《生物学教学》和《生物学通报》为例）

《生物学教学》和《生物学通报》发表文章标题中含“教学设计”的文章

（单位：篇）

年份 / 刊名	1995	1996	1997	1998	1999	2000	2001	2002	2003	2004	2005
生物学教学	0	0	1	4	1	5	5	9	9	17	23
生物学通报	0	1	3	1	2	3	7	7	11	11	13

从上表可以清晰地看出，20 世纪 90 年代后期，标题中含教学设计关键词的文章开始出现，其中《生物学教学》1995 年和 1996 年皆为 0 篇，到 1997 年只有 1 篇（试论生物课堂教学设计的科学性，袁维新，1997 年第 5 期）；从 2000 年开始教学设计类文章（指标题中含教学设计关键词的文章，下同）数量逐年激增（2000 年是国内基础教育第三次转型进入试点的时期），例如，1995 ~ 1999 年五年期间两刊分别累计发表教学设计类文章仅有 6 篇，2000 ~ 2001 年两年期间两刊分别累计发表此类文章 10 篇，2002 ~ 2003 年两年期间《生物学教学》累计发表此类文章 18 篇，《生物学通报》累计发表此类文章 19 篇；2004 年是教学设计类文章数量激增的另一个分界线（2004 年是基础教育新课改在全国推开的时间），例如，《生物学教学》2004 年一年累计发表此类文章达 17 篇，2005 年一年累计发表此类文章达到 23 篇，2006 年 1 ~ 4 期已累计发表 8 篇，估计全年累计发表数量不会低于 20 篇。通过以上数据看出，教学设计概念出现在生物教学研究文章标题中只有 10 年左右的历史，被一线生物教师广泛使用只有 6 年左右的时间，可见基础教育第三次转型对教学设计的应用起了极大的推动作用。

2. 研究主体及研究层面的变化规律

通过对两刊教学设计类文章的作者单位及地域分析发现，2000年之前，文章作者主要是高校、中专学校、教研室的研究人员，极少是一线中学教师；作者地域主要分布在上海、北京等大城市；而在2000年之后，变化不仅仅是文章数量的增多，而且作者绝大多数变成了中学一线生物教师，并且地域分布也不再仅仅局限于部分大城市，而是遍布全国各地。

下表列举《生物学教学》1997～1998年和2002年发表的教学设计类文章信息统计，表中信息清楚地呈现出上述规律。

《生物学教学》发表教学设计类文章作者及单位统计表

年份	篇数	文章标题及发表期数	作者	单位
2002	9	“基因的分离规律”网络教学设计（12）	黄斌	广西百色高级中学
		“茎是由芽发育而成的”教学设计（10）	尹泉	湖北省宜都市教研室
		“蕨类植物”一节的教学设计（09）	肖其敏	江苏南京第十四中学
		“免疫”一章的教学设计（11）	卢康	江苏睢宁县高作中学
		“有机物的分解和利用——呼吸作用”一节的教学设计（09）	李文惠	重庆市第七中学
		初中科学探究式教学的设计和实践（06）	陈锋	浙江省温州实验中学
		“植物细胞吸水原理”探究式学习的教学设计（02）	林静	浙江温州教委教研室
		谈“细菌”一节的教学设计（01）	王妮	山农大附属中学
		“血液循环”一节课的课堂教学设计（01）	熊卫东	重庆市钢城中学
1998	4	试论生物学课堂教学设计的美学原则（11）	袁维新	江苏省淮阴师范学校
		不同考核层次的教学设计（08）	汪永泰	浙江省湖州市教委教研室
		“矿质代谢”多种媒体组合教学设计与实践（06）	王跃光	浙江师范大学生物系
		形象揭示抽象概念的教学设计（01）	蒋华红	上海同济中学
1997	1	试论生物课堂教学设计的科学性（05）	袁维新	江苏省淮阴师范学校

通过以上分析有理由认为，2000年之前，国内生物学教学领域关于教学设计的研究，研究主体主要是高校、中专、县市教研室等少数研究人员，研究层面一般仅仅停留在理论层面上，极少涉及实践层面；2000年之后，由于国家基础教育新课改的运作，迫使大量中学一线生物教师开始涉猎教学设计，研究主体变成了广大的中学一线生物教师，研究层面也从理论研究转移到实践研究。

3. 教学设计的理论基础和设计模式变迁规律

分别把近十年《生物学教学》80多篇教学设计类文章和《生物学通报》60多篇教学设计类文章按时间先后进行排序，通过分析文章内容，可以清晰地看出近10年我国生物学教学设计的发展规律，即从“以教师为中心”的教学设计逐渐过渡到“以学生为中心”的教学设计和体现“双主”的弹性教学设计；教学设计的理论基础也从行为主义学习理论逐渐过渡到建构主义学习理论和人本主义学习理论。课堂教学结构逐渐从以课本为中心封闭式教学资源、以教师为中心单向灌输式信息传输的线性教学结构过渡到开放生成式教学资源、师生和生生互动式多向信息传输的非线性教学结构；学生学习行为的设计从被动机械接受过渡到主动体验生成；课堂教学目标的指向也从只关注学生的“双基”或者说是“应试”逐渐过渡到全面关注影响学生现在和未来发展可能性的诸因素；教学设计越来越关注与学生现实生活沟通的真实情境设计，关注知识获得的过程和方法的设计，关注促进知识和能力（特别是学习能力、探究能力、创新能力）生成的学生自主体验活动设计，关注师生互动、学生协作学习设计。总之，教学设计越来越多地体现出新教育不同于传统教学的许多新特质。

以《生物学教学》2001年发表的5篇教学设计类文章为例，“以教师为中心”的教学设计文章1篇（“DNA是主要的遗传物质”一课的教学设计，陈福玲等，2001年第4期），“以学生为中心”的教学设计文章1篇（“环境保护”一节的教学设计，徐力中，2001年第4期），体现“双主”的弹性教学设计文章1篇（“生态系统”一节的教学设计，李明霞，2001年第4期），其余2篇文章（“生物对环境的适应”多媒体辅助教学设计，陈华章，2001年第5期；“酵母菌”一节教学设计，陈岚，2001年第10期）虽然是“以教师为中心”的教学设计，但其中也融合了“以学生为中心”教学设计理念，即开始关注沟通学生生活实际的情景创设、启发学生主动参与、引导学生自主探究等设计。

从排序的150多篇文章中可以看出，从1995～2006年，教学设计的变迁有明显的分界线，即2000年之前，几乎全部都是“以教师为中心”的教学设计；2000～2003年是一个过渡时期，两类教学设计的文章都存在，但“以学生为中心”的教学设计和弹性教学设计占多数，且逐年增多；2004年之后，几乎全部变成了关于新课程“以学生为中心”的教学设计或者是体现“双主”的弹性教学设计。

毋庸置疑，20多年的改革开放，受益的不仅仅是经济领域，同样促使教育领域逐步与国际接轨，包括教学设计等大量先进的教育理念和教育技术涌入我国，并被接受和整合。目前国内基础教育第三次转型也不能不说是改革开放的结果。从以上三个方面的论述不难看出，第三次教育转型对我国生物教育领域接受和融合教学设计原理起了极大的推动作用，中学一线教师在新课程理念指导下基于新课改教学体验，创作出了大量优秀的教学设计类文章，标示着国内生物学教师的教育价值观、教学观、教师观、学生观、评价观有了巨大的转变，这是令人鼓舞的新课改成果，同时也促进了教学设计“本土化”的进程。

4. 存在的问题

通过对两刊150多篇教学设计类文章的研究内容分类整理，不难发现多数是教学方案性质的文章，特别是在2000年之后，关于教学设计原理和技术的理论研究、实证性研究、与传统教学的整合比较研究等性质的文章凤毛麟角，踪影难觅。以《生物学教学》2000～2005年五年期间发表的68篇文章为例，关于教学设计理论研究的文章，2000年1篇（课堂教学设计如何体现素质教育，刘文金，2000年第1期），2001年、2002年和2003年皆为0篇，2004年1篇（融入课程标准理念的生物学课堂教学设计，陈卫东，2004年第4期），2005年4篇（其中2篇作者是中学生物教师），中学生物教师理论研究类文章五年共计4篇，占文章总数的5.9%；与传统教学的整合比较研究和实证性研究文章皆为0篇。虽然2005年理论研究文章有增多的趋势，但总体看来，理论研究还是显得单薄了点。教学实践成功体验类文章确实对一线教师具有很大的启发和借鉴意义，但是，从教学设计研究和持续发展教师专业能力的角度看，理论研究和实证性研究同样是必不可少的。

综上所述，近10年来，我国生物学教学设计水平以及关于生物学教学设计的研究水平有了长足的发展，基础教育新课程改革极大地推动了生物学教学设计的转型与发展，若立足于生物教师专业持续发展的视角，生物学教学设计研究还有待于进一步提高和改善。

参考文献

《生物学教学》和《生物学通报》1996~2005年十年关于“教学设计”的全部文献资料。

二、拓展阅读——教育文献研究

[1] 石中英. 我国学位与研究生教育50年回顾和展望[J]. 高等教育研究，2000(04).

[2] 彭俊英. 近六年我国学前教育评价研究的文献综述[J]. 山东教育，2003(Z3).

[3] 王海静. 我国学前教育评价研究的现状与启示[J]. 内江师范学院学报，2011(01).

[4] 莫文. 学前儿童心理测量的历史与发展趋势[J]. 学前教育研究，2006(05).

[5] 朱腊梅，王小晔. 中国心理测量近二十年发展的述评与思考[J]. 心理科学，2000(02).

[6] 郑建民，张璐菲，等. 心理测验学技术发展史(述评)[J]. 中国健康心理学杂志，2005(01).

[7] 程家福，王仁富，等. 简论我国心理测量的历史、现状与趋势[J]. 合肥工业大学学报：社会科学版，2001(S1).

[8] 何齐宗. 全球视野的教师理念——联合国教科文组织教育文献研究之一[J]. 高等教育研究，2008(01).

[9] 范朝霞，赵广平. 心理测量的发展现状及趋势[J]. 太原师范学院学报：社会科学版，2005(04).

[10] 宗锦莲. 关于初中教育研究的文献研究[J]. 江苏教育研究，2009(29).

[11] 赵炬明. 高等教育研究中的文献研究与文献综述[J]. 高等工程教育研究，2011(02).

[12] 耿涓涓. 对高等教育研究方法学术观点的文献分析[J]. 高教探索,2005(05).

[13] 徐辉,季诚钧. 高等教育研究方法现状及分析[J]. 中国高教研究,2004(01).

[14] 丁学芳,周燕. 高等教育研究方法的演变——基于人大复印资料《高等教育》(1980～2007)的分析[J]. 理工高教研究,2009(02).

[15] 谢桂华. 我国学位与研究生教育研究的现状与发展[J]. 高等教育研究,2001(05).

[16] 石中英. 20 世纪中国教育哲学的回顾与展望[J]. 教育研究与实验,2000(05).

[17] 李培娥. 英语教学中表象研究综述[J]. 河北旅游职业学院学报,2012(04).

[18] 吴全华. 教科文组织教育文献研究的开拓性著作——读《全球视野的教育理念——联合国教科文组织教育文献研究》[J]. 教育学术月刊,2010(09).

[19] 何齐宗. 全球视野的终身教育理念——联合国教科文组织教育文献研究之一[J]. 江西师范大学学报:哲学社会科学版,2008(01).

[20] 石然. 我国大学生生命教育文献研究综述[J]. 山东青年政治学院学报,2012(01).

[21] 卞新荣. 用文献研究法研究数学教育原则与方法[J]. 湖南教育:数学教师,2009(09).

[22] 李姝,陈达波,等. 运用文献资料法进行音乐研究[J]. 音乐探索,2009(04).

[23] 周国华,翁启文. 流动儿童教育问题文献研究述评[J]. 人口与发展,2011(05).

[24] 黄浩岚. 我国高职教育质量评价的取向、主体及指标——基于文献研究的角度[J]. 高等农业教育,2012(07).

[25] 孙玮玮,陈美芬. 青少年感恩教育文献分析及启示[J]. 榆林学院学报,2013(06).

第三节 实战体验：撰写一篇教育文献综述

试结合第二章“毕业论文开题报告”中所选课题，完成课题研究的文献综述。

要求：分析国内外研究现状、提出问题，找到研究课题的切入点，附主要参考文献，约 2 000 字。

第四章　教育调查研究

学习目标

学习完本章后，你将能够：

1. 说明教育调查研究的特点、类型。
2. 描述教育调查研究的步骤，以及每一步骤的目的。
3. 说出问卷的结构。
4. 描述问题设计的基本要求，并设计一组调查问题与答案。
5. 描述教育访谈调查的过程及其注意事项。
6. 设计教育调查研究方案和调查问卷。

研究议题

1. 制定教育调查研究方案。
2. 编制教育调查问卷。

第一节　理论基础：教育调查研究

一、教育调查研究的概述

教育调查研究指通过运用问卷、访谈、测量等方式，有目的、有计划、有系统地搜集有关教育问题的资料，从而认识教育问题或探讨教育现象之间关系的研究方法。它有具体而独特的研究方法和工作程序，有一套搜集、处理资料的技术手段，并以调查报告作为研究成果的表现形式。

（一）教育调查研究的特点

教育调查研究与教育研究中的其他研究方法相比较，具有以下几个特点：

(1) 教育调查研究是以活动形态或现实存在形态的教育问题、教育现状为研究对象。活动形态的教育问题或现状是指在教育系统的运动中动态地、现实地表现出来的教育问题或教育现状。如，九年义务教育的问题、教育投资问题、中小学教师队伍的现状、课程结构问题、教学过程中的师生关系、学生的自我意识发展等方面的现状问题等，都是教育系统运动中的问题。

(2) 教育调查研究通过问卷、访谈、测量等方式，通过了解研究对象的科学事实来获得关于教育问题的认识。教育调查研究是一种描述研究，以现实存在的教育问题及其表现形式为研究对象，经过对搜集到的事实材料进行分析，调查数据所直接揭示的是事物的相关关系；在教育实验研究中，研究者主动操纵某些实验条件并对某些影响实验结果的无关变量加以控制，揭示的是现象之间的因果关系。形成教育科学事实是教育调查研究法直接的研究目的。

(3) 教育调查研究是一种通过语言直接与研究对象打交道的研究方法，属于接触性的研究方法。调查者采取何种方式与被调查者接触，被调查者采取什么态度与调查者进行交流，直接影响所获得的事实、信息和资料的真实性。作为一种接触性的研究方法，它与教育观察法、教育实验法等研究方法不同，既不像观察法那样及时而直接地从现场获取事实材料，也不像实验法那样人为地控制条件、干预对象。

（二）教育调查研究的类型

调查研究方法包括两个相互联系的基本要素：调查和研究。调查是用一定的方法收集事实和资料；研究是对收集来的资料进行整理、分析。教育调查研究根据研究目标、调查内容、调查对象等不同，划分为许多不同类型（表4-1）。

表4-1　教育调查研究的类型

分类标准	类　型	特　点
调查的目的	描述性调查	用以了解事物全貌或发生过程，以描述教育现状为主，它回答“事物是什么”的问题
	探索性调查	是以解释事物之间的关系为目的的调查，以探索规律性的问题为主，它关心的是事物的“为什么”
	预测性调查	主要揭示某一教育现象随时间变化而表现出的特征和规律，从而推断与估计未来某一时期的教育发展趋势与动向
	评价性调查	是对事物的质量水平进行评定的调查，以评价考核教育质量及管理水平为主

续表

分类标准	类　型	特　点
调查的内容	现状调查	对某一教育现象或教育对象的现状进行调查。时间特征是"现在"或"当前"，是进行"现状状况""当前情况"的调查
	相关调查	调查两种或两种以上教育现象的性质和程度，分析与考察它们是否存在相关关系，是否互为变量，目的是寻找某一教育现象的相关因素，以探索解决问题的办法
	发展调查	对教育现象在一个较长时间内的特征变化进行调查，以找出其前后的变化与差异
	原因调查	对具有某种特征的个体或教育现象形成的可能原因进行的调查
调查对象的选择范围	普遍调查	对某一范围内所有被研究对象进行调查
	抽样调查	从被调查对象的全体范围（总体）中，抽取一部分单位（样本）进行调查，并以样本特征值推断总体特征值的一种调查方法
	个案调查	在对被调查的教育现象或教育对象进行具体分析的基础上有意识地从其中选择某个教育现象或教育对象进行调查与描述
调查方法和手段	问卷调查	以书面提出问题的方式搜集资料的一种研究方法
	访谈调查	研究者通过与研究对象进行面对面的交谈，以口头问答的形式搜集资料的一种调查研究方法
	测量调查	用一组测试题（标准化试题或自编试题）去测定某种教育现象的实际情况，从而搜集数据资料进行量化研究的一种方法
	调查表法	通过向相关的调查对象发放研究要求设计好的各种调查表格来搜集有关事实或数据资料的调查

（三）教育调查研究的一般步骤

教育调查研究包括问卷、访谈等方法，每一种方法的步骤虽各有侧重，但一般都应遵循以下几个步骤：

1. 确定调查课题

在调查前，首先要明确调查方向，确定调查课题。只有明确所要解决的问题，才能减少调查的盲目性，增强调查的自觉性。调查课题的提出要考虑以下三个方面的问题：该项教育调查研究的目的是什么；该课题是否有进行调查的必要；该调查课题是否具有新颖性、可行性。其方法与其他教育科研课题的确立与选择的方法相同。

同时，还应对调查课题的核心概念做出准确的界定，要对课题中的有关变量下操作性的定义，确定操作指标。如屈智勇、邹泓、王英春研究的"不同班级环境类型对学生学校适应的影响"①，调查的问题是班级环境一般特点及班级

① 屈智勇，邹泓，王英春. 不同班级环境类型对学生学校适应的影响[J]. 心理科学，2004(1).

环境与学生学校态度和学业行为的关系。研究假设为班级环境对学业行为和学校态度（喜欢和回避）都有直接的作用，班级环境对学校态度的直接作用大于对学业行为的直接作用，对学业行为的间接作用大于直接作用。这里的变量有班级环境、学生学校适应（包括学生学校态度、学业行为），其操作定义分别为，“班级环境”是指江光荣编制的“我的班级”问卷所调查的内容，包括师生关系、同学关系、秩序纪律、竞争气氛和学习负担5个维度。“学生学校态度”是指修订 Ladd 等人的学校喜欢和回避问卷之后形成的“学校态度”问卷所调查的13个项目。“学业行为”是指王耘修订的“学业行为”问卷调查的16个项目。在此基础上，就可以展开调查。

如果有些变量的调查没有现成的工具，就需要研究者自己把变量进行科学的分类，把复杂的项目分解成一些较小的项目，也可逐级分解，最后对每一项小的项目做出明确的操作定义，并提出操作指标。如对少年儿童主体性的调查，就可以先把主体性分解为自主性、主动性、创造性，然后还可以再把自主性、主动性、创造性分解为更小的项目，以便于调查。

2. 选择调查对象

选取调查对象的一个重要环节，调查对象对总体的代表性程度直接影响调查结论的准确性和科学性。确定和选取调查对象，首先要确定调查对象的总体和基本特征；其次，要保证所选取的调查对象具有较强的代表性。

3. 确定调查方法和手段，编制和选用调查工具

确定调查的目的和对象后，根据不同的目的要求与不同的研究对象来选择具体的调查手段。在教育调查中，无论是采取直接或间接的方式收集资料，都必须借用一定的工具，这就要求事先都要确定调查方法和手段，编制和选用调查工具，如访谈提纲，调查表、问卷、观察卡片、测验量表等。编制、选用调查工具应遵循标准化与经济、适用的原则。

如果条件允许，也可以根据课题情况，选用已有的调查工具，以节省人力和时间。使用已有调查工具时需要注意：①已有调查工具适用的对象范围。任何调查工具都有特定的适用对象，研究者要根据自己研究中对象的特征合理选用。②已有调查工具中变量的抽象定义与操作定义。在教育研究中，同一名词、术语、变量的抽象定义与操作定义可能是不同的，研究者自己研究中变量的抽象定义与操作定义要与已有工具的相一致。③对已有的研究工具进行试用和修订。

4. 制订调查计划

调查计划是研究者对调查研究工作及其工程所做的具体的规划和安排。制订计划的目的在于确保调查研究工作有目的、有计划、系统地进行，以提高研究工作的实效。调查计划在内容上应包括以下几个方面：

（1）调查的目的和意义。写明调查课题的具体名称和主要内容以及此次调

查的主要目的和意义。

（2）调查内容提纲和内容的操作性说明。

（3）调查对象的总体、样本数量和抽样方法及其要求。说明对哪一部分人进行调查，以及调查对象的年龄、性别、抽样方法、样本容量等。

（4）调查手段及工具的说明。说明确定用哪一种手段和方法进行调查或综合运用哪几种方法和手段进行调查。

（5）调查工作的步骤及时间安排。说明调查将分几步进行，每一步的具体内容和时间安排以及完成的最后期限。

（6）调查资料的分析处理及调查报告的撰写。

为保证调查计划与调查目的的一致，避免实施中可能遇到的问题，在正式实施调查计划之前应有试探性调查。

5. 实施调查

调查实施阶段是调查研究的重要环节，调查研究能否取得成效，往往取决于这个阶段的工作情况。调查实施的过程，就是资料的搜集过程，即运用调查手段，接触调查对象，从中搜集第一手资料。在调查实施过程中要及时核查资料，看看所搜集的资料是否齐全、准确，留意数据的数字是否正确，做到及时补救、更正，尽可能避免人为的错误。为了保证所获材料的信度，在收集调查材料时应注意以下几点：

（1）尽可能保持材料的客观性。在教育调查过程中，调查者不能带主观偏见和倾向性，应实事求是地收取材料，不能带着观点去找材料，也不能任意取舍材料，否则就失去了材料的客观性、真实性。

（2）多个调查人员采用座谈会或谈话等手段收集资料时，必须采用统一的标准、统一的表格做调查记录，否则会影响材料的信度和效度。

（3）在收集材料时还要注意不能把事实和意见混在一起，“意见”往往带有主观色彩。对被调查者提供的材料，需进行核实，以保证材料的可靠性。

（4）尽可能采用多种手段或途径，从不同角度和侧面、不同层次和环境较广泛地收集材料。

6. 整理、分析调查资料，撰写调查报告

教育调查中直接采集到的资料属于原始材料，往往是零散杂乱的，必须对其进行整理分析，使之达到系统化和条理化，才能使调查者弄清资料之间的相互关系，发现教育现象和事物联系的规律，解答调查者提出的课题。整理的目的是为了便于分析，而分析的基础在于整理。整理与分析资料时：

首先，审核资料。审核资料是指识别调查资料的真伪和它的价值。分清真、伪，去除假、错，补充漏、缺，以保持资料的真实、准确与完整。

其次，整理资料。整理资料是指对审核后的资料进行分组、分类、汇总、加工，使之系统化和条理化，并以集中、简明的方式反映调查对象的总体情况。

第三，分析资料。对资料的分析可以是定性的逻辑分析，也可以是定量的统计分析，抑或将两者相结合。资料分析的方法有赖于资料的性质和研究目的。

撰写调查报告是教育调查研究过程中最后也是最重要的一步，只有认真叙述结果，进行交流，才能真正发挥调查研究的作用。调查报告的结构一般由题目、前言、正文、总结、附录五部分构成。调查报告的形式有描述性报告、解释性报告和建议性报告三种，不论是什么形式的调查报告，只有把理论和实践结合起来，才有一定的深度和价值。教育调查研究的一般步骤可用图 4－1 来直观地加以表达。①

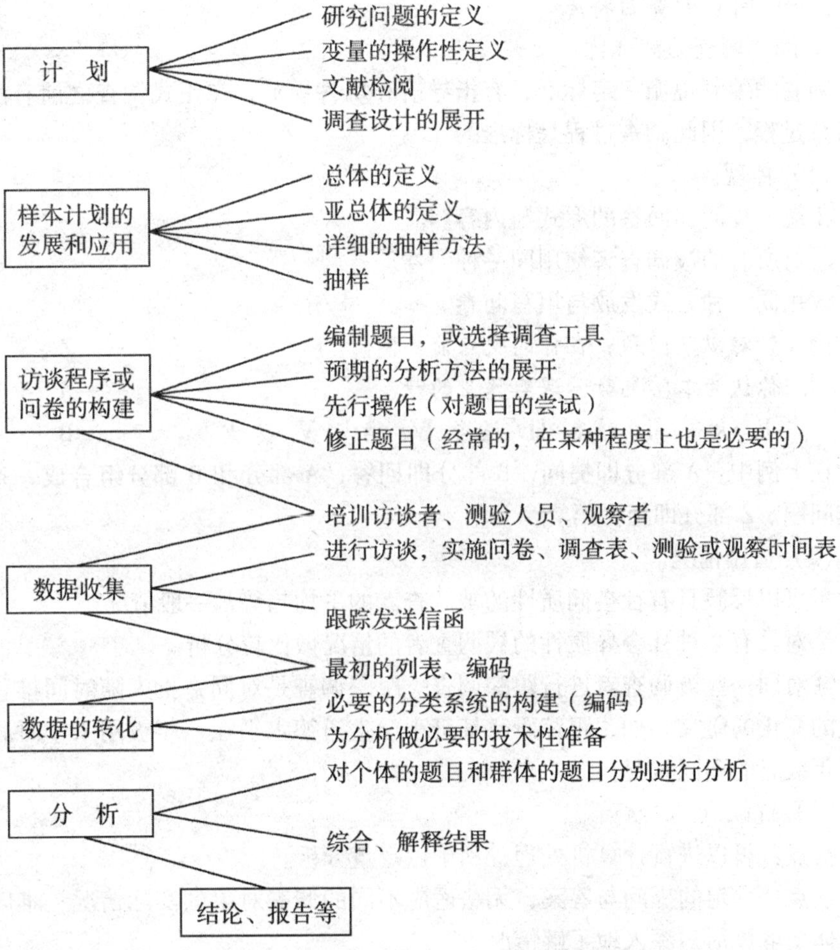

图 4－1　教育调查研究的一般步骤

① 袁振国. 教育研究方法[M]. 北京：高等教育出版社，2000：114.

二、问卷调查

问卷调查是研究者把研究问题设计成若干具体问题，按一定的规则排列，编制成书面的表格，交给被调查者填写作答，然后收回整理、分析，从而得出结论的一种研究方法。它包括提问和回答两部分。在调查研究中，问卷是收集资料的主要工具，也是研究者用预先准备的问题来收集资料的一种技术或方法，即问卷法。运用问卷法，关键在于问卷设计的合理性。成功的设计一方面要体现研究者的意图，将需要了解的问题准确地传递给被调查者，另一方面要考虑被调查者的态度、状态，使他们乐于回答问题。

（一）问卷调查的特点

1. 问卷调查的标准化

问卷的编制遵循一定标准，有指导语和填答规范，在正式调查之前有测试与修订过程，因此调查过程是标准的。

（1）体现。

①统一提问和回答的形式与内容。

②对所有的被调查者使用同一种问卷。

③用同一种方式发放与填写问卷。

例：针对以下问题，在你的观点前画圈。 ——Z

你认为本学期数学课后作业的量 ——A

Ⅰ. 太多 Ⅱ. 稍多 Ⅲ. 适当 Ⅳ. 稍少 Ⅴ. 太少 ——B

在上例中，A 部分即提问，B 部分即回答，A 部分和 B 部分组合成一条题目或问题。Z 部分即指导语。

（2）适用情况。

①可以反映具有社会同质性的被调查者的平均趋势与一般情况。

②对具有某种社会异质性的被调查者的情况做比较分析。

③对同一些被调查者进行跟踪调查。跟踪调查是对同一批人随时间推移而发生的变化的研究。如，跟踪研究某班小学生道德水平在一年级刚入学时和升入二年级时的不同状况。

（3）优缺点。

优点：可以进行计算机处理，利于做定量分析。

缺点：固定的提问与答案，无法适应不同的调查对象的实际情况；难以根据具体情境灵活与深入地了解情况。

2. 调查形式的匿名性

在教育研究中使用问卷，一般不要求答卷者署名，具有较好的匿名性，有助于调查对象消除各种顾虑，真实客观地回答问题和提供资料，尤其是涉及与单位、个人切身利益相关的问题时，有助于获取全面而真实的资料，以提高研究过程和研究结论的客观性和真实性。如需填答卷者的背景资料，应置于题目最后来问。

3. 问卷调查的间接性

（1）体现。

调查者一般不必与被调查者见面，而是由被调查者自己填写问卷。

（2）优点。

①节省调查的人力与费用。

②避免调查者与被调查者见面可能带来的不良印象与偏见。

（3）缺点。

①问卷的真实程度难以保证，一般要低于访谈法。这是由于：不能控制被调查者在填写问卷时的情境，如不了解被调查者在填写时是否受外界干扰、是否受人诱导或指使、是否敷衍了事、是否明白问题与答案的意义；被调查者无法向调查者了解问卷中的有关问题，也无法提供超出问卷的问题与回答的有价值的情况与看法。

②问卷的回收率低。这是由于不能当面解释调查的目的、意义与难点，不能通过人际交往来增强被调查者的兴趣、热情与义务感。

4. 调查的范围广、效率高

在利用问卷法来研究教育现象和问题时，调查者能够同时对大量的调查对象进行调查，能在短时间内搜集到大量的信息资料。相对而言，问卷法省时省力，所需经费较少，是一种高效率的搜集资料的方法。但这往往是表面的，不能深入了解内心世界的真实情况，若部分调查对象不回答某些问题，也很难得知不回答的原因，因而会影响问卷的效度。

（二）问卷的构成

问卷的结构是指一份完整的问卷的各个组成部分以及各部分之间的相互关系。一份完整的问卷主要应包含前言、指导语、问题、结束语等几部分。

1. 前言

前言是写在问卷开头的一段话，又称说明、封面。内容包括：①调查的目的与意义；②关于匿名的保证；③对被调查者回答问题的要求；④调查者的个人身份或组织名称。前言在于引起研究对象的重视和兴趣，消除被调查者的顾虑，赢得信任，争取合作。如果是邮寄的问卷，还要写明最迟寄回问卷的时间。所以，前言关系到被调查者是否愿意合作，能否如实填写问卷。具体内容包括：介绍调查主办单位和调查人员的身份；简要说明调查的目的和内容；承诺对涉及个人内容的调查结果的保密；对被调查者的合作与支持表示感谢。

下面是韩进之、魏华忠等人研究中使用的“中小学生自我意识发展调查问卷”的前言。“这份问卷调查表想了解同学们的一些情况和想法。希望大家认真填写。这份表不对你个人做任何鉴定和评分，也不留给你的老师和学校。可以不填写姓名，仅为科学研究所用，谢谢你的合作。”①

2. 指导语

指导语主要是用来指导被调查者填写问卷的一组说明性文字或注意事项，其作用是对一般对问卷回答的方式、方法做具体的规定、对被调查者作答的时间、应注意的事项等做具体的说明，以引导被调查对象正确地填答问卷。问卷的指导语一般要语言通俗流畅，简洁明了，语气亲切，使调查对象能够明白并愿意回答问题。这部分有时与前言部分合在一起。指导语一般是：①关于选出答案做记号的说明；②关于选择答案数目的说明；③关于填写答案要求的说明；④关于答案适用于哪些被调查者的说明。

下面是韩进之、魏华忠等人研究中使用的“中小学生自我意识发展调查问卷”的指导语。

[指导语]

卷子里的问题都是同学们非常熟悉的，而且每个问题已经给你写出了答案，只要求你选择一个符合你的情况或想法的答案，每份问卷另备一张填写答案的“答案纸”，请把你选择的答案号码①或②或③填写到答案纸上相应问题的空格里就可以了（注意对准问题，不要将问题一的答案号码填写到问题二的空格里），不要在问卷上乱画或做任何记号。

对于小的同学，有些问题可能还不懂，实在不能答就不答。希望大的同学一定做完。现在先做几个练习题目，看同学们会不会把选择的答案号码正确地填写到答案纸上。把答案放好。打开问卷，做例题：

例题：

例题1　你在哪一级学校上学？

①我在小学上学；　　②我在初中上学；　　③我在高中上学；

[说明] 如果你是小学生，就应该选择答案①，并把答案号码①填写在答案纸上例题1的空格里。②

3. 问题

问题和问题的回答方式是问卷的主体部分。问题是研究者根据调查研究的目的将有关调查内容转化而成的一系列不同形式的题目。它是问卷的核心内容，编制的问题要简洁明了，要适应被调查者的程度，符合研究的目的要求。

---

① 杨丽珠. 教育科学研究方法[M]. 大连：辽宁师范大学出版社，1995：196.

② 杨丽珠. 教育科学研究方法[M]. 大连：辽宁师范大学出版社，1995：196.

至于用开放性问题还是封闭性问题，则应根据实际情况而定。在封闭性问卷中，问题后必须以不同形式附上供选择的答案、而在开放性问卷中，问题后不必提供任何形式的答案。采用封闭性问题要按标准化测验的要求设计问题和答案，答案要准确，符合实际，便于选择。

4. 结束语

问题的最后一部分是结束语。问题的结束语应包括两方面的内容：一是答谢词，即对被调查者的合作表示感谢及关于不要漏填与复核的请求；二是对问卷回收的方式的说明，即填答者完成填答后，用什么方法将问卷返回给调查者。另外，有些问卷还征询被调查者关于本次调查的形式与内容方面的感受及意见；并在末尾还应署上问卷设计者的姓名和问卷设计、使用的时间。

（三）问题的设计

问题即问卷的内容，是问卷的核心。问题设计是问卷设计中最为关键的一环，它直接关系到问卷本身的质量，关系到所获得研究结果的科学性、真实性和可靠性。

1. 问题的产生

形成问题，一般经过如下步骤（以少数学生为什么厌学为例）。假设确定了这样一个课题："少数学生为什么厌学?"要对这一课题进行调查，就需要将之具体化为一系列的问题，这样才有可能通过问卷来进行询问。

（1）分析课题。对调查研究的课题进行审视和分析，明确调查的目的和调查的内容、范围以及对象。

（2）提出假设。分析和梳理调查内容，提出与调查研究内容相关的假设。假设是对经验真实的特别期待，是从命题中发展出来的。在对课题进行分析的基础上，提出假设：有些学生因学习成绩不好而厌学，有些学生因人际关系处理不当而厌学。

（3）概念具体化。调查研究者要界定调查内容中涉及的一些基本概念，这样可以清晰自己的思路，也可使调查顺利进行。概念是建构理论的基本单位。在研究范围内，是代表各种现象的抽象元素。将概念具体化为学习成绩、人际关系、厌学。

（4）寻找变项。变项是区分了概念的不同纬度或层面的更具体化的概念。每个变项由多个属性构成：对学习内容的掌握、测验成绩；与教师的关系、与周围其他人的关系；对教师的态度、对学校的态度。

（5）确定指标。概念化过程的最终产品就是一组具体指标，用以说明其属性。建立指标：入学成绩、期中成绩、期末成绩、平时测验成绩、作业情况；与教师的关系、与同学的关系、与学校行政人员的关系、与家长的关系；不愿意上学、对教师所讲的内容不感兴趣、对教师的说教有厌烦的心理、对学校环境不适应。

（6）编制问题。为测定已经确定的指标，编制直接与间接的问题。你的入学成绩如何？你在最近一次测验中的成绩如何？你经常做作业吗？你在考试时心里很紧张是由于平时学习成绩不理想吗？你的父母对你的学习期望很高吗？你的父母很关注你的考试成绩吗？你的父母对你的考试成绩定了硬指标吗？如果你的考试成绩不理想，你父母会对你怎样？

2. 问题设计的基本要求

（1）语言简练，词句通俗易懂，长度适度。

（2）问题的范围适当，要符合调查需要，有较好的覆盖面而且不交叉。问题的范围就是指要弄清楚是用于小范围的典型调查还是大范围的统计调查；是了解人们思想态度的意向性问题，还是主要了解过程方面的事实材料。问题的内容符合该课题研究目的和假设的需要，所列项目对研究目的具有较好的覆盖面，答案能较全面反映所要研究问题的主要方面，且不交叉、重叠。

（3）问题的内容应具体、清晰、含义单一。问题的内容是否简明扼要，通俗易懂，容易回答。结构上，一个问题只含一个疑问，不应该包含两种以上内容的提问。若一个问题询问的不止一件事，则是双重或多重问题。双重问题有两种形式，一是递进式双重问题。例如，“有人认为我国目前中小学教师收入偏低，应该改变这种状况。你怎样看待这个问题？”这里面实质上包含两个问题在内，第一个问题是“有人认为我国目前小学教师收入偏低，你是否同意这一观点？”第二个问题是“我国目前小学教师收入偏低，有人认为应改变这种状况，你同意这种观点吗？”二是并列式双重问题。例如，“有人认为我国目前教师、知识分子收入偏低，你是否同意这一观点？”这一提问也包含两个并列的问题：“有人认为我国目前教师收入偏低，你是否同意这种观点？”“有人认为目前我国知识分子收入偏低，你是否同意这种观点？”这种双重问题，受测者就很难回答。

问题的语言，一般不用假设或推测用语，切忌繁杂和意义含混不清而引起误解或无从回答。用语应明确具体，避免冷僻或专业性太强的术语。对于理解可能有出入的词语，使用时应加以注释说明。

（4）问题的数量合适，问卷的作答时间以 30 ~ 40 分钟为宜。问题的数量应该适度，以防止因题量太多，而使作答者容易产生厌倦情绪，导致敷衍塞责甚至根本不予回答；或因题量太少，不能得到有关研究的基本事实材料而影响研究结论。所谓适度，就是指通过控制时间以保持被调查者对应答问卷的兴趣和认真态度。一份问卷的作答时间一般以 30 ~ 40 分钟为宜。

(5) 设计者应持中立态度，避免问题中隐含会对被试进行暗示的信息；要妥善处理与社会规范不一致或冲突的问题，避免填答者出现社会认可效应。教育调查属于社会科学的调查问卷，常常不可避免地要涉及一些敏感问题，因此，问题的设计要格外谨慎。首先，问题不应具有暗示倾向性，避免诱导性用语或带有主观意向和情绪色彩的用语在问卷中出现。还要避免与社会规范有关或有情绪色彩的用语在问卷中出现。还要避免与社会规范有关或有情绪性压力的问题。带倾向性的问题有两种：一种是权威倾向性问题，如“大多数教师认为中学生不能抽烟，你是否同意这种观点?”“大多数教师”就是一种权威群体，他们反对抽烟的明确观点出现在提问中，会使问题带有诱导和倾向性。一种是叙述倾向性问题，如“现在的课业负担太重，你认为是吗?”其次，不要涉及个人隐私程度较深而填答者不愿直接回答的一些问题。措词要有礼貌。

(6) 问题的排列顺序合理，层次分明，合乎逻辑。问题的排列顺序应该分类清楚、层次分明和合乎逻辑。调查表首，要说明为什么要进行调查，要解除被调查者的顾虑。关于被试的基本资料，应放在问卷的前面部分，能引起兴趣的问题、简单的问题放前面，而容易引起紧张的、牵涉个人问题的或复杂的问题可放后面，同时按内容或性质，把同类方式回答的问题编排在一起，使同一内容或内容相近的一组问题相对集中且有内在逻辑联系。封闭式问卷中，划分水平程度的答案，或由低到高，或由高到低，要随机排列，以免被试产生定式而不认真作答。总之，问题的排列分类要清楚，层次要分明，前后一致连贯且彼此衔接，既便于被试回答，又便于统计处理。此外，问题的长短要适度，并尽可能在选择答案中分出等级，以便对问题有更深入的了解。

3. 问题的形式

(1) 问题的类型。一般的问卷中，根据问题内容的不同可将问题分为：事实性问题和态度性问题。

事实问题：是关于曾经发生过的、现已存在的、将要发生的事件、事物的状态、人的实际行为等方面的问题。①有关个人的基本资料：基本资料，是基本的自变量，几乎所有的教育研究都必须设法了解。如所在学校、住所、城市或乡村、性别、年龄、父母亲职业与教育程度、家庭情况等。虽然这部分内容很容易填，但有些人对这类问题具有反感，不愿意填，因此在填写之前可加一个说明语，告诉受测者这些资料的用途等，另外，一开头就问个人资料，可能会增加拒答人数，故可以把这部分放在最后。②有关行为方面：行为方面的事实问题是询问受测者的过去和现实的行为，称为“行为事实”。如上某一节课发言几次，作业是否按时完成，等。研究者要注意的是把问题尽量放在具体的层次，问题清楚合理，符合被测者的实际情况。

态度问题：是关于被调查者对某一事物、某一现象或某类人的认识、态度以及有关的感受或体验等方面的问题，它往往涉及人的思想、观念、价值倾向、动机、兴趣爱好等方面的内容。广义的态度问题包括两个层面：①有关意见方面的问题：属于暂时性的看法、如对一个教师的看法、对一堂课的态度。②是有关价值或人格方面的观念，如道德观念、信仰、情感、动机、性格、态度等。

意见与态度有时很难分辨，一般而论，“意见”相对属于表面的、暂时的看法；“态度”相对属于深层而持久性的认知。

（2）问题的形式。问题包括开放式问题、封闭式问题和半封闭式问题。

开放式问题是指提出研究者只提出问题，不事先列出任何选择答案，被试可以根据自己的情况自由回答。如“作为中学生，你喜欢的教师具有什么特征?”“作为中学生，你最喜欢哪一门课？为什么?”等问题。开放是问题的优点是问题限制很少，被试可以自由回答，研究者可以在研究中得到更丰富的资料，得到一些在问卷设计时没有考虑到的结果，而且可以使被试在回答时发挥自己的主观能动性和创造性，认真对待问卷中的问题。开放式问题的不足是对收集到的资料难以进行定量分析和对比分析，有时所收集的资料还可能与研究问题无关。开放式问题一般是在研究的初期，研究者对所研究的问题尚说不清或难以预料回答结果的情况下或者研究者需要深层次了解问题的情况下使用。

封闭式问题是指在问卷上提出问题的同时还给出若干个可供选择的答案，限制回答的方向和数量，让被试在答案中选择。封闭式问题的优点是易于回答，答案规范，易于数量化的统计和分析；缺点是问题设计起来比较困难，需要调查者预先做大量的资料准备工作。

如：我自己决定的事，别人很难让我改变主意。

A. 是　　　　　　　　B. 否

封闭式问题具备问卷调查中的一切优点，是设计问卷时经常采用的一种问题形式。在下面的内容中我们会侧重介绍封闭式问题的设计。

在设计问题时，有时研究者对问题的答案不能全部想到，或者问题答案全部列出太多，也没有必要全部列出，常常在可供选择的答案中列出“其他”一项，并让被调查者做出具体说明。这就是半封闭式问题。

如：作为中学生，你喜欢的教师具有的特征是：

A. 学识渊博　B. 多才多艺　C. 关心学生　D. 公正进制　E. 讲课有趣味

F. 对学生和气　　G. 其他____________（请自己填写）

半封闭式问题是一种折中的问题形式，兼具开放式和封闭式的特点。

（3）问题的排列。问卷中问题的顺序安排得是否合理，会对被调查者的回答产生很大影响。问题的顺序安排不当会使被调查者在回答问题时感到不方便，甚至降低回答的兴趣。一份问卷中的问题总有一些使人看了很有兴趣，有些则索然无味；有些容易，有些则比较困难。一般来说，排列问题时，应遵循以下几个规则：

①从时间顺序上说，一般按时间先后顺序由远到近来提出问题，不要打乱问题的时间顺序，否则会干扰被调查者的思路。

②从内容顺序上说，问题的排列一般应遵循由浅到深、由易到难的原则，把容易回答的、人们感兴趣的问题放在前面，把不容易回答的或人们生疏的问题放在后面，这种排列方式容易让被试接受并愿意合作。

③从类别顺序上说，一般按先人口学资料问题，再实际行为性问题，最后是态度性问题的顺序提出问题。人口学问题，如年龄、性别、学历、家庭人口数等属于事实性问题，是被调查者最方便回答的，所以放在前面。实际行为性问题属于客观的、已发生的、具体的事实，也比较容易回答。而态度性问题涉及被调查者的主观因素，所以放在最后。

④从问题性质上说，一般应将敏感性问题和开放性问题放在问卷后面。因为敏感性问题容易引起被试的反感，导致被调查者的不合作；而开放性问题需要被调查者的思考和书写，放到前面会影响情绪和信心，导致被调查者放弃对问卷的回答。

⑤从问题的具体程度上说，一般应按照“漏斗顺序”，即由大到小，先提大的一般性的问题，然后提小的、具体的、特殊的问题。由于开始的问题不具威胁性，回答者没有抵触情绪，而且通过一般性问题的提问，可以探明问题是否需要继续下去，使提问更具针对性。

4. 问题答案的格式

这是问卷设计的最后一项工作。设计回答方式时，研究者既要考虑有利于被调查者的填写和回答，也要考虑有利于对结果的处理和分析。提问和表述方式的方式不同，回答方式也会有所不同。开放式问题的回答一般都是在问题的后面留下长短不一的空白让被试自己填写，形式简单。对于封闭式问题来说，回答方式较多，设计时需要加以选择。下面介绍几种封闭式问题的回答方式。

（1）是否式。指回答方式只有“是”“否”两种选择，由被调查者从中选择一个。是否式回答方式比较适用于互相排斥的两选一的定性问题。

如：“你是小学教师吗?”是（　　）　　否（　　）

（2）填空式。这种方式常用于那些对被调查者来说既容易回答，又方便填写的问题。

如：“您的年龄是______________。”

（3）选择式。设计者给每个问题设计几种可能的答案，让被调查者从中选出一项或几项适合其情况的答案。这类回答方式比较适用于几种互不排斥的答案的定性问题。

如："你喜欢的职业是什么？"（可以选三项）

A. 教师　　B. 农民　　C. 医生　　D. 军人　　E. 运动员

F. 社会工作者　　G. 记者　　H. 商人

（4）排列式。又称顺位法，指让被调查者根据自己的情况和态度按某种标准给提供的答案排序。这种回答方式比较适用于要表示一定先后顺序或重要性的定序问题。

如：请将下列科目按照你感兴趣的程度排列，将感兴趣的放在前面。

A. 数学　B. 物理　C. 化学　D. 体育　E. 生物　H. 语文

I. 地理　J. 英语　F. 政治　G. 音乐

（5）量表式。这种回答方式是将问题答案列出等级，要求被调查者选择一个符合自己的程度。这种回答方式比较适用于表示意见、态度、感情的等级或强弱程度的定序问题。典型的 5 点式量表如下：

	−2	−1	0	1	2
（或）	1	2	3	4	5
	很不满意	不满意	不确定	满意	很满意

如：下面的句子是一些有关您工作上的一些方面，您可能对这些方面感到满意或不满意。请按照您满意的程度在对应的选项中打钩。

①总是能让自己保持忙碌和充实

非常不满意　不满意　不清楚　满意　非常满意

②经常能有机会从事各种工作

非常不满意　不满意　不清楚　满意　非常满意

（6）表格式。有一些问题要求针对不同情况分别回答，而问题的答案都在共同的范围，为了表达的简明，将有等级区别的问题和答案编成表格，让被调查者用填表的方式来回答问题。

如：教师的教学检测能力，在日常教学中：________。

序号	项目	总是	经常	一般	很少	从不
1	能依据教学大纲确定要测试的内容					
2	科学设计各知识点要达到的目标					
3	能准确把握各知识点所占的比重					
4	掌握命题的要领与技巧					
5	能科学地进行试卷讲评					
6	能对试题进行全面的分析					

三、访谈调查

（一）访谈调查的优缺点

访谈调查是通过研究者与被调查者的直接交谈活动来收集第一手资料的调查研究方法，是教育调查研究常用的方法之一。访谈法常用于教育调查、心理咨询等领域，适用于向被访者了解心理体验、情感，以及对某一事物的意见、态度、评价等方面的信息。既有事实的调查，也有意见的征询。访谈一般以面对面的个别访谈为主，也可采用小型座谈会、调查会的形式进行团体访谈，还有通过电话进行的电话访谈。访谈调查过程中的交谈不同于日常生活中的一般交谈，它是根据特定的研究目的，依据研究设计来实施收集资料的过程（表4－2）。

表4－2　　日常谈话与访谈调查的区别

日常谈话	访　谈
无明显的目的性	明确的目的性
以友好的招呼开始，常伴有身体的接触	保持社交的距离，不超过握手的范围
避免语言的重复	要求重复以清楚了解
互相提问	谈者发问
相互表达继续交流的兴趣	只要求访谈者向对方表达兴趣
相互表示自谦以示礼貌和尊重	主要是访谈者自谦以鼓励对方讲话
双方的言语轮换是平等的	由访谈者提问题，挑起新话题
使用大量的略语，不必详述细节	要求被访者详述细节，尽量具体明确
双方可以允许较长时间的沉默	设法让被访者讲话，不会有太长的沉默
结束时，不必道谢	访谈者要向被访者道谢

1. 访谈调查的优点

（1）灵活性强，易于对访谈过程及环境进行控制。访谈是访谈者和被访谈者直接的交流和沟通，是一个互动的过程。访谈者可以根据被访谈者和访谈过程的具体情况，灵活地对访谈过程及环境进行调整。访谈调查可以根据被访谈者的知识水平或理解程度灵活变换提问方式，可以在被访谈者自由发表看法时在一定程度上控制谈话方向，充分发挥研究者的主动性和创造性。

（2）能够使用比较复杂的访谈提纲。由于有访谈员作为访谈对象的指导者，尤其是那些受过良好训练并富有访谈经验的访谈调查员，他们可以利用一些访谈提纲了解一些比较复杂的问题。

（3）能够获得直接、可靠的信息和资料。访谈调查是调查者和被调查者直接的面对面的交流，所以调查者能直接从研究对象口中获得最直接的、不通过任何形式转换的信息资料。同时，调查者可根据具体情况采取一定的方法来评估资料的真实性程度。调查者还可通过进一步的访谈，或者调换访谈对象等方式来重新搜集资料。

（4）不受书面语言文字的限制，适用于更广泛的调查对象。访谈调查是采用口语方式，形式简单易行，调查者与被调查对象之间的互动生动流畅，所以调查不受书面语言文字的限制，即使被访谈者阅读困难或不善于文字表达，也可以回答，减少了理解上的障碍。

访谈适用于一切有思维能力和口头表达能力的被访问者，尤其适合文化水平较低的对象，如文盲或儿童。

（5）容易进行深入调查，收集的资料范围广泛。访谈调查以口头交谈方式进行，包括结构式访谈和非结构式访谈等不同类别，这就使它既可用于收集现时资料，又可收集过去的资料；既可用于定性研究，又可用于定量研究；既可了解客观事实、行为方面的问题，又可了解主观动机、情感、观念方面的问题；既可用于验证某种假设或理论，又可用于提出假设或理论。访谈者根据需要就某个问题补充询问或追问，使之对资料的掌握更全面深入。同时，访谈通过彼此的交流了解到被调查者的内心世界，获取更有价值的、深层的心理特征方面的信息资料，有助于研究的深入。

另外，面谈过程中还可以观察被访谈者的动作、表情等非言语行为，以此鉴别回答内容的真伪，分析被访谈者的心理活动。

2. 访谈调查的缺点

（1）访谈结果的准确可靠性可能受到研究者素质影响。访谈法是由访谈者进行的，如果访谈者素质较差，能力不强，可能对被访谈者的回答产生误解或在记录时发生错误；如果访谈者没有掌握必要的访谈技巧，态度生硬，言语不礼貌，可能影响访谈的相互作用过程，造成被访谈者的不合作或提供虚假信息，这样就难以获得可靠的研究资料。访谈结果也易受到访谈者的主观偏见、价值取向的影响。因此，对访谈者进行访谈技巧的培训是必要的。此外，访谈人员的性别、性格、年龄、社会阶级、衣着、口音和身材等，都可能影响访谈对象的回答。

（2）费时、费力、费财，访谈规模有限，而且所得资料不易量化。运用访谈调查进行研究需要较多的人力、时间和费用，这是由于，第一，访谈是访谈者和被访谈者的口头交谈，一个访谈者一天有时只能访问一个或几个被访谈者；第二，谈话时记录困难，常常需要当场录音后再整理访谈记录。第三，访谈常常需要训练一批访谈人员，然后分赴各处访问。正是由于访谈要付出较多的时间、人力和物力，难以进行大规模的访谈，一般访谈的样本都比较小。

（3）匿名性差，某些问题不宜进行访谈。访谈是口头的交谈，常常是访谈者和被访谈者进行面对面交谈，匿名性差。匿名性差会使被调查者产生顾虑，对一些敏感性问题、尖锐问题往往回避或不真实回答。因此，对于访谈对象比较敏感、不愿回答的属于个人隐私的问题，不宜进行访谈。

（二）访谈调查的过程

访谈是建立在语言交流、思想表达、问答双方共同参与基础之上的互动的过程。访谈的成功取决于调查者对这种互动过程组织的好坏。为了使通过访谈来收集资料的工作更加科学、有效，研究者需要在进入访谈前做好充分的设计与准备工作，进入访谈之后灵活地运用各种访谈技巧。

1. 选择访谈对象

选择访谈对象时，首先根据研究目的确定访谈的总体范围。其次，以随机抽样法，从总体中选取有代表性的样本。究竟该选择多少访谈对象，则要从研究的性质、研究的主客观条件通盘考虑。一般来说，探索性研究可以采用较小的样本进行研究，验证性的研究则需要较多的访问对象；横向访谈样本可以多一些，纵向访谈对象可以少一些；结构性访谈样本可以大一些，无结构性访谈样本相对小一些。一般参加人数不要太多，以6～12人为宜，并且参加的人员要有代表性、典型性。另外，选择访问对象要尽可能了解被访者的有关情况，如被访者的性别、年龄、职业、文化水平、专长、经历、性格、兴趣、习惯、爱好等。充分地了解被访者的基本情况，对于准确地编制访谈问题、选择适当的谈话方式、灵活地运用访谈技巧、避免触及个人隐私而造成被动局面具有重要意义。

2. 准备访谈提纲和访谈计划

最主要的一项是拟定好问题，问题尽量要具体，如有可能，可事先发给每人发言讨论提纲，让他们事先做好准备，并约定好访谈时间和地点。

（1）编制访谈问卷/提纲。访谈问卷的形式基本上与书面问卷相似，可以有开放式问题，也可以有封闭式问题，只是访谈问题的设计更注重表述的口语化。问卷的内容除了一系列的题目、答案选项之外，还包括访谈的相关资料，如访问日期、时间、地点、被访者的基本资料。

编制访谈问卷的步骤：

①确定研究变量，针对研究目的和变量来编制问题。例如，我们要研究的变量是学校的民主气氛，我们可以设计这样的问题："在学校，你觉得能自由地向校长坦陈你的看法吗?""教学中，你可以随便采用新的课堂练习和教材吗?"在编制问题时，所提问题一定要能反映研究变量的意义。

②编制完成后，请内行或同行提修改意见。

③有条件时，进行小范围的“预访”。“预访”是在问卷编制完成后对问卷可能存在的问题进行改进的一种有效的方法。“预访”可以提高访谈问卷的信度。例如，如果被访者对某个问题的答案完全相同，那么这个题目可能缺乏区分度，需要改写或删除；如果被访者拒绝回答某些问题，则应设法重新编写这个题目以减少敏感性。

（2）制订访谈计划。制订访谈计划应考虑的方面：

①首先根据研究的目的选择合适的方式。如果研究的目的是验证某一假设或要调查多数人的某种反应，可选择结构式访谈，编制好标准的访谈问卷；若是探索性研究，可选择无结构式访谈，编写一份粗线条的访谈提纲即可。再根据时间、经费、人力、物力等因素综合选择访谈方式。一般来说，为了节约时间和经费，研究者更多地会选择团体访谈（开座谈会）和间接访谈（电话访谈）。

②考虑具体的访谈的时间、地点、场合等因素。一般来说，访谈时间最好是被访者工作、学习不太繁忙，并且心情比较舒畅的时候。访谈的地点和场合的选择要从被访者方便的角度考虑，要有利于被访者准确地回答问题，有利于形成畅所欲言的访谈气氛。一般来说，有关个人和家庭的问题，以在家里访谈为宜；有关工作方面的问题，以在工作地点访谈为宜。

③要有时间进度或工作进度安排。为了使访谈规范，能获得实效，须事先安排访谈行程，将访谈人员、被访者、访问日期和时间进行适当安排，并准备访谈所需的工具，如访谈记录表、各种证明材料、证件、录音机等。

3. 正式访谈

这是访谈的实质性阶段。访谈要按计划进行，目的明确，中心议题要集中。同时，要机动灵活，视情况而定，可根据调查课题的需要临时提出提纲上没有的问题，让与会者回答。重要的是要创造一个畅所欲言的气氛。访谈者应以谦虚的平等态度、诙谐亲切的语言，争取与会者的合作。访谈过程提问的方式有两种：标准化提问和解释性提问。无论哪种提问，在提问过程中都要注意以下几点：提问要清晰、明确、语气委婉、从容；控制谈话节奏，把握好问题重复、停顿、追问的时机；淡化某些敏感性问题；准确记录，主动总结。

（1）提问。访谈者在被访谈对象接纳后，即开始进行交谈，通过提问向对方了解有关情况。提问的方式是多种多样的，究竟采用哪种方式，需要考虑问题本身的性质和特点、被访谈者的具体情况，以及访谈者与被访谈者之间的关系。考虑被访谈者的具体情况。如果被访谈者思想上顾虑重重，性格孤僻、多疑，或理解问题能力较差，应采取循循善诱、逐步前进的方式提出问题。反之，则可单刀直入地连续提出问题。考虑问题本身的性质和特点。如果问题比较尖锐、复杂、敏感和有威胁性，应采取谨慎、迂回的方式提出。反之，则可大胆、正面提出。在访谈者和访谈对象尚未建立初步信任的情况下，则应采取耐心、慎重的方式提出问题。

（2）追问。在实际访谈过程中，访谈对象的回答常常会遇到下述情况：有的残缺不全、不完整；有的含糊不清，模棱两可；有的过于笼统、不准确；有的答非所问，等等。在这种情况下，我们就需要进行适当的追问。追问的主要功能是引导访谈对象更全面、更精确地回答问题，此外还可使访谈对象的回答结构化，保证所要探讨的问题都已经问及，减少无关信息。追问可以采取正面的方式，即正面指出回答不真实、不具体、不准确，请对方补充回答。追问也可以采用侧面的方式，即换一个角度追问相同的问题。追问特别是正面追问是一种比较尖锐的访谈方式，容易引起被访谈者的反感，因此追问时语调要低，语速要慢，要以探讨的语气进行追问，同时注意不要连珠炮式的连续追问，因为这样会使被调查者产生压迫感，甚至敌意感而拒绝回答。为了避免追问可能带来的不良影响，可在访谈的后期进行追问。

（3）非言语行为的运用。言语是访谈的主要工具，言语表达是访谈者与被访谈者建立关系、交流信息、沟通情感的基本条件，然而，在访谈过程中，不仅言语可以传递信息，人的表情、动作等非言语信息等也能传递信息。一方面，访谈者要善于运用非言语行为向被访谈者传递信息，促进交流，如用点头、微笑等鼓励被访谈者，提高其谈话兴趣，用诚恳的目光鼓励被访谈者真诚交流等；另一方面，访谈者也要善于观察和理解被访谈者的非言语行为，借此准确把握信息，控制访谈进程，若被访谈者目光空洞，心不在焉，对问话答非所问，或者在椅子上反复扭动，坐立不安，说明其可能对谈话失去了兴趣，此时访谈者应根据情况调整谈话的话题及谈话的气氛，或者尽快结束访谈。

（4）访谈的记录。在访谈调查过程中一般都需要做记录，而且尽量当场做记录。为避免被调查者对记录产生顾虑，调查者应事先向被调查者做出记录材料仅为科学研究所用的说明及保密的承诺。

在记录的方法和内容上，结构式访谈要求访谈者按照规定的记录方式，把被访谈者的回答记录在事先设计好的表格、问卷、卡片上。非结构式访谈的记录比较困难，可以采取两人访谈的方式，一人专门访谈，一人专门记录；也可以在征得被访谈者同意的基础上用录音机记录。记录内容要尽可能详细，不仅要记录言语信息，而且还应记录非言语信息。当然，有些访谈并不需要把被访谈者的回答全部记下来，而只需记要点、记特点、记疑点、记易忘点。

4. 结束访谈

结束访谈是访谈活动的最后一个环节。做好访谈结束环节的工作需要注意以下几个方面的问题：

（1）控制访谈时间。访谈的时间不宜过长，要力争在预先约定的时间内结束访谈。

（2）把握好结束谈话的时机。例如有时访谈已临近结束，被访谈者仍然很有谈话的兴趣，此时访谈者可以抓住被访谈者转换话题时产生的谈话间歇，趁机插话，自然结束访谈。有时双方都感到非常疲乏和厌倦，谈话难于进行下去了，这时应尽快提前结束谈话，如果此时访谈任务尚未完成，可约定再次访谈的时间。

（3）对被访谈者表示感谢。结束访谈时，向对方表示感谢和友谊，这既是科研道德的起码要求，又能为以后的访谈研究奠定基础。访谈者应真诚地感谢访谈对象对研究工作的支持，感谢对方付出的宝贵时间和提供的有价值的信息资料，同时还应表示从对方学到了许多知识，通过访谈建立了友谊。

附：对某高校女大学生焦虑情绪的研究访谈计划

概述：本研究以某高校有焦虑情绪的女大学生中随机抽出的十名为对象进行访谈。通过访谈，了解其焦虑情绪产生的原因，与其学习、生活、人际交往等各方面的相互影响。同时，通过访谈一起能寻出帮助的办法。

1. 根据研究目的，选择访谈方式

采用结构访谈和非结构访谈相结合的方法；采用个别访谈和直接访谈的方式。将访谈内容分为三部分。

2. 访谈次序

首先，了解其过去的生活经历（包括：学习、日常劳动、父母教养方式），自身性格特点及其爱好等方面的内容，多采用无结构式访谈；其次，了解其上大学后的学习状况，用结构式访谈；再次，了解其大学日常生活的处理及其人际交往状况，多采用无结构式访谈。最后，向访谈对象致谢，并了解其周围大学生存在这种状况的程度，无结构式访谈。

3. 访谈对象

某高校有情绪焦虑的十名女大学生。

4. 访谈时间

2002 年 10 月 13 日，上午 9：00 ~ 10：00；10：00 ~ 11：00。

5. 访谈地点

被采访者宿舍，无其他人在场。

6. 访谈工作安排

五名访谈员每人各访谈两名被访者，每名被访者占时约1个小时。

7. 访谈所需的工具

工作证件；访谈计划；访谈问卷；记录表格；录音机。

第二节　教育调查问卷示例

大学生择业意向调查[①]

尊敬的同学：

您好！占用您一点宝贵的时间，请您和我们共同完成这项调查。本调查纯粹为研究所用，不记姓名，不考虑对错，勿需有任何顾虑。为保证研究的科学性和有效性，务必请您如实并独立回答所有问题。

十分感谢您的协助！

您的基本情况

1. 性别：①男　②女

2. 年龄：________

3. 所学专业：________________

4. 学历：①本科　②专科　③高职　④中专

5. 是否已签约：①是　②否

6. 是否学生干部：①校学生会　②系学生会　③班级　④否

问卷内容

1. 您最希望的就业单位是：①国家机关；②国有企业；③乡镇企业；④科研单位；⑤学校；⑥自主创业；⑦其他________。

2. 您最期望自己就业地区在：①沿海城市；②省内其他城市（如：____）；③父母所在地；④急需人才的农村；⑤其他________。

3. 您最期望自己的职业种类是：①公务员；②企业经营管理人员；③企业一般人员；④事业单位人员；⑤技术员；⑥教师；⑦其他________。

① 陈秀珍，贾卫东．新上本科院校毕业生就业意向的调查与思考[J]．职业时空，2007(22)．

4. 您期望自己的月薪范围是：________元至________元之间。

5. 当将来工作与期望不一致时，您想：①工作后继续深造；②接受现实并创造条件；③另选新工作；④努力适应工作；⑤其他________。

6. 您对就业与择业的态度：①先就业再择业；②先择业再就业；③茫然无措；④焦虑；⑤充分做好准备；⑥期望就业形势好转；⑦车到山前必有路；⑧有信心，应对自如；⑨其他________。

7. 您在选择单位时对就业单位的状况最看重：______、______、______（从“项目栏”选三项，并完成下表）。

序号	项目	非常重视	比较重视	一般	不太重视	不重视
A	行业发展前景					
B	工作舒适与劳动程度					
C	提升职务、职称方便程度					
D	易于转换单位					
E	专业是否对口					
F	适于施展个人才能					
G	适合自己能力与性格					
H	工作艰苦但意义大					
I	利于发挥创造性					
J	工资收入高低					
K	住房等福利待遇					
L	满足家庭需求与期望					
M	公平开放的工作环境					
N	充分的个人时间					

8. 您认为哪些求职途径最有效：①家长亲友推荐；②学校推荐；③现场招聘会；④上网；⑤自主寻访；⑥报纸杂志；⑦其他________。

9. 您认为合适的求职时间应是：①毕业前一年；②毕业前6个月；③毕业前3个月；④其他________。

10. 您认为影响大学生就业的主要因素（可多选，仅限三项）：①个人实际能力；②学习成绩；③所学专业；④社会关系；⑤教师的评价；⑥家庭背景；⑦其他________。

11. 您认为影响大学生就业的主要能力是（可多选，仅限三项）：

①专业技能或特长；②人际交往能力；③解决实际问题能力；

能力；⑤外语能力；⑥计算机操作能力；⑦其他________。

12. 您目前在就业过程中遇到的最大难题为（可多选，仅限三项）：①社会关系不足；②对社会缺乏了解；③求职能力和方法欠缺；④求职学历限制；⑤求职专业限制；⑥就业指导不够；⑦社会实践经验欠缺；⑧其他________。

13. 您认为用人单位最关心毕业生的（可多选，仅限三项）：①专业；②毕业学校；③学历；④社会实践经验；⑤能力与特长；⑥家庭背景；⑦性别；⑧个人品德；⑨其他________。

14. 您所知道的就业指导方式（可多选，仅限三项）：①经验交流；②专题讲座；③就业网站；④就业指导课；⑤个别咨询；⑥企业挂职和企业实践；⑦其他________。

15. 您感兴趣的就业指导方式（可多选，仅限三项）：①经验交流；②专题讲座；③就业网站；④就业指导课；⑤个别咨询；⑥企业挂职和企业实践；⑦其他________。

16. 您就业方面的技能、观点和知识主要来自（可多选，仅限三项）：①学校就业指导课程；②书籍；③网站；④报纸杂志；⑤培训机构；⑥社会实践；⑦朋友传授；⑧家人教育；⑨其他________。

17. 您认为大学课程建设方面应该（可多选，仅限三项）：①增加社会实践；②实现自由跨系选课；③多开选修课；④多开实用性课程；⑤其他________。

18. 在就业方面您最需要获得什么样的指导（可多选，仅限三项）：①更多的需求信息和公司介绍；②行业职位解析及介绍；③就业政策法规及其解读；④求职技巧（简历、面试）；⑤师兄、师姐的求职经验；⑥其他________。

19. 您的学校如果开设了就业指导课，那么它的内容：①非常有用；②比较有用；③一般；④可有可无；⑤没用。

20. 您所在学校安排实习的时间和机会：①非常充分；②充分；③一般；④不充分。

21. 实习对求职的帮助：①帮助很大；②帮助较大；③一般；④没多大帮助；⑤一点帮助都没。

22. 您对学校就业指导工作的整体评价：①非常满意；②比较满意；③一般；④不太满意；⑤很不满意。

23. 您认为学校在大一、大二、大三、大四应给予哪些方面的指导及服务？

	职业生涯规划	求职技巧培训	素质拓展	就业体验	就业心理咨询	提供就业信息	就业政策——形势分析
大一							
大二							
大三							
大四							

24. 如果重新读大学，您觉得应该着力提高自己哪些方面的素质？

____

____。

25. 你对你所在学校的就业指导工作有什么意见或建议？________

____。

第三节　教育调查报告导读

一、问卷调查报告示例一

小学教师课堂教学设计能力发展特点及影响因素①

摘要：运用作品分析、调查、访谈等研究方法，对小学教师这一特殊群体进行分层随机抽样调查与研究。研究结果表明，小学教师选择与运用教学媒体、编制教学目标、分析教学对象的能力明显低于选择与运用教学方法、分析教学任务、评价教学结果的能力；学校类型、教师学历、教龄是影响小学教师教学设计能力的3个主要因素。

---

① 张景焕，金盛华，陈秀珍．小学教师课堂教学设计能力发展特点及影响因素[J]．心理发展与教育，2004(1)．

关键词：小学教师；课堂教学设计

1. **问题的提出**

课堂教学设计是指教师在某种教学思想及规定的课程计划和标准的指导下，针对具体的教学对象和教学内容，对课堂教学的整个程序及其具体环节做出预期策划，形成教学方案的过程。已有的教材、学生、课程计划、设备、设施和资源都是进行设计的前提条件。设计的重点是充分利用已有的设施，选择或编辑现有的教学材料，选用合适的教学方法来完成目标。通常由教师自己来完成设计任务，教案是课堂教学设计的成果，通过教案可以了解教师的课堂教学设计能力。

从教学设计指导思想来看，建构主义强调教学整体性、变化性的思想对教学设计产生了重大影响，将学习者、教学情境、教学媒体与教学方法结合起来进行综合教学设计已成为课堂教学设计发展的特点和方向。我国对教学设计的研究起步较晚，在研究过程中形成三种力量：从教育技术学的角度进行的研究，基于教育心理学基本原理应用于中小学教学实践的研究及从课程与教学论的角度开展的教学设计研究。总的情况是关于教学设计思想的研究多于教学设计能力的研究，关于教学设计能力的理论研究多于实证研究，针对某一特殊群体，尤其是针对小学教师课堂教学设计能力的实证研究尚付阙如。

本研究旨在通过对小学教师这一特殊群体课堂教学设计能力的分析，了解小学教师课堂教学设计能力发展的特点、影响因素、形成的阶段与过程，寻找提高小学教师课堂教学设计能力的途径与方法，为提高小学教师课堂教学效率提供实证资料与培训建议。

2. **研究方法**

（1）被试。

选取山东省滨州市所辖范围内的教师为被试，村办小学、联合小学、镇中心小学及城市小学的教师各占总数的27.9%，31.4%，26.5%和14.2%。教师所教年级的分布为：低、中、高年级各占38.1%，33.2%和28.8%。教师的教龄以1~5年、6~15年、16~25年及25年以上划分，各占总数的23.5%，35.8%，30.5%和10.2%。

教师学历以初中和中师（或高中）、大专和本科划分，各占总数的79.2%和20.8%。性别方面，男教师占30.5%；女教师占69.5%。样本分布基本上反映了我国小学教师的构成情况。

（2）研究方法。

首先选取代表性的样本征集教师教案226份，运用作品分析法进行教案评价，分析教师教学设计能力发展的特点及影响因素；然后进行问卷调查与访谈，分析教学设计能力形成的阶段。

（3）研究步骤。

①制定设计课堂教学设计能力的分析维度及体系。在查阅文献、研读教案和访谈的基础上，根据现代教学设计研究发展方向，我们将教师课堂教学设计过程分为教学任务分析、教学对象分析、教学目标的编制、教学方法的选择与运用、教学媒体的选择与运用、教学结果的评价6项活动，教师的课堂教学设计能力就体现在这6个方面及其综合效果上。在此基础上，编制《小学教师课堂教学设计评估表》（评估表以盛群力、李志超在《现代教学设计》一书中所列的内容为准），以此作为评判记录的依据。

②作品评判与量化处理。由5名致力于小学教学研究的人员（2位作者和3位教研员）组成评判小组，依据分析维度对教学设计的6个方面及总体效果进行评判，评判采用5级分制。1代表“很差”，2代表“较差”，3代表“一般”，4代表“较好”，5代表“很好”。评价者先学习、讨论已制定的评估表的内容及标准，进行试评议，取得较高的评分一致性后，分别评价打分。全部打分后，若评分较为一致，则计算最终得分；若对某份教案评分差异较大，则集体协商讨论后确定得分。评分者一致性信度最后达到0.97。

③调查与访谈。本研究还对提交教案的226位教师进行了问卷调查，了解其教学设计能力形成与发展历程。回收有效问卷162份，回收率71%。回收的问卷基本上具备研究群体的最初特征。研究者还对4个教龄段（各8位）不同学历、学校的32位教师进行了半结构访谈。访谈的主要内容有：您的教学设计能力是怎样逐步发展起来的，您认为哪些因素促进了您教学能力的提高，等等。

④统计处理。利用SPSS10.0软件包对所有有效数据进行统计处理。

3. 结果与分析

（1）小学教师课堂教学设计能力的特点。小学教师课堂教学设计各项能力发展情况见下表。在5级量表上，小学教师课堂教学设计的总体水平中等偏上（M=3.26，SD=0.461）。由6种设计任务上的均值与标准差可以看出，6种能力发展情况由低到高排列为：选择与运用教学媒体、编制教学目标、分析教学对象、选择与运用教学方法、分析教学任务、评价教学结果。对教师教学设计能力评价的6个方面进行重复测量的方差分析，发现6种教学设计能力整体差异显著（wilks'Λ 值为0.403，$p<0.001$，$R^2=0.60$）。进一步的边缘平均数差异显著性检验表明（见"综合比较"部分），教学媒体的选择与运用能力明显落后于其他5项能力的发展，编制教学目标的能力及分析教学对象的能力又分别落后于分析教学任务、选择教学方法及教学结果的评估能力，差异显著（$p<0.001$）；分析教学任务、选择与运用教学方法及评估教学结果3种能力之间差异不显著，编制教学目标与分析教学对象的能力之间差异不显著。

教学设计能力描述及事后检验

	平均数	标准差	多重比较
教学任务（1）	3.26	0.42	$1>2^{**}$　$1>3^{***}$　$1>5^{***}$
教学对象（2）	3.07	0.51	$2<1^{**}$　$2<4^{**}$　$2<6^{***}$
教学目标（3）	3.00	0.61	$3<1^{***}$　$3<4^{***}$　$3<6^{***}$
教学方法（4）	3.23	0.59	$4>2^{*}$　$4>3^{***}$　$4>5^{***}$
教学媒体（5）	2.75	0.61	$5<1^{***}$　$5<2^{***}$　$5<3^{***}$　$5<4^{***}$　$5<6^{***}$
教学结果评估（6）	3.29	0.50	$6>2^{***}$　$6>3^{***}$　$6>5^{***}$
教学设计能力总体	3.24	0.46	
对多重比较结果的综合			
			5<3，2，4，1，6；3<1，4，6；2<1，4，6
			2，3之间差异不显著
			1，4，6之间差异不显著

注：$^{*}p<0.05$，$^{**}p<0.01$，$^{***}p<0.001$，下同。

a：事后多重比较是用Scheffe法进行的。

（2）影响小学教师课堂教学设计能力的因素分析。小学教师课堂教学设计在各组别中的得分情况见下表。

小学教师课堂教学设计总评分在各组别中得分描述及方差分析摘要

项　目	平均数	标准差	人　数	F	df
学校类型：				8.48＊＊＊	3，20
村办小学（1）	3.03	0.30	63		
联合小学（2）	3.10	0.34	71		
中心小学（3）	3.24	0.33	60		
城市小学（4）	3.92	0.53	32		
学校间比较 4 >3 >1，4 >2，2 与 3 之间、1 与 2 之间差异不显著					
教龄：				4.13＊＊	3，20
1 ~5 年（5）	2.91	0.26	81		
6 ~15 年（6）	3.46	0.54	81		
16 ~25 年（7）	3.24	0.38	69		
多于 25 年（8）	3.15	0.22	23		
教龄间比较 6 >7 >5，6 >8 >5，7 与 8 之间差异不显著					
学历：				6.76＊＊＊	1，20
中师和初中（9）	3.08	0.30	181		
大专和本科（10）	3.84	0.49	45		
学历间比较 10 >9					

以教师教案的总体评价分数为因变量，以学历、教龄、学校类型因素为自变量进行 4 ×4 ×2 的方差分析。结果发现，学校类型、教龄、学历因素在小学教师课堂教学设计能力上主效应均显著（见上表），交互作用皆不显著。学校类型边缘平均数的比较分析发现，任教于城市小学教师的教学设计能力分别好于任教于镇中心小学的教师，任教于镇中心小学的好于任教于村小的教师，差异显著；任教于城市小学的教师亦好于任教于联小的教师，镇中心小学与联合小学之间、村小与联小之间差异不显著。教龄边缘平均数比较分析发现，教龄6 ~15年的教师教学设计能力发展得最好，分别高于教龄 16 ~25 年、25 年以上和 1 ~5 年教龄

的教师；教龄16～25年的教师其课堂教学设计能力好于教龄25年以上的教师，25年以上教龄的教师好于1～5年的教师，差异显著；教龄16～25年与25年教龄以上教师的教学设计能力差异不显著。学历比较发现，本科和专科学历教师的教学设计能力好于中师和初中学历的教师，详细的比较发现存在“本科＞专科＞中师（职高）＞初中”的现象。

小学教师的学校、教龄、学历因素是如何影响教学设计的各个方面的呢？我们以学校类型、教龄、学历为自变量，以教学设计的6项任务为因变量进行4×4×2的多元方差分析。各组别在6项任务上的描述统计及方差分析摘要（略去了统计检验不显著部分）见下面两表。

不同学校、教龄和学历教师在教学设计6项指标上的得分描述

变异源	N	教学任务		教学对象		教学目标		教学方法		教学媒体		结果评估	
		M	SD	M	SD	M	SD	M	SD	M	SD	M	SD
学校类型：													
村小(1)	63	3.15	0.36	2.86	0.4.	2.79	0.51	3.02	0.45	2.51	0.58	3.11	0.40
联小(2)	71	3.18	0.43	2.91	0.45	2.72	0.52	3.06	0.57	2.64	0.56	3.15	0.45
中心小(3)	60	3.27	0.34	3.13	0.42	2.93	0.55	3.25	0.48	2.79	0.50	3.34	0.46
城小(4)	32	3.67	0.50	3.69	0.49	3.66	0.61	3.95	0.53	3.41	0.45	3.89	0.42
教龄：													
1～5年(5)	5.	3.04	0.30	2.73	0.47	2.69	0.49	2.82	0.46	2.63	0.51	2.95	0.36
6～15年(6)	81	3.41	0.48	3.24	0.58	3.16	0.71	3.47	0.61	2.90	0.66	3.49	0.51
16～25年(7)	69	3.28	0.38	3.11	0.38	2.95	0.53	3.26	0.52	2.77	0.60	3.31	0.51
多于25年(8)	23	3.18	0.38	3.08	0.30	2.96	0.38	3.18	0.54	2.46	0.44	3.32	0.36
学历：													
中师、初中(9)	181	3.18	0.38	2.92	0.41	2.87	0.53	3.07	0.51	2.63	0.64	3.15	0.41
专科、本科(10)	45	3.58	0.30	3.64	0.47	3.36	0.74	3084	0.52	3.22	0.63	3.86	0.43

学校、教龄和学历对教师教学设计6项指标影响的方差分析摘要表

变异源	比较类型	教学任务	教学对象	教学目标	教学方法	教学媒体	结果评估	
学校类型								
	wilks'Λ	0.80***						
	$F_{(3,2CB)}$		0.93	5.73***	3.88***	5.35***	5.36***	7.70***
	学校间比较*		–	4＞1，3＞1	4＞1，4＞2	4＞1，4＞2	4＞1，4＞2	4＞1，3＞1

续表

变异源	比较类型	教学任务	教学对象	教学目标	教学方法	教学媒体	结果评估	
教龄：								
	wilks'Λ	0.85*						
	$F_{(3,2CB)}$		1.88	3.67*	0.23	3.48*	2.79*	5.33*
	教龄间比较*		–	6＞5	–	6＞5，7＞5	6＞8	6＞5，7＞5
学历：								
	wilks'Λ	0.78***						
	$F_{(3,2CB)}$		2.23	27.00***	0.04	20.93***	3.09	33.58***
	学历间比较*		–	10＞9	–	10＞9	–	10＞9

方差分析整体检验结果表明，学校类型、教龄和学历在6项教学设计任务上整体主效应显著（Wilks'Λ在0.001或0.05水平上差异显著），2阶与3阶整体交互作用皆不显著。边缘平均数的方差分析与事后多重比较发现，学校类型对教学设计的影响主要体现在分析教学对象、编制教学目标、选择与运用教学方法、选择与运用教学媒体、评价教学结果5个方面，表现为城市和镇中心小学的教师好于村小或联小的教师。教龄对教学设计的影响主要体现在分析教学任务、分析教学对象、编制教学目标、选择与运用教学方法、选择与运用教学媒体、评价教学结果4个方面，表现为教龄6～15年的教师在分析教学对象、选择与运用教学方法、评价教学结果方面好于教龄1～5年的教师，在运用教学媒体上好于25年教龄以上的教师；教龄16～25年教龄的教师在教学方法上也好于教龄1～5年的教师；明显看出，6～15年教龄的教师在这4个方面都是最优秀的，即6～15年教龄的教师在教学设计上的优势是通过这4方面表现出来的；学历对教学设计的影响体现在分析教学对象、编制教学目标、选择与运用教学方法、评价教学结果3个方面，表现为大专和本科学历的教师在这3方面好于中师和初中学历的教师，即学历对教学设计的总体影响是通过这方面体现出来的。

（3）小学教师教学设计能力的形成。为了解影响小学教师课堂教学能力形成的阶段与过程，我们对研究对象进行了调查，设计了“小学教师课堂教学设计能力形成自评问卷”。问卷将教学设计能力的各个方面分解为15项，询问教师这15方面的能力是“职前形成”“职后形成”还是“尚未形成”（表略）。研究结果表明，大多数（平均

85%以上）教师都认为自己教学设计能力是在职后形成的。这与以上我们对学校主效应的分析是相符合的，访谈的结果也证实了这一点。由此可见，教师的教学设计能力是与一种与教学实践相联系的能力，具有较强的实践性。

4. 讨论

（1）小学教师教学设计能力发展的特点。总体而言，小学教师课堂教学设计整体水平中等偏上（在5级量表上得3分以上），但设计能力的各个方面发展不平衡。其中教学媒体的选择与运用是小学教师教学设计的最薄弱环节。恰当选择并运用现代化教学手段以提高教学效率与水平是现代教育发展的趋势之一，这一能力的发展既反映了学校教学条件，也代表着教师接受新教学手段、方法的愿望与水平。研究结果说明小学教师在这方面有待提高。

编制教学目标和分析教学对象的能力也相对滞后。编制教学目标要求教师在教学前对学科教学最终目标，每单元、每节课教学要求掌握的各项知识、技能及其相互关系有明确清醒的认识，能够将知识目标转化为行为目标，并做出明确、具体的说明，这需要教师具备较全面的教育学、心理学知识。小学教师较习惯于抄写教学大纲上已写出的目标，很少有机会提出自己的设想，有的甚至还没有真正弄懂教学大纲的要求。此外，教育成功的关键是因材施教，而分析教学对象的能力是因材施教的基础，它包括分析教学起点、学生一般特点与学习风格。教师在这两方面的能力发展相对滞后说明教师关于教学的深层知识还是相对欠缺。

小学教师在分析教学任务、选择教学方法、教学结果的评估三方面发展较好（在5点量表上得3分以上）说明小学教师在实施教学诸方面总体表现良好。因此，要想提高小学教师总体教学设计水平或进行教师培训，应加强关于教学深层次知识与技能的培养，注意掌握现代化教学手段，恰当选择教学媒体。

（2）学校类型与教师学历是影响教学设计能力发展的两个主要因素。研究发现，不同类型学校教师的课堂教学设计能力存在显著差异，城市小学、镇中心小学教师的课堂教学设计能力明显优于联合小学和村办小学，任教于城市小学比任教于联合小学与村小的教师在5项教学设计能力指标上都强。我们认为这主要由于：课堂教学设计能力具有较强的实践性，不同学校由于历史的原因，为教师树立了不同水平的榜样，提供了不同的外部设施和交流条件、沟通渠道，提出了不同的教学要求，因而为教师教学设计能力的形成和发展提供的实践机会不同，学校代表着能力发展的环境与要求。

不同学历小学教师的课堂教学设计能力存在显著差异，总体上呈现出“本科＞专科＞中师（或高中）＞初中”的规律。本、专科学历的教师在3项指标上皆好于中师学历的教师，学历的这种主效应集中体现于分析教学对象、选择和运用教学方法和评价教学效果这类认知性较强的教学设计任务上。这说明教学设计能力的发展既需要丰富的实践经验，又需要深厚的文化底蕴。良好的知识结构是顺利进行教学活动的基础，教师要将学科知识重新组织起来使学生容易接受，需要对教育对象及其学习机制的切实了解，没有综合文化素养的支撑，就难以将抽象的术语生活化，教学设计缺乏想象力，使得课堂教学枯燥乏味。本科与专科学历的教师在已有知识素养的基础上，能及时地捕捉新的教育信息并将其内化，从而高屋建瓴地审视教学现状，较多地关注学生发展，有效地进行教学设计。当然，中师（或初中）学历的教师亦可以通过继续教育增加知识储备，优化自身知识结构。

（3）教师教学设计能力的发展与教学实践关系密切。研究表明，教师教学设计能力的发展与教龄关系密切，但不是随教龄增长持续增长。从调查数据与教学设计的实际考察发现，从事教师职业之前的师范生基本不具备教学设计能力，从教后，1～5年教龄的教师教学设计能力在4个教龄段中是最低的，以后总体上一直呈持续增长趋势，直到从教25年后，25年以上教龄的教师教学设计能力总体上呈下降趋势，具有分化的特点。

5. 结论

在本研究调查范围内，得出如下结论：

（1）小学教师课堂教学设计能力总体水平中等偏上，但各方面的发展不平衡：选择与运用教学媒体的能力最为滞后；编制教学目标与分析教学对象的能力分别落后于分析教学任务、选择与运用教学方法与评估教学结果的能力，后3项能力之间差异不显著。

（2）学校类型、教师学历是影响小学教师课堂教学设计能力的主要因素。

（3）小学教师课堂教学设计能力的发展与教龄关系密切，教师的教学设计能力主要是从教后发展起来的。

参考文献

[1] Gagne R M,Briggs L,Wager W W. Principles of instructional Design [M].4th. Orlando:Harcourt Brace Jovanovich College Publisher,1992:3-4.

[2] 钟启泉.从现代教学论看教学设计的原理与课题[J].教育研究,1987(7),55-58.

[3] 盛群力,李志超.现代教学设计[M].浙江教育出版社,1998:2.

[4] 余文森.试论教学的三种基本能力[J].课程.教材.教法,1997(10),47-49.

[5] 毛景焕.课堂教学设计中的模型法探微[J].教育评论,2000(1),44-46.

[6] 皮连生.教学设计——心理学的理论与技术[M].高等教育出版社,2004:5.

[7] Briggs W C. Thirty years of Instructional Design One Man s Experience[J]. Educa tional Technology,1980,20(2):45-50.

[8] Tennyson R D,Schott R,Seel N M,etal. Instructional Design:International Perspectives (Eds), Volume 1: Theory, Research, and Models, Lawrence Erlbaum Associates,Inc.,publishers,1997:1-16.

[9] Wilson B G. Reflection on Constructivis and dInstructional Design. In DillC. R. ,Romissowsky A. J(Eds)(1997):Instructional Development Paradigms. New Jersey:Educational Technology Publications. Inc. p.65.

[10] 乌美娜.教学设计[M].高等教育出版社,1994:22.

[11] 何克抗.教学设计理论的新发展[J/OL]. http://www. nrcce. com Expert HEKK JiaoXueSheJiXinFaZhan. htm.

[12] 陈琦,刘儒德.当代教育心理学[M].北京:北京师范大学出版社,1997:99.

[13] 张祖忻,朱纯,等.教学设计——基本原理与方法[M].上海:上海外语教育出版社,1992:2-5.

[14] 徐英俊.教学设计[M].北京:教育科学出版社,2001:63.

[15] 罗树华.教师能力学[M].济南:山东教育出版社,1999:157.

[16] DickW. AModel for the Syst ematic Design of Instruction[M] // Tennyson R D,Schott R,Seel N M,etal. Instructional Design:International Perspectives(Eds),Volume 1:Theory,Research,and Models,Lawrence Erlbaum Associates,Inc. ,publishers,1997:364-367.

二、访谈调查报告示例二

小学教师关于课堂教学设计能力形成与发展的反思①

一、问题的提出

课堂教学设计能力是教师课堂教学所需的基本能力，教师课堂教学设计能力的发展直接影响着教学的质量和水平，任何教育目标、教育理念、教材设计思想都要通过教师的课堂教学实现。而课堂教学设计就是为了支持学生有效地学习而预先对教学所进行的规划和组织，其目的是通过创设学与教的系统帮助学生达成预期目标。在前一个研究中，我们通过对小学教师授课教案的客观评价发现了小学教师课堂教学设计能力发展的特点，小学教师在分析教学任务、选择教学方法、教学结果的评估三方面发展较好，制定教学目标和分析教学对象以及选择教学媒体和手段方面的能力发展相对滞后；还发现影响小学教师教学设计能力的主要因素是教师学历和所在学校的水平，说明教学能力是一项实践性的能力，它的发展既受基础学历的影响，也在于所在学校教学环境要求的塑造（现实的要求）。需要进一步探讨的问题是，这种能力是如何发展起来的？如果要继续发展，需要怎样的教师培训计划？因此，本研究希望通过对教师对自己教学设计能力发展历程的主观反思，了解他们教学设计中关注的问题、遇到的困难、成长的途径，为教师职前与职后培训提供实证基础。

二、研究方法

1. 研究对象

本研究选取山东省滨州市162名小学教师为研究对象，这些教师分别来自于村办小学、联合小学、镇中心小学及城市小学，占总数的27.9%、31.4%、26.5%和14.2%。教师学历以初中、中师（或高中）、大专、本科划分，各占总数的5.3%、73.9%、14.6%和6.2%。

---

① 张景焕，陈秀珍. 小学教师关于课堂教学设计能力形成与发展的反思[J]. 当代教育科学，2006(17). 本研究是山东省教育科学“十五”规划2005年教师教育类课题“小学教师课堂教学设计能力发展历程研究”（课题编号：2005JG42）的研究成果之一。

性别方面，男女教师各占30.5%和69.5%。样本分布基本上反映了我国小学教师的构成比例。本研究还对其中的16位教师进行了访谈，访谈对象分教龄在1~5年、5~15年、16~25年、25年四个教龄段，每个教龄段4位被访者。

2. 研究步骤

本研究中，小学教师对自己课堂教学能力形成与发展的反思包括两部分：对教学设计各个方面形成时期的调查和对自己这方面能力发展历程的访谈。

（1）调查。

本研究设计了“小学教师课堂教学设计能力形成历程调查问卷”。根据以往研究，我们将课堂教学设计界定为：“教师在某种教学思想的指导下，在规定的课程计划和标准指导下，针对一个班级的学生，对课堂教学的整个程序及其具体环节做出预期策划，形成教学方案的过程”。它包括从熟悉教材到设计出体现自己风格的教案等15项具体内容和要求。对这15项教学设计要求的形成时期我们分职前（师范学习阶段）、职后和尚未形成三项进行调查。本研究收集到有效问卷162份。

（2）深度访谈。

访谈的基本主题是：谈谈你自己在备课过程中的体会，特别是你在备课方面是怎样逐步发展起来的。追问的问题有：在课堂教学设计中你现在最关心什么；感到最困难的是什么；如果有机会，希望在哪些方面、通过哪些途径进行提高，等等。对采访进行全程录音，然后转录成文本文件进行反复阅读和分析，分析集中在设计中关心的焦点、遇到的主要困难、成长的历程与途径等四个方面。

统计处理利用SPSS10.0软件包对所有有效数据进行统计处理。

三、结果与分析

1. 小学教师课堂教学设计能力的形成

调查结果见下图（图中的数字代表的是教师认为自己的教学设计能力是在职前、职后及目前仍不具备的人数百分比）。下图表明无论何种学历的教师，大多数教师都认为自己在学习阶段的教学设计能力处于相对较低的水平，只有“吸取、更新、处理信息”一项与职后接近，倾向于认为自己的教学设计能力是在职后形成的，这与前一研究中我们对教学能力影响因素的分析是相符合的。由此可见，教师的教学设计能力是一种与教学实践相联系的能力，具有较强的实践性。

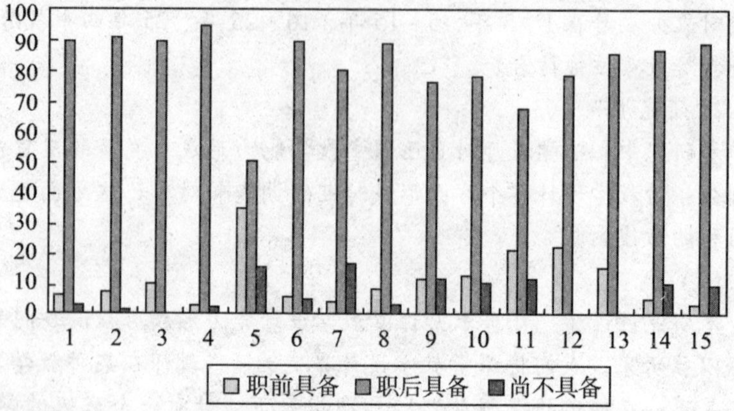

小学教师课堂教学设计能力形成时期分析

注：1. 掌握教学大纲；2. 熟悉教材；3. 选择运用教参；4. 制订教学计划；5. 吸取、更新、处理信息；6. 了解、熟悉学生；7. 与学生交往、互动；8. 确定、编写教学目标；9. 选择教学方法；10. 教给学生学习方法；11. 选择、使用教具；12. 设计板书、衔接语等；13. 编制课堂练习；14. 根据反馈信息改进教学；15. 设计体现自己风格的教案。

在职前影响因素中，教师们普遍认为教育见习、实习影响最大，占全部影响的47.6%；在选择教学方法、设计板书、与学生交往互动等教学方法的选择方面，在学校时任课教师的教学方式影响较大。在访谈中，教师们普遍认为，虽然学习时不具备教学综合能力，但他们在学校时练就的基本功（三字一话一画一琴）却为自己日后的教学工作打下了坚实的基础。这要求师范教育应加强学生技能培养，多提供教育实践的机会，从而提高学生的从教起点水平。但是，要求学生在学习期间就具备很强的课堂教学设计能力也是不现实的。

2. 职后课堂教学设计能力的发展

访谈资料表明，从教1～5年的青年教师，开始教学时往往认为自己在师范教育中没有获得任何有助于教学的知识，放弃了用理论知识指导实践的想法，转而向实践学习，特别是向身边教得好的老教师学习。“感觉在师范学的东西（不只是教育学和心理学）一点也用不上。我就看其他老教师是怎么上课的，她怎么安排重点，攻克难点。这样2年以后基本上知道怎样上课了，上课之前对上的内容做到心里有数。”他们将教学活动的重点放在所传授的知识上，例如，“备课主要是想让学生怎样把教给他们的东西都记住”，“怎样让他们理解需要理解的东西”，“想办法让学生把全部东西都学会”，学生一旦没有掌握，他们就会埋怨学生不用功或自己的教法不够好，没能很好地把教案语言转换成自己的教学语言，“课堂上常常达不到预期的效果，孩子的心理很难把握。”“备课时基本上是看看教参以及已经有的教案(集体备课)，感觉不是用自己的话写教案。”“上课时感觉自己讲得很清楚了，可学生还是不明白！现在的学生不好教，不太用功。”此时他们特别希望从具体教学案例中得到帮助，在谈到进一步工作的打算时，他们说“希望多听课，参加教材培训；希望有好的教案或者杂志中好的案例”，“希望学习一些教学技能技艺”，处在将教学当作一种技艺来学习的阶段。

从教6~15年的教师，已经基本熟悉教学内容与教学方法并熟练运用，开始关注学生，思考不同的教法适用于不同的学生和教材。“刚开始教学时，主要的想法是把知识传授给学生，现在开始逐步意识到教课要根据学生的情况，对教材做灵活处理、调整、取舍，方法要根据学生的实际随时变化。”“教学的时候要关注学生的心理，把握学生的情况，了解学生，看学生对知识掌握的情况，知识基础，看学生能不能接受现在所学的东西，前面的是否学会了，学生对老师所讲的有什么反应，学生会提出哪些意外的问题。既要把握透教材，又要根据学生的情况随时变动。”“教学应该以学生为主，不管教什么都要从孩子们的兴趣入手。”“教语文最需要的是孩子们对语文的兴趣。”“需要创设情境，就是从身边、从生活中，选择学生熟悉的事设计情境，让学生感到数学生动有趣。”处于此阶段的教师特别乐于从教育学、心理学有关学生的论述中获得教益。教师们认为，“以前包括在师范时，一直感到（教育学、心理学）抽象。刚开始教学时也感到教学中经验上升不到理论，学到的理论不会运用。教了三五年之后再回过头来看，才发现学点理论真正有用，特别是教育学与心理学对于我们了解孩子（与他们谈话、教学）以及与家长交流用处都很大。”“工作中慢慢感觉心理学很重要，老师一定要过心理学这个门槛，不然老师就像讲课的喇叭一样，学生听老师上课跟听收音机上课没什么两样了。”“如果有继续进修学习的机会，希望除了看一些公开课之外，有机会听一些心理学方面的内容，特别是结合课堂教学的长短期培训都可以。”

从教16～25年的教师，大量隐性的实践性知识开始被激活，将课堂教学设计视为一个综合整体，对教学实践中蕴含的教学理念有自觉意识，处于积累经验、更新知识的最佳时期，这种趋势一直保持到从教25年左右。这一阶段教师关注的焦点是教学设计的整体理念，及这种理念如何体现在教学设计之中。“小学的知识已经成为自己脑子里的了，上课时更多的是想一想怎样让学生喜欢这节课，平时教学时注重渗透阅读、写作的技能，教给学生一种方法，总体上提高学生的文化素质。”“较关心学生自我能力的培养，比如一些重点难点的地方，启发学生讨论，学生讨论后解决问题，得出答案，觉得是自己想出来的，心里会高兴，有种成功感。实在想不出来，教师画龙点睛，进行启发诱导。”他们感到特别困惑的问题也是如何对待教学理念上的冲突。这个阶段的4位教师都提到目前的新课改使他们感到困惑，“新教材到底怎么教，知识点怎么把握，练习题比例题内容要广、要深得多，把握起来很难。”“新教材面广、篇幅长、内容多；课程目标要求学生知道的比较广，但又不要求记，当老师的也不知道他们到底知不知道，知道了多少，了解了多少，可操作性较差。有时候感觉像水上漂，浮在上面，自己不好把握。教学资料也不配套。”

25年以上教龄教师的教学设计能力出现严重分化，是升华自己的教学设计经验还是凭经验教学与教师前期自身的教学成败经历、身体状况及外部要求与鼓励有关。一些人在长期的教学实践中形成了自己对于所教学科的独特认识。“语文教师首先要有自己关于语文教学的总体目标，就是让学生能听懂别人说的话，读懂别人写的文章，再就是能用自己的话把自己的所思所感所想所悟说出来、写出来，让别人明白他。语文是一种文化的东西，应该让孩子喜欢咱们的这种文化。然后才是在每节课中结合教材和生活体验的具体目标。”“小学教师所要求的知识水平不高，但是要有很广的面，基本的理解必须是科学的，哪怕是不懂的东西也得有一个正确的态度，这需要广泛阅读，广泛交流，比如上网在论坛上交流，阅读其他学科的杂志。”“教师必须学习新知识，旧教材也好，新教材也好，都是要培养学生的能力——

广泛的能力，特别是创新的能力，这一点是需要把握的。至于方法，全在于灵活机动和适合于学生，不适合于学生和教材的方法，再先进的设备用上也没用。”还有一些教师感到教育变革给他们提出许多新的要求，很想进一步学习却又觉得已经来不及，有感悟太晚的惋惜，尤其是抱怨自己年龄大，力不从心。“教育对教师提出了许多新的要求，又需要用多媒体，又需要与孩子交朋友，还要变更教学理念。想学新东西，但是年纪大了，记不住。如果早一点学就好了。”“很想学，但有时候心浮，坐不下来。”“现在教学与原来要求不一样了，有时候自己脑子一时转不过弯来，年龄大了反应慢，经常问自己原来的做法有什么不好，我已经教了那么多年了，效果蛮不错的，为什么要改啊，难道改了的就是好的吗?”一般而言，25 年教龄以上的教师在小学教学中基本没有上公开课的机会（从形象上考虑），职称一般也达到个人期望的最高点，这种状态使得大多数教师失去深入钻研教学的动力。这种状况警示我们，要想提高这部分人的整体教学设计水平，需要让他们感受到还有进一步发展的空间和机会，从而根据具体情况对他们提出发展的要求。

总之，从小学教师对自己课堂教学设计能力发展历程的反思可以看出，1~5 年教龄的教师热衷于教学内容的分析和理解，期望得到具体、可行的课堂教学设计实例：6~15 年教龄的教师，目光从教材转向学生，希望能反思自己的教学设计，并希望在与其他教师教学设计的比较中提高自己，部分教师已经意识到自己教学的得失，希望找到合适的突破点；16~25 年教龄的教师，开始结合自己的教学经验，综合考虑教学设计的各个方面，以求得教学效果的综合效益；25 年以上教龄的教师在教学设计能力与水平方面出现较大分化，小部分人希望进一步提高教学设计水平，总结自己多年的教学经验，以求设计出具有自己风格的教案；更多的教师则觉得自己的教学经验已足够应付日常教学，不愿意花精力学习新的教学理论与方法，或对更新知识感到力不从心。

3. 小学教师课堂教学设计能力的发展阶段与发展途径

通过总结调查与访谈资料，基本上可以看出，小学教师课堂教学设计能力的发展大致经历了 5 个阶段：知识储备与教学基本技能形成阶段（师范学习阶段）、关注教材阶段（1~5 年教龄）、关注学生阶段（6~15年教龄）、关注综合设计效果阶段（16~25年教龄）和教学经验升华或凭经验教学阶段（25年教龄以上）。从教师对自己成长历程的反思可以看出，观摩同行教学、聆听专家分析课堂教学实例与自己的反思相结合是教师发展自身课堂教学能力的主要途径。

在前一个研究中，我们发现，小学教师的教学设计能力与教师教龄、学校有关，访谈中我们还发现，除了遵循这一基本规律外，同一学校、相同学历与教龄的教师其教学设计能力亦有差别，而且随教龄增长，一些教师的教学设计能力明显高于其他相同起点的教师。这说明了个人成长的主动性——教师本人积极探索成长之路、主动进行教学反思与不断学习新知识是影响教师成长的重要因素。

四、建议与对策

1. 职前预备

为教学设计能力的发展奠基的师范院校是基础教育的“母机”。但长期以来，师范学校的课程结构中有关教学设计能力的课程只有“两学三法”。为提高师范院校毕业生的教学能力，必须完善师范学校的课程结构，打破传统的课程门类，融教育心理学、学习心理学、教学设计等理论于教育类课程之中。现在的师范生实习往往安排在毕业的最后一学期，实习看上去似乎被认为是理论的说明，而不是作为教师专业培训的主要部分和获得特殊教学技巧的手段。这种培养方式不利于学生理解教学过程，使得学生既不能理解所学理论的实际含义，更不利于教学设计能力的形成。

师范教育应同时拓宽学生的知识视野，激发学生不断学习和吸收新知识的动机，只有持续不断地学习和思考才能使得他们能够迅速适应教学的实际需要。

2. 职后培训：结合教师需要设计培训方案

小学教师课堂教学能力是一个持续发展的过程，必须通过经常的、持续不断的继续教育为他们职业生涯的可持续发展打好基础。同时还应针对不同教龄的教师设计不同的培训方案。本研究结果从他们关注的问题、遇到的困难、成长的道路几个方面为制定培训方案提供了实证基础。培训中既要给教师提供他们目前感兴趣的培训方案，又要看到他们在今后几年内最需要的发展方向，给予知识基础上的提高。

研究表明，教师的教学能力主要是在观摩同行的过程中发展起来的。因此，为提高教师教学设计能力应注重校本培训。

校本培训应紧紧围绕着学校和教师的实际状况和发展需要，使教师培训在与本校教学工作紧密结合的基础上，在教学实践中提高自己。例如，开展各种形式的教学设计观摩活动；在学校内部将优秀教师、老教师与青年教师结成师徒对子；在校内开展针对现有学生、教材、教学条件的教学设计活动和科研活动，使教师在教学科研中不断提高教学设计能力。

3. 形成先进教育理念：为能力的持续发展提供源泉

研究表明，教师个人发展道路的不同归根到底与教师对自身的要求和对教学工作的投入是分不开的。缺乏主体的积极参与，任何培训计划都不可能取得良好效果。因此“教师的自我教育应被看作是他们自修教育的一个重要因素”，其中教育理念和教学素养是教师自我修养与反思的主要内容。优秀教师和教育专家之所以出色，与他们执着的追求、高尚的师德和精湛的教育艺术有关，更与他们超前的教育理念密不可分。例如，魏书生、丁榕都是以先进的教育理念处理教育教学中千变万化的情况。从某种意义上讲，小学教师构建先进的教育教学理念比学习具体的教学设计行为更为重要。富有时代精神的理念构成了现代教学设计的理论基础。为了使教学设计能力获得长足发展，教师必须形成与反思自己在教学中实际持有的教学设计理念，从而在理念层面解决教学设计的指导思想问题。

参考文献

[1] 加涅,布里格斯,韦杰. 教学设计原理[M]. 上海:华东师范大学出版社,1999.

[2] 钟启泉. 从现代教学论看教学设计的原理与课题[J]. 教育研究,1987(7):55-58.

[3] 盛群力,李志超. 现代教学设计[M]. 杭州:浙江教育出版社,1998.

[4] 张景焕,金盛华,陈秀珍. 小学教师课堂教学设计能力的发展[J]. 心理发展与教育,2004(1):59-63.

[5] 余文森. 试论教学的三种基本能力[J]. 课程·教材·教法,1997(10):47-49.

[6] 毛景焕.课堂教学设计中的模型法探微[J].教育评论,2000(1):44-46.

[7] 徐英俊.教学设计[M].北京:教育科学出版社,2001.

[8] [委内瑞拉]赖莫斯,等.6000 万教师在何方?被世界教育改革忽视的声音[J].教育展望:中文版.1996(9):30-50.

[9] 赵中建.全球教育发展的历史轨迹——国际教育大会 60 年建议书[M].北京:教育科学出版社,1999(12):397.

[10] 万福.校本教师培训模式研究[J].教育研究,2002(1):24-26.

三、拓展阅读——教育调查研究

[1] 吴洪艳.中学中年教师心理健康状况调查研究[J].教育探索,2014(5):275.

[2]喻平.中学教师的数学教学认识信念的调查研究[J].教师教育学报,2014(2).

[3] 段若荧,廖峻.中学教师创造潜能开发意识和创新行为的调查研究理论综述[J].社会心理科学,2013(2-3):29.

[4] 杨金英,王静姝.宿迁市村镇小学生英语知识学习调查研究[J].考试周刊,2014(29).

[5] 周德锋.校本研修省级实验区基地学校中学生学习适应性的调查研究[J].考试周刊,2014(31).

[6] 杨文华.佤族中学生英语学习策略调查研究与对策[J].学园,2014(11).

[7] 庄弼.关于高中体育选项课可行性的实验研究[J].广州体育学院学报,1992(3):12.

[8] 沙红.天津市基础教育信息化发展的调查研究[J].中国远程教育,2007.10.

[9] 李红.我国高师科学教育专业教育实习的现状调查研究[D].西南大学,2009.

[10] 杨玉梅.我国高师师范专业顶岗实习实施效果现状调查研究[D].西南大学,2008.

[11] 陈雪.教师教育课程现状调查研究——以昆明师专为例[D].华东师范大学,2008.

[12] 郭张燕.农村基础教育信息化的调查与分析——以山西省长治市为例[D].浙江师范大学,2012.

[13] 斯幼敏.高中英语学困生的成因调查和转化对策——基于诸暨湄池中学的调查与分析[D].上海师范大学,2007.

[14] 刘改琳,张卫国.对大学生外语自主学习的调查研究[J].西安外国语学院学报,2005(04).

[15] 赵丽.农村留守儿童教育问题调查研究——基于河南南阳市A镇留守儿童现状调查[D].郑州大学,2013.

[16] 杨静.农村小学英语学习现状调查研究——基于对常熟市农村小学的调查[D].华东师范大学,2009.

[17] 刘万里.农村青少年心理发展的调查研究[J].山东省青年管理干部学院学报,2006(5).

第四节　实战体验：编制教育调查方案和问卷

一、制定一份教育调查研究方案

试联系本章所学内容，自行选题（或参考第二章“毕业论文开题报告”中所选课题），制定一份切实可行的教育调查研究方案。

二、编制一份教育调查问卷

试联系本章所学内容，自行选题（或参考第二章“毕业论文开题报告”中所选课题），根据问卷设计的要求和问卷的构成，自主设计一份教育调查问卷。

第五章　教育观察研究

学习目标

学习完本章后，你将能够：

1. 解释：教育观察研究、日记描述法、轶事描述法、连续记录法、行为核对表、等级评定法、时间取样、事件取样。
2. 说明教育观察研究的基本类型及其特点。
3. 说明教育观察研究的基本步骤及其操作要领。
4. 描述教育观察研究的记录方法。
5. 对观察行为进行操作性定义。
6. 设计教育观察记录表。

研究议题

1. 制订教育观察研究计划。
2. 编制教育观察记录表。

第一节　理论基础：教育观察研究

观察是人类科学认识中的重要实践活动，作为一种科学研究方法，其手段和功能都是随着科学的发展而发展的。观察法在教育研究中是一种最基本、最普遍的方法，它是研究主体获得感性经验和事实的根本途径，也是检验和发展假说的实践基础，观察法在教育研究中具有不可替代的重要地位。

一、教育观察研究概述

（一）教育观察的内涵

观察是人类感知世界、认识事物最基本、最古老的心理活动，“观”指“看”“听”等感知行为，“察”即分析研究。观察是指人们对周围存在事物的现象和过程的认识。它是一种有目的、有意识的感性认识活动，属于认识论范畴。其主要特点在于强调“自然发生”的条件下，对观察对象不加任何干预控制。英国著名科学家贝弗里奇指出：“所谓观察，不仅止于看见事物，还包括思维过程在内。一切观察都含有两个因素：感官知觉因素，通常是视觉；思维因素。”① 这就揭示了观察作为心智活动的本质特征。

观察法所指的是科学观察，它与人们的日常生活所说的观察含义不同。日常观察是对自然存在的现象随机的、自发的感知，无一定目的和计划，也不要求严格的记录。科学观察是人们在自然条件下，“通过感觉器官或借助科学仪器，有目的、有计划地感知客观对象从而获得科学事实的一种研究方法。”② 它有明确的目的、有系统的计划，选择观察对象，并要做严格而详细的观察记录。科学观察与日常观察是有区别的，科学观察具有日常观察所不具备的优点，但这并不意味着日常观察不重要。日常观察是科学研究观察的基础和初步形式。许多正式研究中的问题和假设，往往建立在研究者通过日常观察获得的经验和启示的基础上；在不具备条件开展正式观察研究时，也可以通过有意识地改进日常观察的方法来考察某些现象或问题。经改进的日常观察方法虽不如正式方法那么客观、可靠，但具有现实可行、方便简易等优点。因此，它是人们最早采用的一种研究方法，教育研究中的观察法属于科学观察。

教育观察是研究者有目的、有计划地运用自己的感觉器官或借助一定的仪器设备，有目的、有计划地对自然状态下发生的现象或行为进行系统、连续的考察、记录和分析，从而获取事实材料的教育研究方法。

（1）“感觉器官”和“仪器设备”是进行观察的两个基本途径：一般观察依赖于观察者的感觉器官来获取信息。如果有条件，也可利用现代化的仪器设备如照相、录音、录像等进行观察。

（2）“有目的、有计划”是指根据科学研究的任务，对于观察对象、观察范围、观察条件和观察方法做了明确的选择，而不是观察能作用于人感官的任何事物，正是这一点将人们的日常观察与科学研究观察区别开来。

（3）“在自然状态下”指对被观察的对象不加控制、不加干预、不影响其

---

① ［英］贝弗里奇.科学研究的艺术［M］.陈捷，译.北京：科学出版社，1979：105.

② 王海山，王续根.科学方法辞典［M］.杭州：浙江教育出版社，1992：53.

常态，使它们以其本来面目，客观、真实地呈现出来。

(4)“系统、连续”是指观察应是全面的、纵向跟踪的，而不是片面的、偶然的。

(5)“考察、记录、分析”是观察的基本过程，即通过仔细观察，详细记录，综合分析以获取对事实的了解和认识。中外教育史上，许多教育家就是从观察入手，使自己的观察结果记录成为教育研究中最宝贵的第一手资料。如前苏联著名教育家苏霍姆林斯基一生写了很多著作，大部分资料是靠长期的观察得来的。他为了研究道德教育问题，仔细观察和研究“差生”和“调皮学生”的心理状态、行为表现，曾先后为3 700名学生做了观察记录，能够指名道姓地说出25年中178名“最难教育”的学生的曲折成长过程。

(二)教育观察研究的基本类型

在具体的运用过程中，教育观察法因其具体的观察目的、内容、手段和方式的不同而区分为不同的类型，见表5－1。

表5－1　　教育观察研究的类型

分类标准	类　型	特　点
观察的环境条件是否进行控制和改变	实验观察	研究者对周围条件、观察环境、观察对象等观察变量做出一定的控制，采用标准化手段进行观察
	自然观察	对观察对象不加控制，在完全自然条件下精心观察
是否借助仪器设备	直接观察	凭借观察者的自身感官，在现场直接对观察对象进行的感知和描述
	间接观察	观察者借助一定的仪器设备或其他技术手段考察研究对象活动的方法
观察者是否参与被观察者的活动	参与观察	观察者直接参与到观察对象的活动之中，不暴露研究者真正身份，在参与活动中进行隐蔽性的内部观察
	非参与观察	指观察者不参加被观察者的任何活动，完全以“局外人”“旁观者”的身份进行观察
是否对观察活动进行严格的控制	有结构观察	在观察前有明确的观察目标、内容和范围，有详细的观察计划、步骤，有明确的观察指标体系和合理设计的可控性观察，而且在观察时严格按计划进行，能对整个观察过程进行系统的、有效的控制和完整全面的记录
	无结构观察	观察者只有一个总的观察目的和观察要求或仅有一个大致的观察范围和内容，没有详细的观察计划和观察指标体系，观察时要依据观察目的按观察者的理解有选择地记录观察结果

二、教育观察研究的实施程序

（一）界定研究问题，明确研究目的和意义

1. 界定研究问题，选择观察对象

科学观察之前，必须清楚观察是为了解决什么样的问题，要搜集哪方面的资料，即明确研究什么。在界定研究问题的同时，也基本上确定了观察对象。例如，研究学习困难学生的学习问题，其对象就是学习困难学生。确定观察对象包括确定总体范围和个案对象。如，要研究新分配到小学任教的大学毕业生在课余时间进行业务、文化进修的情况，那么，准备观察的总体就是有N年教龄的所有大学毕业生。在这一总体范围内，再确定具体观察哪几所学校，哪几个教研组中的哪些教师。只能划定具体的对象范围，才能使对象的选取具有代表性和典型性。

2. 明确观察目的和意义

观察目的是根据科研任务和观察对象的特点而确定的，即解决为什么观察。研究某个问题是为了达到一定的研究目的，但研究同样一个问题也可以达到不同的目的。比如研究学生的交往，既可以是为了弄清学生交往的范围、方式和对象等实际情况；也可以是为了研究学生的交往能力；还可以研究学生交往所持的价值观、所体现的思想道德等。

3. 确定观察内容和方式

确定观察内容指要确定要观察哪些具体的项目和行为，并对观察内容要进行操作性定义，即确定“观察什么”。合格的观察内容必须具备两个基本条件：一是准确地反映、体现或说明观察目的；二是能够被操作，即观察人员能够据此观察到应该观察的行为或事件。还需要明确界定观察内容在具体场景中的实际表现，包括行为表现、事件发生发展的标志等操作性定义。例如，美国社会学家贝尔斯对小群体的互动行为的研究，首先就应准确地理解什么是“互动行为”，其内涵与外延是什么，其次要说清楚“互动行为”的具体表现。人们可以从社会情感部分和工作任务部分加以观察。贝尔斯又详细给予这两部分以操作性定义。

根据观察目的、对象、内容以及观察条件，选择适当的观察类型和方法，即确定怎样观察的问题。不同类型的教育观察法各有其优缺点，具体的观察内容和相关的客观条件也各不相同，观察者要结合具体情况，注意各种观察法之间的互补，选择最有利于获得真实信息的最简捷的观察方法，从而经济地、有效地获得科学的结论。

（二）编制观察提纲，进入研究情境

对观察客体要进行明确的单位分类，对所观察的事物要确定最主要的方

向，观察提纲要有一定的灵活性和变通性，防止有效信息被遗漏。

1. 编制观察提纲

为了使观察内容进一步具体化，需要编制具体的观察提纲。观察提纲是由观察目的和有关理论假设来确定的，它以纲要的形式使观察的项目内容具体化。在拟定观察提纲时，最好先查阅与研究课题有关的文献，弄清有关变量的内涵，掌握一定的理论框架，并结合实际进行分析，然后拟定观察提纲。参与式观察是比较开放、灵活的，但也要事先有一个线索，为观察提供方向。提纲是可以根据实际情况修改的。

2. 编制观察记录表

观察记录是确保观察到的事实材料准确客观的重要一环。为使观察记录全面、系统和准确，就要编制观察记录表。一份好的观察记录表至少具有两方面的功能。一是指引功能。观察可依据记录表合理分配注意力，按要求实施观察，使观察者不至于遗漏重要内容或注意与研究课题无关的内容。二是记录功能。可以帮助观察者及时系统地记录下观察到的行为表现或事件，便于研究者进一步对观察所得的资料进行分析与整理。观察记录表是录音或录像所不能代替的。后者只是观察者研究查询的杂乱的、最原始的资料，没有实施与记录功能。

如何设计观察记录表？观察记录表因观察方式不同而应有所不同，其主要设计难点是行为事件的记录内容因不同的研究目的、不同观察类型而不同。所以，观察者应该从实际出发，依据不同的研究目的和观察类型，编制出切实可行的观察记录表。例如，若采用时间取样观察法，则应在特定时间内对观察对象可能有的行为事件做尽可能全面的预计，并设计在记录表内。

3. 制定观察记录代码系统

不同类型的观察尽管在记录表的设计上有所不同，但有一点要求是绝对共同的，即快速准确的记录。怎样才能快速准确地记录观察结果呢？一是训练观察人员的记录速度；二是制定观察代码系统。

观察记录代码系统是研究者为方便地记录有意义的、可以观察和处理的行为类别或行为单位而制定的一套符号系统，也就是行为类别或单位与符号之间建立起对应关系。即用一些数字、字母、符号等表示一定的事件和行为单位。常用的代码系统有数字型和符号型两种。[①] 例如，数字代码：（1）听讲；（2）笔记；（3）提问；（4）回答；（5）练习；（6）讨论。符号代码：○表情丰富；◎有些表情；●无表情；△思维敏锐；◇主动思考；▽思维迟钝；☆做游戏；♀跳绳；□跳远；╳错误行为。

① 杨小微. 小学教育科学研究[M]. 北京：北京师范大学出版社，2001：79.

4. 制订观察计划

确定了观察目的，又收集了有关观察对象的材料，并进行试探性的观察后，就应深思熟虑地制订出观察计划，使观察有计划、有步骤、全面系统地进行。观察计划一般应包括如下内容：

（1）研究课题；

（2）观察目的和任务；

（3）观察对象和范围；

（4）观察内容：列出需要通过观察获得材料的要目；

（5）观察步骤和时间安排：包括选择观察的途径、安排观察的时间，次数和位置、选择观察的方法和掌握观察的密度等；

（6）观察方法和手段：选用哪种具体的观察方法，采用什么观察仪器设备以及观察记录表格和速记符号等；

（7）观察人员的组织分工；

（8）观察的应变措施和注意事项：根据观察的特点，列出为保持观察对象常态的有关规定。

5. 训练观察人员

有些研究项目的观察对象较多，观察时间较长，为了提高研究的效率，确保如期完成研究任务，可以由数名观察人员分工负责，共同完成观察任务，但并不是任何人都能承担观察任务的，因为：一是未经训练的观察人员往往缺乏观察的背景知识，不能很好地理解观察目的，不一定能抓住核心事件，也不可能知道如何记录观察结果。二是在一般情况下他们很容易受主观倾向的制约，影响观察的客观性。常见的主观倾向有晕轮效应、宽大效应、趋中效应等。三是不论主客观因素，任何未经严格训练的观察人员都有可能在观察和记录的过程中产生较多的错误，因此要保证观察研究的结果可靠、系统，有必要在搜集观察资料之前对观察人员进行挑选、训练。一般来说，只有当不同观察人员的观察达到80%以上的一致性时，培训任务才可告结束。通常对观察人员的要求有：其一，能准确理解课题研究的背景与目的意义，确切地把握将要进行的观察的目标。其二，熟悉所采用的观察方法的特点、观察过程和技巧。其三，掌握观察内容，熟悉其操作性定义，会快速准确地记录观察结果。

6. 进入研究情境

教育观察大多是在行为或事件发生的现场进行的，在很多场合下属于现场观察的范畴。教育现场观察是指观察人员在行为或事件发生的现场进行的观察。进入观察场所时，在尽量不影响被观察者常态的情况下，选择最佳观察角度。参与观察还必须与观察对象建立友善关系。要获准进入现场实施观察，观察者要做到：第一，备有可信的证明文件，使观察对象相信观察者具有合法的身份和合理的研究目的。当然，教师若对自己工作范围内的对象进行观察，是不会存在什么问题的。第二，了解观察对象的风俗、习惯等文化背景，使研究者消除对观察对象的“陌生感”。第三，与观察对象建立友善关系，使观察对象乐意接纳观察者，乐意为观察者提供必要的条件，最好能在得到允许的基础上取得有关人员的积极配合。

（三）实施观察，收集、记录资料

采用事先准备好的观察策略和技术手段，实施有计划、有步骤、全面而系统的观察。通过检索资料、专家访谈等，搜集有关观察对象的文献资料，对观察到的现象进行记录。记录资料有许多技巧，如观察者如何将资料记录下来？什么时候记录？一般来说，观察所要记录的资料范围很广，包括所观察的全部行为模式、行为所发生的时间、频率及持续时间，有关行为发生的背景等，有时候还需要记录一些文字性资料，如生平简介、学校文件等。

1. 实施观察

实施观察是教育观察的核心阶段。实施观察要注意看、听、问、思、记等互相配合，达到最佳效果。

（1）观看。这是最主要的方式。凡是与观察目的有关的行为反应和各种现象都要仔细察看。

（2）倾听。现场发现的声音都要听，尤其是观察对象的发言更要听仔细。

（3）询问。内部观察时，观察者可面对面询问观察对象有关问题。例如，这个问题你是怎么想的？

（4）查看。现场查看与观察目的有关的资料。

（5）思考。从现场开始获取信息时就要进行思考、分析，随着观察活动的深入进行，观察资料的积累，逐步形成自己的初步看法。

2. 收集、记录资料

人们不能将自己的所见所闻全都牢记和回忆起来，做好观察记录实质上是实施观察的一部分，是确保观察到的材料准确、客观的重要一环，观察记录应力求全面、准确、有序。“全面”是指根据观察内容将全部情况记录下来，不能随意丢掉一些现象，否则就可能导致整个观察的失败。“准确”指尊重客观事实，有什么记什么，不能凭主观想象，更不能凭空捏造。“有序”即要按事情发展的固有顺序记录，不能随意颠倒。

常用的记录方法有描述记录法、取样记录法、行为核对表等。叙兹曼和施特劳斯提出一种现场观察记录的格式，把记录分四部分：第一，实地笔记，用来记录观察者看到和听到的事实性内容；第二，个人笔记，用来记录观察者个人在观察时的感受和想法；第三，方法笔记，用来记录观察者所使用的方法及其作用；第四，理论笔记，用来记录观察者对观察资料进行的初步理论分析。①

表 5－2 是一位观察者采用叙兹曼和施特劳斯的现场记录格式，记录他从中午 12：00～12：30 在一所大学的食堂里做的观察。他将自己所看到、听到和想到的事情分别填入表 5－2 中有关的栏目里。

表 5－2　　实地观察记录表

实地笔记	个人笔记	方法笔记	理论笔记
12：00：食堂里大约有 300 人，10 个窗口前队伍平均有 4 米长	我感觉很拥挤	这个数字是我的估计，不一定准确	中午 12 点似乎是学生就餐的高潮
12：05：在卖馅饼的窗口排了一个足有两米长的队，而且排队的大部分（大约四分之三）是男生	我想是不是今天的馅饼特别好吃？是不是男生特别喜欢吃馅饼？	我站在离卖馅饼的窗口有 5 米远的地方，看不清楚馅饼的质量，不知道这些人买馅饼是否因为馅饼好吃	也许买某一样食物的人数与该食物的质量之间有正相关关系？
12：10：食堂里有 5 对成双的男女坐在一起吃饭，两个人坐得很靠近，都是男的坐在女的左手边	也许他们是恋人	我只是根据他们坐在一起的亲密样子判断他们是恋人，这个猜想需要进一步检验	也许在食堂里就餐时，男生习惯于坐在女生的左手边？
12：05：一位女生将一勺菜送到旁边男生的嘴边，望着对方的眼睛说："想不想吃这个菜？"	为什么这些"恋人"在公共食堂里如此"放肆"？！我对此有反感	我现在与他们坐在同一张桌上，可以听到他们的对话	似乎女生喜欢主动向男生"献殷勤"，这一点与我平时的印象不一样，需要进一步观察和检验

（四）分析资料，得出研究结论

整理观察记录，分析观察数据。最好能在短期内进行分析和总结，这样可以避免由于事过境迁而无法准确地对资料做出解析。在分析资料时，应努力了解被观察者的真实意图。资料分析的内容较多，其核心是要体现资料的各个部分间的内容联系，从而提示行为的深层意义。最后根据对数据分析，结合相关理论得出研究的结论。

1. 观察资料的整理与分析

（1）对记录的整理。首先对所记录资料的准确性、完整性，资料是否有助于达到观察目的进行审核，并对记录进行必要的修补。即改掉明显错误的

① 陈向明. 质的研究方法与社会学研究[M]. 北京：教育科学出版社，2000：248.

地方，补充遗漏的资料等。观察资料整理分析的一般步骤：第一步，对资料初步整理，以确保资料的准确性和完整性；第二步，对原始资料再次整理，进行编码、分类；第三步，在整体把握观察事件的基础上，确定分析单位和进一步分析的分析工具与框架；第四步，借助于确立的概念和分析工具，对原始资料进行量化处理（行为的分布统计和差异检验）、定性分析和建构理论。

（2）分类与编码。编码是用分析的概念或者数字、符号对记录的文字进行标注。编码要根据研究的课题来设计。常见编码有：①过程编码，指对事物过程和状态的编码，其编码名称主要是时期、阶段、步骤等。②活动编码，即对经常发生的活动或者行为按照一定的种类进行的编码。③策略编码，是对人们完成一定任务所用方法、策略的编码，比如对学生的学习策略可以用“浅层次策略”“深层次策略”来标注。

分类是在编码的基础上，把同一类编码的资料归拢在一起，装在文件夹里，然后在每一个编码题目的下面，标出资料所在的页码、行数等，并把各处的资料编上序号。

（3）量化处理。量化处理是对经过编码分类的资料，运用数学的统计的方法进行加总、求平均、求百分比、进行差异检验等。

（4）建立扎根理论。所谓扎根理论，是指从经验的基础上建立理论。研究者在研究开始之前，一般没有理论假设，直接从原始资料中归纳出概念或命题，然后上升到理论。它是一种自下而上建立理论的方法，即在系统搜集资料的基础上，寻找反映社会现象的核心概念，然后通过在这些概念之间建立起联系而形成理论。扎根理论的操作程序是：第一，对资料进行逐级登录，从资料中产生概念；第二，不断对资料和概念进行比较；第三，发展理论性概念，建立概念和概念之间的联系；第四，理论性抽样，研究者不断地就资料的内容建立假设，通过资料和假设之间的轮回比较产生理论，然后使用这些理论对资料进行编码；第五，建构理论，使理论中的概念本身得到充分发展，密度比较大，内容比较丰富，而且理论中每一个概念应该与其他概念之间具有系统的、内在的联系，具有整合性。

2. 撰写观察研究报告

教育观察报告是教育观察研究的成果表现形式。教育观察的不同类型会影响教育观察报告的形式，一般包括研究背景、研究步骤、研究结果和讨论三个主要部分。在观察研究报告中写清楚观察对象的自然情况，观察过程中出现的现象，包括现象发生的背景、观察资料的统计结果以及根据结果所得出的结论。研究结论可以是发现规律，也可能是发现问题。

三、教育观察研究的记录方法

（一）描述记录

描述记录指通过详细记录事件或行为发生、发展的过程而获得资料的方法。它主要包括日记描述法、轶事记录法和连续记录法。

1. 日记描述法

日记描述法又称儿童传记法，是对观察对象进行长期的跟踪观察，以日记形式描述性地记录观察对象行为表现的方法。裴斯泰洛齐最早使用日记记录的方法来研究儿童的行为，我国最早采用日记描述法进行观察研究的是著名儿童教育家陈鹤琴。用日记形式描述记录儿童的行为表现，可分为综合日记和主题日记。综合日记是记录儿童身心发展各方面具有重要意义的行为现象；主题日记主要跟踪记录儿童某一方面的新进展，如语言、认知、情绪等。皮亚杰就是以主题日记形式对自己孩子的认识发展进行观察研究的。这种方法适用于作为儿童家长的研究者和作为研究者的保育人员。

日记描述法的优点表现在：在日常生活中边观察边记录，能系统地获取儿童身心发展的连续变化；能提供较长期的、较详细的第一手资料；由于观察是在自然情境中持续进行的，资料较真实可靠；常用于个案研究和人种学研究，有利于对行为进行定性分析。日记描述法的局限性是：往往只对个别被试进行观察，缺乏代表性；一般是以自己的孩子或亲属作为被试，被试的选择具有偏向性；观察记录很有可能带有感情色彩或主观偏见；要求观察者持之以恒，长期跟踪观察，需要花费大量的时间和精力。

2. 轶事描述法

轶事是指独特的事件。轶事记录法是观察者将感兴趣的并且认为有价值的、有意义的行为和反应，以及可表现被试个性的行为事件，随时记录下来，供日后分析用的一种观察方法。轶事记录法观察记录的内容可以是典型的行为表现，也可以是异常的行为表现；可以是表现儿童个性的行为事件，也可以是反映儿童身心发展某一方面的行为事件。

轶事记录是有主题的，记录的是被试独特的行为或事件。通常要求将行为或事件发生的过程客观、准确、具体、完整地记录下来，不仅要记录被试的行为、言谈，还要记录被试行为发生的背景以及与之联系的其他在场儿童的活动，记录的词句要准确、客观，如实反映情况。另外，观察者的主观评价和解释与行为事实的客观描述要严格地区分开来，以免将客观事实与主观判断相混淆。由于轶事记录往往是在事件发生后的追记，一定要及时记录，以免时间长了，受记忆误差的影响，危及所记事实的客观性。

轶事记录法运用简单、方便、灵活，无需编制观察记录表格，是教师常用的一种方法。但由于轶事记录是记录观察者认为有意义的事件，所记录的事件常会带有主观倾向。另外，轶事记录往往不是现场记录，而是事后追记，回忆的内容与事实可能会有出入。

3. 连续记录法

连续记录法也叫实况详录法，是指观察者对自然发生的事件或行为在一定时间内做连续而详细的记录。它是从日记描述法和轶事记录法发展而来，也是研究早期儿童的一种有效手段。与日记描述法不同的是，日记法是较长时间的连续，一般由父母或较亲近的人来进行，而连续法持续的时间相对较短，如半小时、一小时、半天或一天；与轶事记录法相比，没有设立主题且记录更详尽完整。在连续记录过程中，要注意不要将描述与解释、评价混为一谈。连续记录时可用手记，也可用录音机或录像机等把观察到的情况实录下来，然后进行书面整理。如果人工书面连续记录，应忠实地观察记录，客观地描述事实；记录完后，再对描述的事实进行解释和评价，两者必须严格地区分开来。

连续记录法能提供较为详尽的行为信息和行为发生的背景信息，记录下来的资料可较完整地保存所发生的行为或事件，可供反复观察与分析用。连续记录的局限性在于对记录的技术要求较高，通常要用现代化的观察设备，代价较大，另外需要花费较多的时间和精力来加工处理原始的记录资料。

（二）取样记录

取样记录于20世纪20年代后兴起，是一种以行为为样本的记录方法，较描述观察具有更好的客观性、可控性和有效性。既可以获得可靠的观察资料，又节省了人力、物力和时间。它包括时间取样和事件取样。

1. 时间取样

时间取样法是以时间作为选择标准，指研究者在特定的时间内观察记录所发生的特定行为。它与描述性观察的不同之处在于不必详尽地记录、描述被试的行为表现，只需在预先确定的时间段里观察记录确定的行为发生与否、发生的次数以及持续的时间。

时间取样法观察的主要步骤：一是确定观察的时间，要求每隔一定的时间间隔，按某种选定的时段进行观察。如持续观察3周，周一至周五的每上午8～9时，对每个学生观察5分钟。二是确定观察的内容，将观察内容具体细分为可描述的、可观察的行为或现象，并对含糊的或可能产生歧义的行为或现象下操作性定义。三是确定观察的指标。时间取样观察的主要指标有：规定时间内某种行为是否出现及出现的种类；规定时间内行为发生的频率；规定时间内行为的持续时间等。四是根据观察内容设计系统的观察记录表（见表5-3）。[①] 五是实施观察，做好观察记录。六是整理观察资料，并做出研究结论。

表5-3　　学前儿童社会参与性活动观察记录表

时　间	儿童代码	活动类型					
		无所事事	旁　观	单独游戏	平行游戏	联合游戏	合作游戏

时间取样法适用于经常发生的行为和外显的宜于观测的行为，如儿童遵守纪律情况、儿童分享行为、儿童依赖行为、师生交往活动类型等。儿童不常出现的行为、不易观测的内在行为不适用此法，如儿童的同情心、成功、失败等。

时间取样法要求事先作大量的准备工作，这在一定程度上克服了观察者的主观偏见，使观察到的行为具有客观性。另外，时间取样法可以收集到关于行为频率的资料，供定量分析之用。所以说时间取样观察具有控制性、定量化、省时省力、自然真实等优势；但时间取样法的研究范围只限于出现频率高的外显行为和事件；只能获取行为的频率资料，不能保留行为的具体内容；观察内容较零碎，难以从整体上揭示行为的因果关系。

时间取样法的典型例子是帕顿（M. B. Parten）20世纪20年代中期进行的一项有关学前儿童在游戏中的社会参与程度的研究。[②] 她根据儿童在游戏中的社会参与程度，将游戏分成6种活动类型：无所事事、旁观、单独游戏、平行游戏、联合游戏、合作游戏，并对每一类型赋予操作定义，并设计了观察记录表。

帕顿儿童社会参与性活动类型操作定义如下：

（1）无所事事。幼儿未参与任何游戏活动或社会交往，只是随意观望任何可能引起兴趣的情境。如没有可观望的就玩弄自己的身体，或走来走去，跟从

① 王坚红.学前儿童发展与教育科学研究方法[M].人民教育出版社，1991：77.

② [美]帕顿.学前儿童的社会性参与活动[J].异常与社会心理学杂志，1932：243-269.

老师，或站在一边东张西望。

（2）旁观。幼儿基本上是观看别的孩子游戏，可能与那几个孩子说几句话、问几个问题，或提供某种建议，但不参与其游戏。始终站在离那些孩子较远的地方，故可听见他们说话，了解他们玩的情况。与无所事事的幼儿的区别是，旁观幼儿对某一组（或几组）同伴的活动有固定的兴趣，不像前者对所有的组均无特别兴趣，一直处于游离状态。

（3）单独游戏。幼儿独自游戏，在近处有其他幼儿在用不同玩具游戏，但幼儿不做任何努力设法接近他人或与别人说话，只专注于自己的活动，不受别人影响。

（4）平行游戏。尽管别的幼儿在旁边用同样的玩具游戏，幼儿仍独自玩，不想影响他人，也不受别人影响。因而他们只是在旁边各自玩而不是一起玩。

（5）联合游戏。幼儿与其他孩子一起玩，分享玩具与设备，相互追随，有控制别人的企图，但并不强烈。幼儿们从事相似的活动，但无组织与分工，每人做自己想做的事，而不把兴趣首先放在小组活动上。

（6）合作游戏。幼儿在为某种目的而组织起来的小组里游戏，如用某种材料编制东西，竞赛、玩正式的游戏等。具有“我们”的概念，知道谁属于哪个组。有1~2个领头者左右着小组活动的方向，故要求角色分工，并相互帮助，支持这种分工角色的执行。

帕顿在规定的游戏时间内，依次观察每个儿童一分钟，并根据儿童社会参与程度和6种游戏类型的操作定义，判断每个儿童这一分钟的行为属于哪种类型，记入观察记录表。通过对一系列观察资料的整理分析，表明2~5岁学前儿童的社会参与程度随年龄的增长表现出一定的顺序性，即年龄较小的儿童往往喜欢单独游戏，随着年龄的增长逐渐发展到平行游戏，再发展到社会化程度较高的联合游戏和合作游戏。

2. 事件取样

事件取样法是以特定的行为或事件的发生为取样标准，是指对某种与研究目的有关的、预先确定了的、有代表性的行为或现象的背景、起因、经过、结果、持续时间等方面进行观察和记录。例如，进行女中学生的学业负担、月经和焦虑情绪的相关性研究，这就确定了在较长时间内（如一年），对一定数量女学生的月经情况、学业负担情况（规定几个统一标准）和焦虑情绪（确定几个指标的不同程度级）进行系统全面的观察和记录。这样就可以获得有关的发展变化过程的材料，为研究其相关性提供依据。

事件取样法的准备工作大致是：首先确定所要观察的行为或事件的类型，通常这些行为呈现频率应比较高，如儿童的争执行为、伙伴之间的友好行为、对成人的依赖性、儿童的社交能力等；然后对选择的行为进行分类，设计行为观察记录表，如幼儿争执事件记录表（见表5－4）；[①] 最后到观察现场，守株待兔式地等候所选行为或事件的发生。

表5－4　　幼儿争执事件记录表

儿　童	年　龄	性　别	争执持续时间	发生背景	行为性质	做什么说什么	结　果	影　响

事件取样法是在自然情境中进行的观察，它比时间取样法的研究范围更广泛。它既可获取有代表性的行为样本，又可观察行为事件的全过程，还可得到与行为事件有关的背景材料，有助于分析行为事件的因果关系。另外，研究者根据预先制定好的行为事件编码记录，目标明确，资料集中，整体化程度较高。但是，儿童在不同时间、不同场合发生的同类行为有时具有不同的含义，在运用事件取样法应特别注意记录与分析行为事件发生的情境与背景。事件取样主要收集定性的资料，不利于进行定量化统计分析。事件取样对目标行为的观察记录仍然有片面嫌疑。

事件取样法的典型例子是道（H. C. Dawe）20世纪30年代初进行的一项有关学前儿童争执行为的研究。[②] 该研究的观察行为是幼儿园儿童在自由活动时间内自发产生的争执事件，观察对象为40名2～5岁的儿童，其中男性19人，女性21人，观察过程是争执事件一发生便用秒表计时，并按事先拟定好的观察记录内容填写观察记录表。

观察记录表的主要内容包括以下几点：①争执者的姓名、年龄、性别；②争执持续的时间；③争执发生的背景、起因；④争执什么（玩具、领导权等）；⑤争执者所扮演的角色（侵犯者、报复者、反抗者、被动接受者等）；⑥争执时的特殊言语或动作；⑦结局如何（被迫让步、自愿让步、和解、由其他儿童干预解决、由教师干预解决等）；⑧后果与影响（高兴、愤恨、不满等）。

经三个多月共58小时的观察，记录了争执事件200例。观察结果是：200例争执事件中68例发生于室外，132例发生于室内；平均每小时发生争执事件3～4次；争执时间持续1分钟以上的只有13例；平均争执持续时间不到24

① 王坚红. 学前儿童发展与教育科学研究方法[M]. 北京：人民教育出版社，1991：82.

② [美]道. 学前儿童争执事件200例分析[J]. 儿童发展，1934（5）：139-157.

秒；室内争执持续时间比室外争执持续时间短；男孩争执多于女孩，攻击性水平也高于女孩；争执常发生在不同年龄组、相同性别的儿童之间；随年龄增长，争执事件减少，侵犯性质增强；几乎所有的争执都伴有动作，如冲击、推拉等，争执中，偶尔有大声地喊叫或哭泣，但无声争执占大多数；导致争执发生的原因往往是对占有物品的不同意见；大多数争执自行平息，往往是年幼儿童被迫服从年长儿童或年长儿童自愿退出争执；争执平息后，恢复常态很快，无耿耿于怀、愤恨的征候。

事件取样法与时间取样法有所不同：①事件取样法不受时间间隔和时段规定的限制，在自然情境中一旦所要观察的行为或事件出现，便立即进行观察记录，而时间取样法必须严格遵守事先规定的观察时间，在规定的时间段里进行观察记录；②事件取样法注重的是特定行为或事件的特征和全过程，关心的是行为如何发生、如何变化、结果如何等问题，而时间取样法则注重在规定时段中预定的行为呈现与否、呈现的频率以及持续的时间；③在记录方法上，事件取样法既可采用时间取样法的行为分类系统，也可将这种分类系统与实况详录法的描述性记录结合起来使用；④相比较而言，时间取样较适合专业研究者使用，而事件取样则较适合于教师使用；⑤二者所获得的结果不同。

（三）观察评定法

1. 行为核对表

行为检核表又称清单法，或查核清单法。它是将要观察的行为项目排列成清单式的表格，在这些行为项目旁边标明是否出现的两种选择，然后通过现场观察，检查核对该行为是否呈现的一种方法。即观察者将规定观察的项目预先列出表格，当出现此行为时，就在该项下面划钩。主要是用来核对重要行为出现与否，不提供行为性质的资料。

实施行为检核法必须事先制定观察表格，即观察清单，列出要观测的具体项目，并按一定逻辑顺序排列项目。观察可以在一定的场合，在规定的时间段内进行，只要所列行为一出现，便立刻标记。有时行为检核表有些类似于智力测验，在观察实施中给予某些特定的指导语，要求儿童完成某项任务，以观察儿童的反应。表 5－5 可用来观察了解儿童对物体的基本形状的理解。[1]

---

① 陶保平. 学前教育科研方法[M]. 北京：北京师范大学出版社，1999：107.

表 5-5　　6 岁儿童对形状及数概念理解的行为检核表

儿童姓名______	性别______	记录者______	
观测内容	能	不能	日期
按名称指出图形：圆形	______	______	______
正方形	______	______	______
三角形	______	______	______
菱形	______	______	______
长方形	______	______	______
椭圆形	______	______	______
数数：从 1 数到 100	______	______	______
从 10 倒数到 1	______	______	______
用偶数数到 20	______	______	______
用奇数数到 19	______	______	______
5 个 5 个数到 50	______	______	______
10 以内的加减法运算	______	______	______

行为检核法既可以用来诊断儿童身心各方面的发展状况，也可用来测量教育干预后产生的效果。教师可根据实际情况，对儿童的行为表现做出记录。行为检核法目标明确，操作简单，省时，并且具有诊断、测量的功能；但它只判断行为呈现与否，不保留原始实况，包括行为产生的详细情况和背景资料。行为检核法在观察研究中较为常用，适用范围较广，可与其他研究方法如调查法、测验法等结合使用。

2. 等级评定法

等级评定法是对观察对象进行观察后，用等级评定量表对所观察的行为事件的特征加以评定的一种方法。等级评定法不必对每次观察的具体事实进行描述或记录，而是在观察之后，按评定量表规定的项目，凭借总体印象，对观察对象的行为特征给予数量化的评定，即用数量化的形式来判断行为事件在程度上的差异。此法简便易行，实践中运用较为广泛。

等级评定法通常采用的量表形式有数字评定量表和描述评定量表。数字评定量表是用数字来代替等级内容的描述，即对所要描述的等级类型赋予数字顺序。描述评定量表是以文字来描述各类行为的价值程度。通常对文字描述的等级类型赋予数字便可转换成数字评定量表。等级评定法适用范围广泛，操作简单，比较经济。在教育研究中经常使用，如教师给儿童的思想品德打分，给儿童的作业评定优、良、中、差等，都是等级评定法的实际运用。但是，等级评定法本质上是主观的，它关注的是事物质的方面，常会伴有观察者的主观偏见。另外，由于观察者对等级评定标准的理解不一致，容易造成评定等级的误差。

第二节　教育观察记录表示例

小班幼儿教师体态语观察表①

教师五大类体态语言中各种行为出现频次、所占频率及效果观察表

教师体态语言		频次（次）	百分比（%）	呈现积极效果	呈现消极效果
符号性体态语	竖拇指				
	伸出食指				
	抬　手				
	鼓　掌				
	握　手				
	点　头				
	摇　头				
说明性体态语	与教学内容有关				
	与教学内容无关				
表露性体态语	环　视				
	注　视				
	盯　视				
	瞪　视				
	眨　眼				
	垂　眼				
	亲　切				
	严　肃				
	愤　怒				

① 樊静.游戏活动中幼儿教师体态语言的运用艺术[D].滨州学院,2014.

续表

教师体态语言		频次（次）		百分比（%）		呈现积极效果	呈现消极效果
适应性体态语	背手						
	双臂交叉胸前						
	叠腿						
调节性体态语	打哈欠						
	腿部抖动						

研究行为的操作性定义

在以往研究成果的基础上，本研究主要参照李振村等人对体态语的分类，结合幼儿教师体态语的特点和实际的观察，经过预观察进行修改，最终记录整理了幼儿教师游戏中常出现的五大类型体态语作为研究行为并进行操作界定。幼儿教师体态语五大类型具体表现如下：

符号性体态语：竖起大拇指表示对孩子的赞叹、敬佩；鼓掌表示对孩子的肯定；伸出食指时一般表示为提示“请安静”，“请幼儿注意接下来要明白的与教学有关的内容”；抬手表示起立、跳跃等；握手表示师生之间的交流，能拉近孩子与教师的距离；点头表示对幼儿的称赞和肯定；摇头表示对孩子行为状态的不满意，制止。

说明性体态语：教师在主题游戏活动中，对所讲的内容进行体态上的说明，更好地渲染活动的气氛，帮助幼儿形象生动地理解。当然，教师在活动过程也会产生某些容易分散幼儿注意力的体态。

表露性体态语：（1）在游戏之前、提问之后、游戏过程中、集体活动开始之前目光较大范围内做环状扫描的表示环视，可使幼儿感受到自己被关注；（2）目光较长时间固定在个别幼儿与其进行眼神交流表示为注视，可起到批评学生不良行为的作用，同时也表现在教师亲切真挚的期待幼儿回应，给幼儿以心理上的鼓励；（3）对幼儿瞪大两眼盯视的表示为瞪视，可维持教学秩序，但有时也会造成幼儿内心恐惧；（4）在游戏教学中教师对幼儿挤眉弄眼表示为眨眼，学生会认为教师油头滑脑，忌用；(5) 当幼儿贴近老师或向老师寻求帮助时视线下垂，切断与幼儿的眼神交流，对孩子嫌弃、冷淡表示为垂眼，忌用；(6) 面露微笑，嘴角微翘表示为亲切，是工作的常态，要时常运用，保护幼儿脆弱的心灵；(7) 教师在情景性的游戏中整个面部凝重，让幼儿感受特定情感时的表情表示为严肃，有积极的作用；(8) 对幼儿行为不满时施加的有震慑力量语言时伴有的表情表示为愤怒。

调节性体态语：教师对着幼儿打哈欠，会给幼儿无精打采没有活力的感觉，可能会使幼儿不听话、秩序混乱；教师在孩子面前腿部抖动的行为比较常见，容易造成幼儿模仿，不仅显得老师轻浮，而且还让孩子形成不好的行为习惯。

适应性体态语：(1) 背手在游戏教学中会无法做出一些辅助言语行为的动作，会不符合幼儿教学形式的标准，影响幼儿对活动的兴趣，达不到预期的目标；(2) 双臂交叉胸前会给幼儿一种威严感，不能融入孩子的世界，也就不能与孩子建立良好的感情，会有消极效果；(3) 作为教师，叠腿是一种不雅的行为习惯，幼儿极易模仿，教师要注意。

第三节　教育观察报告导读

一、教育观察报告示例

教学对话中的师生话语权——来自课堂的观察研究①

摘要：通过课堂观察研究，从话语、话题、话权三个层面审视师生在课堂对话中的言说方式和教师话语霸权的实现途径，揭示出教学对话的深层机理和必须关注的一系列问题。

① 黄伟.教学对话中的师生话语权——来自课堂的观察研究[J].教育研究与实验,2009(6).

关键词： 言说方式　话语霸权　对话　话语　话题　话权

一、研究的背景与问题的提出

当代课堂教学正从教师独白式向师生对话式转型，与此相应，教师话语霸权作为独白式教学的症候受到审查和批判。但是，以下问题如果得不到厘清和解释，对话教学就难以落实，对教师话语霸权的批判就非但无力，反而会误伤：(1) 教师话语霸权是如何实现的？(2) 如何理解和区分教师正当的话语权力与话语霸权？(3) 建立对话式的课堂教学我们还有哪些具体的工作要做？带着这些问题，我们对课堂教学进行了自然观察。

二、研究内容与目的

本项研究的内容与目的为：

其一，观察、了解教师和学生在课堂上的对话交流的言语方式。或者说，师生在课堂上的对话，主要运用的话语形式是什么，它们说明了什么问题。

其二，从言语形式的视角观察。了解课堂教学中教师和学生的对话是如何生成与展开、推进与转换的，其生成与展开推进与转换的形态特征说明了什么问题。

其三，教师和学生在课堂上话语权是怎样掌控的，各自在多大程度上使用了话语权，揭示教师话语霸权实现的途径。

将以上三点归为一点，即：本研究试图探明课堂上师生话语权的掌控状况，由此可以透析当前倡导民主对话的课堂教学的实然状态和应然追求。

三、观察的对象

观察对象是较为发达的中等城市的4所小学和初中，其中2所为市内的学校，4所为郊区和农村学校。小学为四、五年级，初中为一、二年级。之所以选择这几类学校，是出于以下几个因素的考虑：

其一，较为发达的中等城市的中小学课堂，师生对话具有一定的基础，只有在具有一定的对话基础的课堂上，我们观察对话的各个要素及其相互关系才能找到合适的“样例”；其二，较为发达的城市的郊区和农村中小学，总体水平略高于内地的、偏远的农村中小学，其师生对话的程度也略高于内地的、偏远的农村中小学。选择这样的

“样例”能够较为清晰地观测到当前课堂对话已经达到的水平，因而具有一定的代表性。

观察的课堂教学均是常态课。观察者进入课堂观察前不说明观察的目的和内容，只是向授课教师提出“允许观课”之类的协商和请求。由于几所学校与研究者均有良好的合作基础，“观课请求”没有受到过拒绝，也没有发生让授课教师感到为难的情形。所观察的课堂教学形态均是“新授课”，没有观察“复习课”“作业课”，选择这样的课型有利于观察目的的实现。之所以没有观察初中三年级，主要考虑初三的复习课、备考课较多。

四、观察框架说明与结果分析

（一）框架中的项目解释

本次观察项目为话语、话题、话权话语，是指课堂上师生对话的话语行为或话语形式。根据吴康宁等人的研究，师生课堂教学中的话语行为可分为“提问”“要求”“评价”“答复”四类[1]。在此基础上，为研究的方便，本研究把“提问”“答复”归并为“问答”，要求“评价”归并为“交谈”。通过这两类话语形式的考察和比较，能够说明课堂教学中主要言说行为是什么，师生各自运用了怎样的言说方式。在“话题”项目下，分为话题“设置”、话题“重组”、话题“转移”三项。这三项分别考察的是：课堂对话的话题是由谁设置的，主要是源自教师还是学生；在对话过程中，当话题有所偏离的时候，是由谁（教师或是学生）重新组织、再次推进的；当一轮对话结束时，是由谁（教师或是学生）使话题发生转移的。通过这三项内容的考察，可以清晰地看出，在对话中，言说双方的主从地位，各自起到何种作用。在“话权”的项目下，分为话权“掌控”、话权“移交”和话权“获取”。所谓话权掌控，是指谁具有言说的权力并能够进行言说的行为；所谓话权移交，指说话者自己的一轮说话结束时，把下一轮说话的机会和权力移交分配给另一个需要或可以说话的人，从中可以看出话语的移交权，移交权实质是掌控权的另一表现形式；所谓话权获取，是指在没有得到移交或没有得到分配的情况下（即没有得到授权的情况下），通过一定方式主动取得截取说话权力的行为。通过这三项内容的考察，可以清晰地看到，在对话过程中，言说双方各自拥有怎样的权力，又是怎样运作了这些权力，这些权力的运作对对话的过程与走向起到什么样的作用。

（二）观察结果及其分析

师生在课堂上对话语、话题、话权的运作在下表中得到较为充分的反映。

观察项目及频次统计表

项目	话语						话题						话权					
内容	问		答		交谈		设置		重组		转换		掌控		移交		获取	
次数 / 序号	师	生	师	生	师	生	师	生	师	生	师	生	师	生	师	生	师	生
1	56	2	2	62	30	20	4	0	3	0	2	0	32	41	20	1	16	2
2	48	1	2	51	37	21	3	0	6	1	4	1	28	27	11	0	8	0
3	42	4	2	40	26	28	3	1	2	0	5	0	35	34	14	0	7	1
4	27	0	0	27	40	30	6	0	4	1	5	0	35	32	13	0	11	0
5	33	0	0	33	31	16	5	1	4	0	5	0	31	34	26	1	8	1
6	34	6	4	32	33	33	5	1	4	1	1	1	28	21	21	1	8	1
7	68	2	2	69	24	26	4	0	3	0	2	0	33	29	27	1	10	1
8	87	3	3	96	26	29	7	2	6	1	8	2	42	38	24	0	38	2
9	62	4	3	65	18	21	6	0	5	0	7	1	40	35	16	0	36	2
10	70	5	5	70	36	30	5	1	6	0	6	0	41	36	14	0	38	1
总计	521	27	23	545	301	254	48	6	40	4	45	5	345	327	174	4	180	11
师生比	19.3/1		1/23.6		1.2/1		8/1		10/1		9/1		1.1/1		43.5/1		18.2/1	
频次比			1.2/1						8.8/1						2/1			

1. 课堂对话的话语

（1）师生问答。从上表我们不难看出，教师问和学生答具有高度的相关性，统计数字显示为521/545，即在10节课中，教师问521次，学生则回答545次。数据显示，课堂教学中，教师一问一般就有一答，且学生的回答略高于教师的问，这是因为，教师问可以引出多个学生的回答（不包括齐答，齐答计作一答）。但是我们从师生的问答比例看到，课堂话语形式大多表现为教师问、学生答，而学生问、教师答的情况极为罕见。这种“教师问学生答”的高度相关性表明，课堂上学生对教师言说方式的积极接应与配合，这正是课堂对话得到形成的前提；而少有“学生问教师答”的情况则表明，在课堂对话中，学生自主性并没有得到充分的体现。

(2) 师生交谈。师生交谈的次数非常接近（1.2/1），由此可以获得两个发现：其一，教师、学生的交谈基本上在师生之间进行，发生学生之间的交谈在课堂上仍然少见。也就是说，交谈主要表现为“师—生”或“生—师”的交谈，较少有“生—生”之间的交谈。其二，教师交谈次数略多于学生的次数。这是一个有趣的现象，说明交谈中言说主体首先是教师，其次才是学生。也偶有学生交谈次数略高于教师的情况，这样的课堂表明，除了教师与学生之间的交流之外，还有学生之间的交流，这大多发生在合作学习、小组讨论的课堂上。师生交谈的频次接近，是因为课堂上的交谈是以教师为一方、学生为一方的交谈，这种交谈，反映貌似平等实则不平等的关系，也就是说，在课堂上知识传播和情感交往，实则分为两个世界，是两个世界的交谈，在一定程度上忽略了学生“个体”与“个体”世界的对话与交流，即学生之间的交往与交流；同时，也说明教师作为个体与学生个体之间的对话与交流在课堂教学中极为少见，而主要是教师与学生群体的交谈，这就实际上挤兑了学生之间的交往。再拿课堂中问答次数和交谈次数加以对比，我们发现，课堂上问答次数远远高于交谈次数（1 066 次/555 次），问答次数几乎是交谈次数的 2 倍。由此可见，课堂教学的话语主要是问答，课堂教学的沟通与交流通常是建立在问答基础上的，是以问答为主要方式的沟通与交流。

2. 课堂对话的话题

课堂对话首先要有话题，那么，课堂的话题由谁来设置的呢？从以上统计数字不难看出，话题主要由教师设置。课堂对话的话题设置的师生比为 8/1，表明教师设置了近 8 个话题，学生才有可能设置 1 个话题。这表明，目前的课堂教学的对话，其对话内容基本上是由教师设定的。

在对话过程中，时常有“众口异声”的情况，这时候谁来承担这一责任呢？由上表可以看出，这一工作基本上由教师来完成，由学生来实施的情况极为罕见。数据显示，师生的频次比是 10/1，也就是说，教师重组 10 次，学生才轮到 1 次。这一统计数据告诉我们，在现有的课堂教学中，教师是教学对话的组织者，而且其组织权具有绝对的权威性，全班学生“组织权”的集合累加都难以与教师的“组织权”相匹敌。当一轮对话结束，如果要使对话不至于冷场而能继续进行，就必须对话题进行转换。那么，这一工作又由谁来做呢？从上表统计看，师生比是9/1，这就是说，教师9次话题重置才会轮到学生1次。这一统计数据说明，教学内容的展开转换基本上是由教师来掌控。教师是推动对话、维持对话的主导者。

3. 课堂对话的话权

课堂上对话的话权主要表现为掌控权、移交权、获取权。

第一，掌控权。从观察中我们发现，对话中话语的掌控权师生大体相当，师生比为1.1/1。也就是说，教师所拥有的话权只是略多于学生。在不考虑言说时间的情况下，教师一人之言说次数与全班学生的言说次数大体相当，略稍偏高。

第二，移交权。通过对移交权的观察，我们有一个有趣的发现，教师的移交权远远高于学生，师生比达43.5/1。这就是说，在对话过程中，把下一次说话的机会和权力移交分配给谁，基本上由教师做主，学生则很少拥有或使用移交权。学生说完之后并不负责把话权移交给谁，这一权力基本上属于教师。

第三，获取权。通过对获取权的观察，我们发现，课堂教学对话中，教师在获取权方面处于明显的强势，获取权的师生比达18.2/1。这表明，在课堂对话中，学生很少拥有或使用获取权。我们在课堂观察中还发现，教师不仅能够较多地拾取话权，而且经常地采用插话、打断的方式来获取说话权，或直接截取说话力，甚至直接终止学生言说，偶尔也有学生插入、截取的情况，但大多发生在教师组织讨论的情形下，学生从教师言说中直接插入、打断、截取说话权的情况极为罕见。

五、问题与思考

1. 课堂对话的主要言语形式是什么？

从课堂观察来看，课堂上对话交流的主要言语形式是问答，教师主要使用提问语，学生主要使用答问语；问是教师启动对话展开对话的主要言语手段，答是学生回应教师的主要方式，也是学生参与课堂对话的主要表现形式。课堂上除了问答外，也有交谈，其交谈的方式和对象主要表现为教师与学生的交谈，而学生之间的交谈在课堂上非常少见。这一现象告诉我们，目前的课堂对话以教师的言说为主，教师一人之言说超过了全体学生之言说，因而可以说，目前的课堂对话主要是师生之间的对话，学生之间的对话并不充分。

如果再拿问答语与交谈语比较，我们可以看到，问答语远远高于交谈语。从这一维度来认识当前课堂上的教学对话，我们发现，课堂对话之所以深入度不够，除了与提问的问题有关外，还与师生之间、生生之间的深度交流不够有关，特别是与作为“个体”进入深度交流不够有关。反过来说，由于师生之间、生生之间深度交流不够，又在一定程度上把对话蜕变为频繁的问答。

2. 在对话的课堂中教师有话语霸权吗？

从话语形式来观察教师在课堂上的话权运作，带给我们不少启迪。首先，在教学对话中，师生话语权的运作方式主要通过提问与应答来体现，课堂提问蕴含着话题的设置，事实上，教师对话题的设置主要是通过提问来实现的，不仅如此，教师还可以通过提问来重组推进话题，并通过提问来转换话题。其次，在对话过程中，教师对话语权力的运作主要通过掌控、移交、获取来实现。在教学对话中，无论是话题设置、重组、转换，还是话权的掌控、移交、获取，教师都处于强势地位，学生处于弱势，明显表现为权力的不对称。正因为有这些优势，教师在课堂教学中常常处于核心地位，进而可能演变为话语霸权。因此，可以说，教师的话语霸权不仅可以表现在“独白式”的课堂教学中，也不仅仅是教师独白的课堂就是话语霸权的滋生土壤，教师的话语霸权完全有可能在对话式的课堂上改变一下手段和面孔“卷土重来”。这一点我们可以从问答过程中的话题设置、重组（包括推进）、转换及话权掌控、移交、获取的视角得到清晰的探查。也就是说，在对话课堂中，教师可以通过掌握话题设置、重组、转换的权力，可以通过话权掌控、移交获取来掌握对话的主动权，这些权力使用得过度和僭越，就可能形成话语霸权。

但是，我们又决不能简单地、不分青红皂白地去批判教师的“话语权”，尤其不能把教师的话语权力的正当运作与话语霸权混为一谈。从以上课堂观察和分析不难发现，教师在课堂上的话语权及其权力运作是十分必要的，在教学对话中，如果没有教师话语权的运作，课堂对话将会变得无序无效，无从体现教学的目的性和高效性，因此，作为课堂对话引领人的教师，是教学对话中最清醒的“首席”，他有必要为教学对话的走向、目的、效果充分运作他的话语权。当然，教师的话语权的使用又主要不是为自己的言说争夺一席之地，而是使话语权得到更为科学的、人文的分配，即教师把权力看作帮助学生学习的能力，而不是强迫他人做教师希望他们做的事情的能力。然而，教师可能犯的最严重的错误就是对学生滥用他们的权力。[2]简言之，以提问与应答为主要言说方式的对话课堂仍然存在着话语霸权问题，需要我们理性审视，同时我们又要审慎地认识话语权力的正当运作，尊重教师正当运用他们的话语权，否则就会盲目地错伤，造成对教师的正当“教学权力”的消解，进而造成教师在课堂对话中的难作为和不作为。当然，我们更看到，在有些倡导对话的课堂上学生并没能真正成为对话的主体，而仍然有可能是对话课堂中的“应声虫”。

3. 教学对话和独白教学有其不同的言说形式和机理，要想实现从独白的课堂转向对话的课堂，必须实现话语机制的重建。所谓话语机制的重建，就是要重新建立一套师生之间的言说方式和规约，如话题设置、重组、转换和话权掌控、移交、获得的基本权利与义务、方法与要求，等等。除此之外，还要在对话中关注学生的对话基本能力的培养，如提问与应答的能力、沟通与交流的能力、话轮的拾取、话权的获得、话语机会的把握等，这些都是需要学习与掌握的对话能力。学生缺失对话能力既是独白教学所造成的后果，也是教学独白猖行而对话成效不彰的一个重要因由。由此看来，营造对话的课堂还有许多具体的、建设性的工作要做，绝不可能在对独白教学的声讨中自然生成。本研究仅从语言形式的视角来对教师的话语运作与话语权进行透视和说明，实际上，教师的话语权问题与课堂体制教学文化等有密切的关系，但这已超出了本研究的视野，宜用另文讨论。

参考文献

[1] 吴康宁,程晓樵,吴永军,等.教师课堂角色类型研究[J].教育研究与实验,1994(4).

[2] [美]McCroskey, Virginia, Richmond.课堂交流指南——交流在教学和培训中的作用[M].张艳华,译.北京:中国轻工业出版社,2006:91.

二、拓展阅读——教育观察研究

[1] 张金梅.对美国一所托幼中心全日班一日活动的观察与反思[J].学前教育研究,2008(3):159.

[2] 伏干,刘强.儿童在欺负行为事件中的行为反应[J].学前教育研究,2009(11):179.

[3]孟迎芳,连榕,等.专家——熟手——新手型教师教学策略的比较研究[J].心理发展与教育,2004,(04).

[4] 林颖.基于教师教学能力提升的课堂观察研究与思考[J].福建教育学院学报,2013,(10).

[5] 陈连友,李哉平.课堂观察研究的操作流程[J].教学与管理,2013(12).

[6] 余启东.课堂观察研究——有效提升教学成绩的一条途径[J].读与算:教学随笔,2013(23).

[7] 张文新,张福建.学前儿童在园攻击性行为的观察研究[J].心理发展与教育,1996(4).

[8] 王美芳,庞维国.学前儿童在园亲社会行为的观察研究[J].心理发展与教育,1997(3).

[9] 黄如英.专家教师课堂评语的观察研究[J].中小学教师培训,2009(9).

[10] 黄如英.专家教师设问水平的观察研究[J].中小学教师培训,2010(4):285.

[11] 清风.课堂观察法[J].新课程研究:教育研究与实验,2005(03).

[12] 徐平,张润锋,等.课堂观察之初探[J].湖北师范学院学报:哲学社会科学版,2012(03).

[13] 王林发."实践性学习":一种新型的职前教师教育模式[J].聊城大学学报:社会科学版,2011(03).

[14] 陈靓.盲校语文教师语言技巧的课堂观察研究——对《青蛙看海》的课堂观察[J].南京特教学院学报,2012(02).

[15] 宋玲玲.小学生考试状态观察研究报告[J].语文世界:教师之窗,2014(05).

[16] 于妍秋.促进数学教师专业成长的课堂观察研究初探[J].中学数学,2012(02).

[17] 徐红,董泽芳.中外专家型教师研究差异的比较及启示[J].外国教育研究,2012(05):39.

第四节　实战体验：编制一份教育观察设计和记录表

一、制订一份教育观察研究计划

试联系本章学习内容，自拟一个简单的教育观察研究课题（可参考第二章“毕业论文开题报告”中所选课题），说明采用何种观察方法，并设计详细观察计划。

二、编制一份教育观察记录表

试联系本章学习内容，自拟一个简单的教育观察研究课题（可参考第二章“毕业论文开题报告”中所选课题），设教育观察记录表，并说明观察行为的操作性定义。

第六章　教育实验研究

学习目标

学习完本章后，你将能够：

1. 解释：教育实验研究、教育实验研究的内在效度、教育实验研究的外在效度、盲法。
2. 说明真实验、准实验、前实验之间的区别。
3. 描述两种常见的真实验研究设计。
4. 描述两种常见的准实验研究设计。
5. 说明教育实验研究变量控制。
6. 设计教育实验研究方案。

研究议题

设计教育实验研究方案。

第一节　理论基础：教育实验研究

自然科学研究中广泛采用的实验方法，在近几个世纪内获得了长足发展，并不断向着社会科学领域渗透和迁移。实验方法运用于教育研究中，便产生了一种新的研究类型——教育实验研究。

一、教育实验研究概述

（一）教育实验研究的特点

教育实验研究是研究者按照研究目的，合理地控制或创设一定条件，人为地变革研究对象，从而验证假设，探讨条件与教育现象间因果关系的一种研究方法。教育实验是教育科学研究的一种重要方法。无论是哪一种教育实验，在以下几个方面是共同的：一是教育实验必须揭示变量间的因果关系。二是要主动变革研究对象，即让研究对象接受不同的实验处理，也就是对自变量进行操作。三是实验研究必须控制条件。通过采用某些实际操作手段和多种方法，人为地控制无关变量或创设某些条件，以证明实验结果的有效性。

在教育实验中，自变量、因变量和无关变量三者之间的关系构成教育实验研究法的基本逻辑结构（图6－1）。

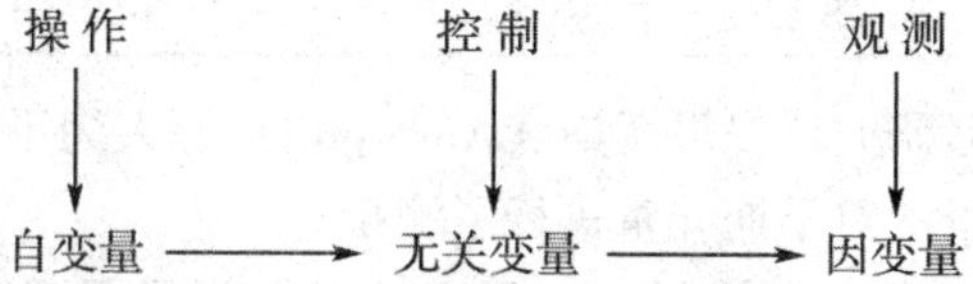

图6－1　实验研究的逻辑框架

从图6－1中可以看出，运用教育实验研究进行教育研究时的主要功能性操作是：操纵自变量，即有系统地对受试者施以不同的实验条件，借以观测与比较不同实验条件下因变量的系统变化差异；控制干扰变量或无关变量，以确保自变量的变化是因变量变化的原因；观测因变量的变化。以上功能运行的逻辑含义是，因变量的变化会受到自变量、干扰变量等的综合影响与干预，只有排除了其他变量的影响作用，才能确认因变量的变化可归因于对自变量的操纵，从而确定其因果关系。

教育实验研究有以下几个特点：

1. 以假设为前提

任何实验都是有理论框架的，有研究假设的，即都是在一定理论的指导下，通过实际的观察、测量等手段来检验假设的正确与否。实验假设在先，实验实施在后；先有理论框架，再有实践操作。整个实验过程通常是围绕着验证研究假设展开的，假设是实验研究的核心。

2. 能提示变量之间的因果关系

区别于历史研究、调查研究和相关研究，实验研究可以系统地变化条件，以观察因这些条件变化所引起的事物相应变化，从而揭示事物发展过程中各种变量间的因果关系。历史研究是研究过去发生的事件。调查研究以搜集、分析存在的客观事物或材料为直接认识任务，是对现状的认识把握。

只有实验研究，才揭示变量间的因果关系，“若A则B”的正确性，说明“为什么”，推论因果关系的逻辑性。一般认为，要确认A、B两变量中A是B的原因，必须满足三个条件：（1）共变关系，即A变B也变。如果A变B不变，则不能肯定A是B的原因。(2) 时间顺序，即A在B前变，或与B同时变。如果B先变A后变，则不能肯定A是B的原因。(3) 消除其他因素的影响，确认A引起B的变化。这三个因素同时满足了，则证明A是B的原因。(表6-1)

表6-1　　A、B变量因果关系表

关系 变量	A是B的原因（同时满足以下三个条件）			A不是B的原因	
	共变关系	时间顺序	消除其他因素的影响	不存在共变关系	时间顺序
自变量	A变	A先变	A变	A变	A后变
因变量	B变	B后变	B变	B不变	B先变

例如，美国著名研究者安思沃斯（Ainsworth）等人为了充分描绘依恋的性质，创设了陌生情景法对早期儿童进行了测量。

陌生情景法是一种在有控制的实验室情境中测量婴儿依恋行为的实验工具，它通过在实验室设置一种类似于儿童日常生活的典型情境——陌生情景，观察儿童在此情境中的反应，从而判断儿童依恋现状及其特点。这种方法基于的假设是：儿童被置于由亲子分离和陌生人的出现所导致的压力情境中，因而突出了其寻求安全的努力。该实验中有3人参与：母亲、婴儿、陌生人。

实验用的房间是所有母亲与婴儿均为陌生的地方，故可称为实验室，而不是自然环境。但这个房间经过着意布置，实验室内铺有地毯，又使人感到舒适、自在，就像在孩子的游戏室里。从婴儿在陌生环境下对母亲在场与否、离去归来时的反应，判定孩子依恋感的性质类型。

房间一边有一面单向玻璃，研究者可以从这里观察房间内的一切情况。母亲可意识到这块玻璃及其后面的观察者，但婴儿却不知道，因而婴儿的行为应该不受观察者的影响。

研究过程共有8个步骤，以引起婴儿的依恋行为，观察婴儿与母亲在分离前后的相互作用，以及婴儿独处时或与陌生人在一起时的反应，记录婴儿对母亲和对陌生人反应的异同。

表6-2　　陌生情景实验法的实验步骤

顺序	出现人物	持续时间	动作行为简述
1	母亲、婴儿、观察者	30秒	观察者将母子俩领入房间，随即离开
2	母亲与婴儿	3分钟	母亲坐在椅子上，让孩子自己摸索环境。如必要，在2分钟后引导孩子游戏

续表

顺　序	出现人物	持续时间	动作行为简述
3	陌生人，母亲与婴儿	3分钟	陌生人进房，第1分钟沉默，第2分钟与母亲交谈，第3分钟接近婴儿
4	陌生人与婴儿	3分钟或更短	3分钟后母亲悄悄离开房间。婴儿首次与母分离。陌生人试图引起婴儿的行为
5	母亲与婴儿	3分钟或更长	首次重聚。母亲迎向婴儿，或安慰婴儿，然后引导婴儿进行游戏。最后，母亲对孩子说“再见”，然后离开
6	婴儿	3分钟或更短	第二次分离
7	陌生人与婴儿	3分钟或更短	第二次分离的继续。陌生人进，引孩子玩
8	母亲与婴儿	3分钟	第二次重聚。母亲进房，向孩子打招呼，抱起孩子。陌生人悄悄离开

注：关于持续时间的更长或更短：如果婴儿极其压抑，则缩短该步骤时间；如果婴儿需较长时间才能开始游戏，则加长该步骤时间。

在这个实验中，所有的被试均选用同一陌生环境，遇见同一陌生人，经历同样的8个步骤。陌生的环境（实验室和陌生人）是自变量，孩子的反应是因变量，孩子间的反应差异反映了母子间关系的性质。这一个实验程序控制了众多的干扰变量，效度高，受到一致好评，已经被许多研究者采纳。相反，如果在自然情境中进行，会受到很多影响因素的干扰而导致效度降低。

3. 能有目的地控制变量

实验研究中的变量涉及自变量、因变量和无关变量。有目的地控制变量是教育实验研究法最本质的特点。

（1）自变量的操作。教育实验是为了变革现实、探索和创新，是要索取而不是消极等待研究现象的自然发生。因此，必须主动操纵自变量的变化。自变量的操作，是指研究者人为地去干预、控制现象发生的条件和进程，有意识地变革研究对象某一方面的条件，从而得到自己所要的结果。

（2）合理控制无关变量。教育实验中，为了探索因果关系，证实确实是自变量X导致因变量Y的变化，就必须排除其他无关因素的影响，使实验的其他条件保持恒定。否则，就无法显现假设中提出的因果关系，实验也不可能有效度。“控制”在教育实验中主要含有三层含义：①研究对于外部因素和实验情况的控制能力，包括各种无关因素的控制。②研究对于实验所操纵的自变量的控制程度。③研究实验设计过程中的控制成分，即研究如何通过实验的设计控制无关变量。

4. 可重复验证

实验是可以重复验证的。对同一被试或相似被试在相似的控制条件下，应得出相似的研究结果。这种重复验证的程度越高，实验研究的可靠性、效果也就越大。不能重复验证的实验，人们很难判断其数据的准确性和结论的可靠性。可重复验证也是实验研究成果推广运用的必备条件，是评判实验优劣的标准之一。

在实验法的四个特点中，要有假设、有理论框架，意味着要明确研究的目标，要提出有价值的问题；控制条件则是实验研究结果可靠性的保证；揭示因果关系就是要探究变量之间规律性的东西；而可重复验证则体现实验设计本身的科学性和严密性。

（二）教育实验研究的类型

为了在教育研究中正确运用实验研究法并促进实验法的发展，必须对教育实验做出科学合理的分类。掌握不同的分类标准，确定教育实验类型（表6－3）、特点、操作程序、适用范围和条件，是搞好教育实验的一个重要前提。

表6－3　教育实验研究的类型

分类标准	类　型	特　点
实验进行的场所和情境	实验室实验	研究者根据研究的需要于经过专门设计的、人工高度控制的环境中进行的实验
	自然实验	是在自然状态的教育情境中进行的实验
实验研究的目的和功能	确认性实验	主要在于借助实验搜集事实材料，确认所研究的对象是否具有研究假说内容的基本特征，并推动教育实践的发展
	探索性实验	以认识某种教育现象或受教育者个性发展规律为目标，通过揭示与研究对象有关的因果关系及问题的解决，来尝试创建某种理论体系，所以具有较强的创新性
	验证性实验	以验证已取得的实验成果为目标，对已经取得的认识成果用再实践的经验来检验、修正和完善
同一实验中自变量因素的多少	单因素实验	指同一实验中研究者只操纵一个自变量的实验，也叫单一变量实验
	多因素实验	指在同一实验中需要操纵两个或两个以上的自变量的实验，也叫组合变量实验
实验控制程度和内、外效度的高低	前实验	最原始的一种实验类型，它是对任何无关变量都不进行控制的实验
	准实验	在实验中未按随机原则来选择和分配被试，只把已有的研究对象作为被试，且只对无关变量作尽可能控制的实验
	真实验	严格按照实验法的科学性要求，随机地选择和分配被试，系统地操纵自变量，全面地控制无关变量的实验

（三）教育实验研究的基本程序

总的分析，教育研究的全过程可分为准备、实施、总结推广三个基本阶段。这是一个相对稳定的、有序的结构序列。

1. 教育实验的准备阶段

教育实验成功与否，很大程度上取决于实验前的准备工作。实验的准备阶段的主要任务是制订实验方案。具体包括以下内容：

（1）选定实验研究的课题，形成研究假说。一般来说，一个实验至少被一种假设指导，应陈述两种变量间所希望的因果关系。

（2）明确实验目的。确定指导实验的理论构架。为了使理论系统分析更接近客观实际，需要进行先期的调查研究，查阅相关文献资料并让课题组全体成员进行充分讨论。

（3）确定实验的自变量。选择被试和形成被试组，决定每组进行什么样的实验处理，并确定操作定义。

（4）选择适合的测量工具并确定采用什么样的统计方法，从而明确评价因变量的指标。

（5）选择实验设计类型，谋划好控制无关因素的措施，以最大限度地提高实验的内部效度和外部效度。

2. 教育实验的实施阶段

实验的实施阶段是实验的实质性阶段，按照实验设计进行教育实验，采取一定的变革措施（实验处理），观测由此产生的效应，并记录实验所获得的资料、数据等。它是决定能否得出可靠的实验结论的关键。实施阶段的主要任务有：（1）按照实验设计进行实验处理，操纵自变量；（2）控制无关变量；（3）随时观察和测量因变量，搜集实验数据和其他实验资料。

3. 教育实验的总结推广阶段

这是实验的总结和评价阶段，研究者的主要任务是对实验中获得的资料、数据进行分析处理，确定误差的范围，从而对研究假设进行检验，最后得出科学结论。在对实验结果进行分析的基础上撰写实验报告，对实验的过程和结论进行全面的表述。其任务如下：（1）分析处理实验中所获得的资料数据，在统计分析的基础上对变量做因果分析，肯定或否定实验假设，得出科学结论；（2）评价实验结论；（3）写出实验报告。

实验法是教育研究中最重要的研究方法。它具有严密的组织系统；有一套必须遵守的程序规则；逻辑关系清晰明确；应用范围较广，尤其适用于因果关系的研究；能排除无关因素的干扰，创设情境，使自然条件浓缩、净化；所得结论较可靠。图6-2是教育实验研究的流程图①。

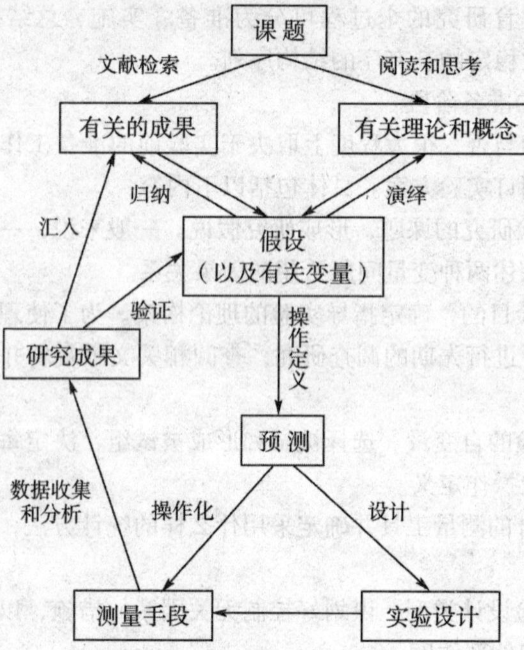

图6-2 实验研究流程图

二、教育实验研究效度

所谓效度，就是指实验设计能够回答要研究的问题的程度。教育实验研究效度标示着教育实验研究结论的准确性和普遍性程度。自从坎贝尔和斯坦利1966年起用内在效度和外在效度概念以来，各国学者皆沿用此两种效度来讨论实验研究结果的正确性。

（一）教育实验研究的内在效度

内在效度是指自变量与因变量的因果联系的真实程度，即因变量的变化，确实由自变量引起，是操作自变量的直接成果，而非其他未加控制的因素所致。没有内在效度的实验研究是没有价值的，因为内在效度决定了实验结果的解释。

内在效度涉及的问题是：（1）所研究的两个或多个变量之间是否存在一定的关系？特别是研究的自变量与因变量之间是否有关系？（2）是否确实是自变量的变化引起了因变量的变化？其确切程度如何？要提高教育实验的内在效度，就必须控制各种外部因素。实验设计过程中研究者要充分地发现可能威胁内在效度的因素。影响研究内在效度的因素很多，最经典的是坎贝尔和斯坦利

① 陶保平.学前教育科学研究方法[M].上海:华东师范大学出版社,2008:130.

提出的影响研究内在效度的 8 个因素。

1. 偶然事件

在实验进展中没有预料到的影响因变量的事件的发生。由于这类事件难以事先估计，防不胜防，通常可以在研究设计时，设置一个对照组加以控制，使偶然事件的效力对两个组的影响均等。

2. 成熟程度

成熟是指被试身心状况在成长过程中发生的变化，即时间在被试身上所起的作用。教育研究的对象通常是学生，是成长中的个体，在研究周期比较长的研究中，其身心状况可能会发生改变，这种改变对学生的学习会产生影响，有时能促进学业成绩，像认知能力的发展与成熟。总之，凡涉及时间较长的研究，都会受到被试自身成熟过程的影响。尤其是年龄小的被试，在成熟问题上反应更明显。控制的方法可以设置对照组，或缩短研究时间周期。

3. 前测效应

前测效应是指有前测的经历会对后测的效果造成影响，有人称之为练习效应或热身效应。凡是有前后测设计的研究，被试有了前测的经验，会有利于后测的回答。尤其是在能力、成就、情感、态度等方面的测试，前测效应更为明显。

4. 测量工具

指测量手段不统一产生的负面效果。如果用来测量研究结果的工具，在前测与后测中所用在内容、难度都不一样，就难以确定研究结果的最终效果。另外，考试测验的程序、标准、时间等也不同，都会影响测验结果。

5. 统计回归

统计回归是指选择研究对象时，录用测量中获极端分值段的被试。统计回归的基本原理如同政治经济学中有关价值和价格的关系，即价格是围绕着价值这根中轴上下波动，当价格离价值中轴太远了，就有向价值中轴回归的趋向。

6. 被试选择的偏差

指被试未能随机分配或挑选，而其中一个因素起了作用，从而产生了组的不对等性。当必须采用两组被试进行比较研究，如果这两组被试的能力、特质、条件、背景等因素不相同，那么就会导致测验结果的差异，从而影响研究的效果。

7. 实验样本的流失

实验样本的流失有的翻译为“实验的偶然减员”，是指在研究期间有些被试缺席或中途退出，以致前测与后测人数不符，样本失去代表性，从而影响统计分析的结论。一般来说，流失的被试是在前测中成绩较差者，则样本后测的平均成绩会提高；反之，流失的被试是在前测中成绩较好者，则样本后测的平均成绩会降低。

8. 选择与成熟的交互作用

研究中最忌讳的是变量的混淆，各种因素互相干扰，互相作用，以至于无法确切解释自变量和因变量之间的关系。在研究设计中，由于被选取的两组被试具有不同的能力、特质、条件，导致对以上各个因素产生不同的作用，从而影响研究结果。

以上提到的8种因素，都会对研究的内在效度产生影响。事实上，内在效度就是指研究结论没有准确地反映实验本身。只要实验以外的因素影响了因变量，就会威胁研究的内在效度，就会导致研究结果的混淆。因此，在研究设计时对以上这些因素要认真考虑，对可能产生影响的因素要设法加以控制。

（二）教育实验研究的外在效度

外在效度指实验结果的概括性和代表性。换言之，就是指实验结果是否可以推论到实验对象以外的其他受试者，或实验情境以外的其他情境。一个实验越能实现这个目标，就表示该实验越有良好的外部效度。坎贝尔和斯坦利认为，对外在效度的威胁主要有以下四个因素：

1. 测验的反作用或交互作用

前测与实验处理发生作用，并导致结果不能推广到未经过前测的群体中。

测验的反作用指前测对后测的作用；测验的交互作用，指前测与后测的交互作用。有前测经验容易造成后测成绩好。在有前测和后测的实验设计中，前测的经验往往会限制研究结果的推论性，因为，由于受实验处理具有敏感性，平常情境下未曾注意到的问题或现象，这时变得更加敏捷和警觉，以至实验效果可能部分来自前测的经验所产生的敏感性。

2. 抽样偏差和实验处理的交互作用

当研究者选择一些具有独特心理的特质的受试者做实验时，选择偏差与实验变量的交互作用效果就容易产生。因为这些独特的心理特质，有利于对实验处理造成较佳的反应。

3. 实验安排的反作用效果（霍桑效应）

由于实验情节的安排，受试者知道自己正在被观察或正在参加实验，受试者所表现出来的行为，通常与受试者不知道正在被观察或不是参加实验时，有很大的不同。这时，他们往往可能为投实验者所好，而改变正常的行为方式，努力表现出实验者所期望的行为，以获得实验者的欢悦。但受试者在非实验情境的表现可能与此完全不同。实验安排的反作用效果，也可看作“霍桑效应”。这样的实验结果，就不能推论到其他一般的教育情境中去。

4. 多重处理干扰

当同样的受试者重复接受两种以上或多种实验处理时，由于前面的处理通常不易完全消失，以至几项实验处理之间会产生干扰的作用。因此，这种实验的结果，只能推论到类似这种重复实验处理的受试者，而无法应用于只有一种实验处理的情况。

（三）内在效度与外在效度的关系

实验效度只是程度的问题，效度不会全有或全无。一般来说，内在效度越充分，结果推广度越大，研究越有价值。内在效度是实验质量的根本保证，是外在效度的先决条件，没有内在效度便无所谓外在效度。但内在效度高的实验并不一定具有较高的外在效度，二者往往难以都得到完全满足，而且内、外在效度有时会互相影响，有时确保了一种效度，就会削弱另一种效度。

为此，在实验设计中要综合考虑内在效度和外在效度的平衡，在保证实验结果可靠性的基础上，尽可能使研究获得更大的推广能力。

一般基础研究比较重视内在效度；应用研究比较重视外在效度。要提高实验效度，关键问题是要对影响效度的各种因素进行控制，通常普遍被运用的措施有：设对照组控制、随机化控制、实验设计控制、统计处理控制等。

表 6－4　　影响实验内在效度和外在效度的例子①

干扰因素		举　例
内在效度	1. 偶然事件——在实验进展过程中没有预料到的影响因变量的事件的发生 2. 成熟程度——时间在被试身上起的作用 3. 测验——注意一次测验对随后另一次测验的影响 4. 测量工具——测量手段不统一会产生错误的结果 5. 统计回归——挑选被试的误差，比如用极端分数进行回归，将对今后的测验产生不利影响 6. 被试的选择差异——被试未能随机分配或挑选，而其中一个因素起了作用从而产生了组的不对等性 7. 实验样本的流失——非随机挑选的被试脱离实验，会产生不良影响 8. 取样与成熟程度交互作用——由于取样不一带来的成熟程度的不一致	1. 在相对较短的教学实验中，一组被试因学校停电而不能对其进行教学 2. 在学习实验中，被试者在 50 分钟后因疲劳而成绩下降 3. 在一次以逻辑推理能力为因变量的实验中前测给被试者提供了有关后测的线索 4. 两个主考人对同一项教学实验进行后测所用的程序和方法不同 5. 在一项阅读教学的实验中，前测中阅读成绩差组成的组，较之于成绩一般、好的组进步大得多 6. 一个教学实验的实验组本来就是一个高材生班，而控制组则本来是一个普通水平班 7. 在一项判断种类运动效果的健康实验中部分被试发现此项运动很难而退出 8. 在一项问题的实验中，选取初、高中生为被试，初中生比高中生更早地感到疲劳

① 陶保平. 学前教育科学研究方法[M]. 上海：华东师范大学出版社，2006：136.

续表

干扰因素		举 例
外在效应	1. 测验的交互作用——前测与实验处理发生作用，并导致结果不能推广到未经过前测的群体中	1. 在一项体育表演实验中，前测为被试对实验处理提供了以某种方式做出反应的暗示，如果没有前测，则不会
	2. 抽样偏差和实验处理的交互作用——根据实验处理的需要而挑选现成班级进行实验，其结果不能推广	2. 对教学方法做实验处理的作用——根据实验处理的需要而挑选现成班级进行实验，其结果不能推广
	3. 实验安排的反作用效果——被试知道他们要参加实验并对其具有新鲜感，也称为霍桑效应	3. 一项实习性的阅读教学实验产生的效果不会再以同样内容、同样方式的正常补习阅读教学中产生
	4. 多重处理干扰——一个被试受两项或两项以上的处理，（就像在重复测量中设计的那样）会产生一种后遗效应，导致不能推广到单独处理中	4. 在一药物实验中，对同一动物依次给予4种不同的药物处理。从第2次到第4次服药的效果都摆脱不了第1次服药可能有的长效影响

三、教育实验的变量控制

实验设计通常要综合考虑以下内容：研究假设，实验变量，被试的选择和分配，实验采用的组织模式，统计处理方法，具体实施步骤等。

实验设计的基本思想有二：一是使自变量对因变量的作用最大化，让自变量和因变量的关系凸现；二是使无关变量对因变量的影响最小化，不让无关变量对因变量产生干扰作用或使这种干扰作用控制在最小范围内，见图6－3。

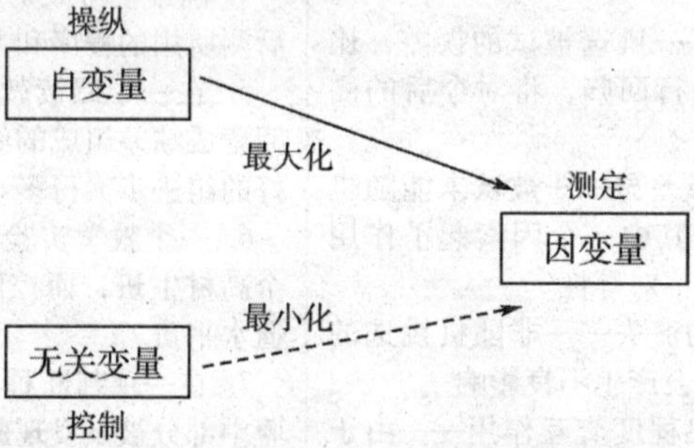

图6－3　实验设计基本思想示意图

在实验过程中，变量控制是教育实验设计的核心内容。变量的选择与控制对实验的成功与否具有重要意义，它包括三方面的内容：

（一）自变量的选择与操纵

自变量是变化的措施和条件，又称实验处理。它来自研究目的和实验假设，是研究者创设和操纵的情境或刺激物，用它能促使被试产生反应和变化。实验目的是看自变量的介入会引起被试什么反应和变化。实验假设一般是对所要研究的变量之间的因果关系或相关关系的一种假定性说明。例如，要提高大班儿童学业成绩，就要主动采取措施，或使用新的教学方法，或改变学习的环境，或重新选择学习材料，或变换教学的组织形式等，这些都可作为研究者操纵的自变量，研究者通过操纵某个自变量看它是否会提高儿童的学业成绩。

一般来说，实验的自变量的设计应注意以下四点：(1) 自变量应准确、清晰，有可操作性。(2) 自变量应是可改变的、有效的条件。(3) 一项实验中定性自变量不应过多。定性自变量指难以量化操作、量化统计的自变量。(4) 定量自变量的量化层次不应过多或过少。

一个自变量的实验称单因素实验，两个以上自变量的实验称多因素实验。自变量的变化等级称为水平。如，课外作业时间与学习成绩的实验研究，课外作业时间是一个自变量，研究中可将作业时间划分为四个等级，0.5 小时、1 小时、1.5 小时、2 小时，那么这个实验是一个自变量，四种水平（或四种实验处理）的实验研究。一般来说，一个自变量至少有两种水平。如，儿童的年级可有三种水平：大班、中班、小班；儿童的家庭背景可分为两种水平：城市的、农村的。

自变量的操纵往往涉及实验处理的次数、强度、方式、程序、介入时间、延续时间等问题，研究者应根据研究假设、实验设计的要求和实际情况进行考虑。

（二）因变量的测定

因变量是研究者要观测的变量，是由自变量引起的在被试身上产生的反应变化，因变量的变化依赖于自变量的变化，实验目的就是要通过因变量的测定来研究自变量与因变量之间是否存在因果关系。因变量的一个重要特征是它可以通过直接或间接的方式被观察，被测量，并且可以转化为数据形式。例如，测验分数、考试成绩、评定等级、反应时间、答题的正误百分数等。

因变量的测定关键是要有测量的指标，测量指标涉及测量方法、工具、材料、次数、时间、插入点的安排等。当然，有现成的测验量表、客观性试题最好。一般选择测量指标应根据研究假设、实验设计的特点。

总之，因变量的测定与因变量本身的复杂程度有关，与实验要求达到的精确程度有关，与现有的测量工具、测量手段有关，与研究的定性定量水平有关。

（三）无关变量的控制

无关变量是研究中除了自变量和因变量之外的一切变量，是与实验目的无关的变量。由于无关变量会影响因变量的测定，会对判断自变量和因变量的因果关系造成干扰，在实验设计时需要对其进行控制。控制无关变量是实验研究的一个关键问题。

为了使自变量和因变量的对应关系显现出来，必须“净化”实验过程中的变量，也就是说要把无关因素人为地控制起来，以免实验过程中变量相互混淆，无法判断因果关系。一般来说，对无关变量控制的程度越高，实验的可信度也越高。当然，要完全彻底控制无关变量是办不到的，因为在教育实验中无关因素非常多，研究者难以一一加以控制，通常讲的控制是指尽可能地将其中最明显的无关变量、对实验效果起重大影响的无关变量挑选出来，加以控制，不对无关变量进行控制，实验结果便无法解释，会导致实验的失败。

教育实验变量控制即无关变量的控制，是指控制那些在教育实验中应保持恒定的变量。教育实验中，为了探索因果关系，证实确实是自变量 X 导致了因变量 Y 的变化，就必须排除外来的无关变量的干扰，保证各方面变量平等，才能保证实验结果是可靠的。控制无关变量的方法有：

1. 随机选择和分配被试

随机选择和分配被试是控制无关变量影响的最简单、最有效的方法。通常指从总体中随机选择被试；被试随机分配到实验组和控制组；随机指派实验处理等。例如，用简单随机抽样从总体中抽取被试 100 人，然后将这 100 个被试用抽签的方式随机分配到实验组和控制组，每组 50 人，由同一教师采用两种不同的教学方法（自变量）进行教学实验，至于哪个组为实验组，哪个组为控制组，可通过投掷分币随机确定。随机化确保了研究对象的选择具有同等的机遇性，实验组与控制组具有同质性，这样可以控制来自很多方面的无关变量。

2. 消除

消除指设法将无关变量排除在实验之外，不让它参与到实验过程中来。如，性别可能会影响因变量的测定，那么被试的选择可都选男性或都选女性。又如，在暗室、隔音室内进行视听感觉的实验，这样可消除外界光线、噪声对视听感觉的干扰。消除是控制程度很高的控制方法，但在教育实验中应用有限，因为采用消除往往会使实验情境与实际情境差距太大，降低实验的生态效应。

3. 平衡

平衡即设置实验组和控制组将无关变量的影响平均分配到实验组和控制组中去，使各组之间的差异尽可能相等。实验组是指接受实验处理的被试组；控制组又称对照组，指除了没有接受实验处理外，其他条件与实验组相似的被试组。实验组和控制组的唯一区别就是实验组接受实验处理，控制组没有。如，等组实验就是按平衡原理设计的，两个组除实验处理不同外，其余条件均相等，做到两组基本同质，这样有些无关变量在实验一开始便得到控制。平衡在教育实验中被广泛地采用，因为其组织形式简单，因果关系明了，易为他人理解和接受。但实验组和控制组往往只是某些方面达到一定程度的平衡，难以在各个方面均达到完全平衡。

4. 恒定：使无关变量保持恒定

恒定指使某些因素在实验中保持恒常不变，把有些变量变为常量加以控制，使无关变量的影响在实验过程中保持不变。如，要对某种教学方法的效果进行比较研究，为了防止教师水平不同而给教学效果造成影响，可由同一位教师担任实验班和对照班的教学，使教师这一因素恒定不变，使教师水平这一变量变为常量。另外，所用教学时间也可使其恒常不变，即实验班和对照班均采用相等的时间进行教学，布置相同的作业练习等。

在教育实验中除教学环境等因素可在短时间内有限地恒定外，对其他无关变量的恒定很难，因为教育实验往往周期较长，学生的知识水平、能力不断增长，教师的工作态度、教学能力也在改变，对于这些因素是无法使其恒定不变的。

5. 盲法：单盲法或双盲法

“盲法”是指在实验中，被试或主试不知道谁接受了实验处理，谁没有接受实验处理，甚至不知道实验设计者真实意图的一种排除来自被试或主试主观态度影响的控制方法。盲法有单盲和双盲之分：单盲法指被试不知道自己在参与实验或正在接受某种实验处理；双盲法指主试和被试均不知道自己在参与实验或不知道谁接受实验处理。

采用盲法控制的目的是为了避免由于被试知道自己参与实验或了解实验真实意图而可能做出的反常行为，如表现出情绪高涨、加倍努力，或设法迎合研究者的口味行事，从而影响实验结果的可靠性。同样，当主试知道哪些被试在实验组，哪些被试在控制组，哪些被试接受实验处理，哪些被试未接受实验处理，常会有意无意地给予某些暗示，赋予某种期望，从而影响实验结果的客观性。

盲法控制的作用是使实验组和控制组的实验情境同一化，避免被试可能产生的霍桑效应和主试可能产生的罗森塔尔效应（教师期望效应），以便准确地研究实验处理的真实效应。

6. 控制资料统计过程

统计处理指用统计方法对实验数据做一些处理，以排除或削弱无关变量的影响。如测验后去掉最高分或最低分，或以统计方法将实验组和控制组的数据平均化等。

以上控制方法在实际运用中都会有一定的限制，研究者应根据具体情况有选择地采用，扬长避短，相互配合，达到控制无关变量，使其影响作用最小化的目的。

四、教育实验设计的基本模型

实验设计过程中，研究者必定要考虑：设多少实验组和控制组？如何选择被试？如何配置各组被试？要解决以上问题，研究者首先要知道：自变量的数量是多少？每个自变量中包含几种水平？实验是否需要设控制组？因变量测定的次数与程序安排？而这些问题实际上都取决于实验的目的、要求，实验的假设。

实验配组就是指如何将被试分配到实验组和控制组中去。配组的基本要求是尽可能使组与组之间等质，以避免被试的差异对实验结果的影响。被试分配主要有三种方法：等组法、单组法、轮组法。

在讨论实验设计时有两个术语，前测和后测。前测是指在实验处理之前对被试进行的测量或测验，后测是指在实验处理之后对被试进行的测量或测验。不是所有的设计均需前测，但后测是决定实验处理的效果所必需的。

为叙述方便，先引入几个符号。表达实验设计模式时使用的符号有：

R：表示随机抽取被试，并随机分组；

G：表示组，实验组或控制组；

X：表示实验处理或自变量；

O：表示实验观测，包括因变量的测定（测验、任务或观察）；

—：表示无实验处理；

S：表示被试；

……：表示虚线上面和下面的组不是等组。

另外，字母后下标的数字表示次数，如 O_1，表示观测 1，O_2表示观测 2；X_1表示实验处理 1，X_2表示实验处理 2。

（一）单组前后测设计的模式及优缺点

属于前实验设计，对无关变量不能控制，看可以操纵变化自变量。

1. 基本模式

O_1　X　O_2

2. 特征

只有一个被试组且不是随机选择，无控制组；仅有一次实验处理；有前测与后测，用前后测的差大于零作为实验处理效应。

这种设计的要求是：对受试者进行实验处理前的测验（O_1），然后给予受试者实验处理（X），再给予受试者一次测验（O_2），最后比较前测和后测的分数，通常采用两个相关样本平均数差异的显著性的检验（$N>30$ 用 Z 检验，$N<30$则用 t 检验），以检验前后两次测验平均数的差异显著性。

3. 优点

因为有前测，可以在处理前提供有关选择被试的某些信息；通过前后测，可以提供每一个被试在实验处理前后两次观察条件行为变化的直接数据，能明显地验明处理的效果；被试兼做控制组，便于估计被试个体态度对实验结果的影响；相同的受试者都接受前测和后测，“差异的选择”和“受试的流失”等因素即可被控制。

4. 局限

前测可能影响后测，产生实验误差。由于没有控制组作为比较，实验效果可能受到“历史”“成熟”“工具”“选择与成熟的交互作用”的干扰，可见其内在效度也很差，少用为宜。

例，“范文在习作训练中的作用”。某学校 4 个班 149 名学生，给学生提供范文模仿，让学生独立阅读，分析、理解范文，然后进行仿写。尝试进行实验设计，并说明各个变量及实验结果的解释。

因变量：学生作文成绩

实验处理 X：范文习作教学

实验设计：单组前后测 G：O_1XO_2

O_1为学生在无范文条件下的作文成绩；

O_2为学生学习范文后的仿写作文成绩。

结果：O_2-O_1

（二）非随机分派控制组前后测设计的模式及优缺点

属于准实验设计，不能按照随机抽样原则抽取被试和随机分配被试于各种实验处理，一般是以原自然教学班为实验单位，因此具有一定的外部效度。强调对自变量进行控制，但对无关变量控制较差，只能对一部分无关变量进行控制。

1. 基本模式

O_1　X　O_2

……………

O_3　　　O_4

2. 特征

（1）有两个组（实验组和控制组），一般在原有环境下自然教学班、年级或学校进行，不是随机取样分组，因此控制组与实验组不等，但实验处理可随机指派。由于不能以随机等组或配对方法去分配被试，只能试图去寻找与实验组相匹配的控制组，如年龄、性别、标准化学科测验分数、上课时的表现以及身体情况等方面，尽可能使组间平衡，两个组等价。

（2）都有前后测。

3. 优点

由于有控制组，有前后测比较，可以控制成就、历史、测验、统计回归等因素的影响，在一定程度上控制被试的选择偏差，从而提高研究的内部效度。

4. 局限

（1）不是随机取样分组，选择与成熟交互作用可能会降低实验的内在效度。

（2）前后测的相互作用。因此，实验结果不能直接推论到无前测的情境中，对实验结果的解释要慎重。要尽可能从同一总体中抽取样本，以避免被试差异所带来的实验误差。

例，“计数教学的结构——定向教育实验”。某小学一年级两个班各41人，实验班按照实验教材和教学指导书进行万以内计数教学，对比班按照全国统一的教材和教学指导书进行万以内计数教学。

因变量：分段数学成绩；

条件控制：同一教师教学，作业练习时间统一，统一测试入学前数学能力和智力情况。

统计分析：实验班和对比班因变量增值比较，即（O_3-O_4）和［（O_3-O_1）－（O_4-O_2）］，对两组增值分数平均差进行t检验以考核其差异的显著性。

（三）随机分派控制组后测设计的模式及优缺点

1. 基本模式

R　X　O_1

R　　　O_2

2. 特征

随机化选择被试和分组，仅实验组接受实验处理，两个组都只有后测，没有前测。例如，研究电视教学对初一学生英语学习成绩的影响。随机取样，形成两个等组，再随机指派实验组，进行电视教学，控制组仍按常规进行教学。一段时间后进行后测，将获得的分数值用独立样本t经验进行分析。

3. 优点

能消除前测和后测，前测和自变量之间的交互影响，内在效度较高。避免了练习效应的影响，节省人力和物力。由于随机取样、随机分组以及设控制组，这种设计可控制历史、成熟、测验和统计回归等无关变量的影响。

4. 局限

不能对被试的缺失加以控制。要注意取样总体的特征，在总体不够大、被试数目较少的情况下，两组或多组相等的假设就难以保证，如 $N<30$，个体差异较大。所以，在可能的情况下，要想法加大样本，同时尽量使被试有代表性。

例，为探寻A、B、C三种写作训练课程对提高初中一年级学生写作能力的不同影响，研究者在初中一年级学生中随机抽取150名学生，并将这150名学生随机分为甲、乙、丙三组，采用抽签的方法确定，乙组学生采用写作训练课程A进行写作训练，甲组学生采用写作训练课程B进行写作训练，丙组学生采用写作训练课程C进行写作训练。实验周期为一年，一年后用同一测量工具对这三组学生的写作能力进行测量，发现甲、乙、丙三组的写作能力存在显著差异，因此得到结论说A、B、C三种写作训练课程对提高初中一年级学生写作能力的不同影响。

再如，"电视教学对初一学生英语成绩的影响"。某校初一的两个班，按照入学成绩随机分成两个等组，随机指派一个为实验班（RG1），在实验班英语教学中使用电视教学（X），而对照班（RG2）按常规进行教学（C）。其他条件均相同。一学期后进行后测，比较电视教学与常规教学的效果。

（四）随机分派控制组前后测设计的模式及优缺点

也称实验组、控制组前后测设计，这是一种最基本、最典型的实验设计。

1. 基本模式

R　O_1　X　O_2

R　O_3　　O_4

2. 特征

随机分组；仅试验组接受实验处理，控制组则不给予实验处理；两组均进行前后测。

3. 优点

由于利用随机分派方法分出两个等组，就可以控制"选择""被试缺失"等因素对实验结果的干扰；都进行了前后测，便于对照比较。如果在前后测之间这段时间内，有什么情况影响，或"成熟""测验""统计回归"等无关因素发生了干扰，则两组是相同的。

4. 局限

可能产生前测和实验处理的交互作用影响而影响外在效度。

例如，沃坦阿贝等①采用前测—后测控制组设计探讨教学训练对培养学生根据报纸标题预测报道内容的能力。实验中，随机抽取46名中学生随机分配为实验组和控制组。在接受训练前，要求学生阅读20个文章标题并预测其内容。然后对实验组进行为期3周的阅读教学训练，控制组则进行常规阅读训

---

① 黄希庭，张志杰. 心理学研究方法[M]. 北京：高等教育出版社，2005：103.

练。3 周的训练结束后，两个组同时接受后测测验，即根据 20 个标题来预测所报道的内容。统计结果表明，经过阅读训练的实验组显著高于控制组，表明阅读训练可以提高学生根据标题预测其内容的能力。

再如，题目：解题思维策略训练提高解题能力的实验。试进行随机前后测有控制组实验设计。

假设：系统进行解题思维策略训练可提高学生解应用题的能力。

实验设计模式：RG1：O_1　X　O_3

RG2：O_2　C　O_4

实验处理：实验组用自编教材，讲解 6 种应用题解题方法（简化法、图解法、结构训练法、联想法、假设法、对应法），每周 3 次，每次 1 节课，共 7 周 20 节课。控制组不讲，只做同样的练习。

因变量：学生解应用题能力（操作定义：等值数学难题测验）。

条件控制：随机取样；同一教师教学；前后测相同（等值难题，测验时间与要求前后一致）；练习内容相同。

统计分析：对 $[(O_3-O_4)-(O_1-O_2)]$ 进行显著性检验，即对实验组和对照组前后测成绩平均分数参数进行 t 检验（前测随机等组处理）。

（五）所罗门四组设计的格式及优缺点

1. 定义

所罗门四组设计（Solomon four-group design），也称重叠实验设计，是由所罗门（R. L. Solomon）于 1949 年提出的一种具有两个实验组和两个控制组的随机设计。这一设计是把实验组、控制组前后测与只有后测的设计加以组合，将无前测这一变量纳入实验设计之中，将其变量造成的差异数从总变异中排除出去，以检验实验处理所产生的影响是否显著。

2. 基本模式

R　O_1　X　O_2

R　O_3　　O_4

R　　　XO_5

R　　　O_6

3. 特征

随机选择被试和分组；两组有前测，两组没有前测；一个前测组和一个无前测组接受实验处理；四个组都有后测。

4. 优点

（1）可以将前测的反复效应分离出来，综合以上两种设计的优点，克服两种设计的缺点。

（2）实验者等于重复做了四个实验，可以做出四种比较。

(3) 可运用2 * 2 方差分析来处理该四组实验数据。

5. 局限

(1) 往往很难找到四组同质的被试。

(2) 被试的数目多时，数据分析比较困难。

因此，所罗门四组设计一般不适用于探索性实验，而适用于决断性实验。

第二节　教育实验设计示例

高中英语教学中学生自主学习能力培养的实验研究设计①

一、实验假设、对象及变量

实验假设：(1) 自主式的教学方式可以提高学生自主学习的能力；

(2) 自主式的教学方式可以提高学生的学业成绩。

实验对象：上杭一中高一（7）班62人，高一（8）班60人，其中高一（7）班为实验班，高一（8）班为对照班。

自变量：两种不同的教学模式——自主式的教学方式和传统式的教学方式。

因变量：(1) 实验前、后两个班自主学习能力对比；

(2) 一学年后期末考成绩分

二、工具与方法

本研究始于2005年9月，止于2006年6月。历时一学年。在这之前查阅了大量有关国内外自主学习的资料和文献，最后选定庞维国博士的学习自主性量表对学生自主学习能力进行前测和后测，该量表由113道题构成（本书从略，编者注），题目采用5级记分制：按"从不这样""很少这样""有时这样""经常这样""总是这样"依次记1到5分。总量表由学习动机、学习内容、学习时间、学习方法、学习过程、学习结果、学习环境7个分量表构成。

---

① 华雪清. 在高中英语教学中学生自主学习能力培养的实验研究[D]. 福建师范大学,2006.

1. 量表各维度的克隆巴赫α系数

量表具有很高的内部一致性信度，它以克隆巴赫Q系数作为该量表内部一致性指标，结果见下表所示。

维度	动机	内容	时间	方法	过程	结果	环境	总量表
α系数	0.930 6**	0.785 0***	0.806 9***	0.932 2***	0.815 0***	0.884 5***	0.830 7***	0.974 8***

2. 各维度与总分的相关

量表各维度的得分与总表得分之间的相关系数见下表。

量表各维度的得分与总分的相关

维度	动机	内容	时间	方法	过程	结果	环境	总量表
分半信度	0.810 6**	0.721 7***	0.814 6***	0.896 1***	0.784 9***	0.847 0***	0.863 0***	0.970 6***

$P<0.001$，从表2的相关系数表明，构成本量表的7个维度所测的内容与总量表之间存在较高的一致性。

3. 分半信度

从本问卷的每个分量表中分别抽出一半题目，将整个问卷及7个分量表分为两部分，分别计算其分半信度，结果见下表。

维度	动机	内容	时间	方法	过程	结果	环境
相关系数	0.942 3**	0.813 5***	0.860 6***	0.966 5***	0.871 0***	0.911 1***	0.855 5***

上表显示，从分半信度看，本量表也具有较高的信度。

其次该量表的各个分维度之间的相关系数在0.60到高，具有较好的结构效度。而且该量表已经过研究表明具有较好的外部效度，学生在学习自主性量表的各维度的得分与教师对学生在这些方面的评定结果具有显著的正相关；与学生的学习成绩存在显著正相关（$r=0.67, P<0.01$）。其间还以课堂观察、问卷调查、书面报告、考试为工具，采用行动研究法，在培养学生自主学习能力、提高英语学习自主性的同时，通过上述手段收集相关数据，并对数据进行统计、分析和处理，最后得出结论。

三、控制手段

（1）实验班和对照班必须是平行班，起点基本一致，班级人数基本相等。

（2）同一教师上这两个班，实验班用自主式的教学方式，对照班用传统式的教学方式。实验班知道自己的特殊性，而对照班不知道自己被作为参照值加以实验，这样可尽量保证结果的可靠性。

（3）实验班和对照班使用相同的教材即人教版的全日制普通高级中学英语教科书，利用相同的教学时数，保持相同的教学进度，参加学校统一要求的学期考试。

(4)为了检测学生自主学习能力的提高幅度,对实验班在学年初和学年末采用同一量表。

四、实验过程

1. 利用学习自主性量表对实验班和对照班进行问卷调查,对两个班学生的自主学习能力进行摸底。在进行一次摸底考试,并计算出两个班实验前自主学习水平和英语成绩的差距。

2. 指导实验班学生制定学期学习目标,并把它细化成具体的、近期的,经过努力可以达到的目标(月计划、周计划),并能围绕计划合理安排学习时间。实验初期,在学生还未养成自主学习习惯之前,可给学生精心设计自学辅助提纲以免学生无从下手。对学生所制定的目标也应进行指导。例如,高中英语进度是每周一单元,上高一第14单元节日(Festivals)之前,可要求学生根据自己的实际情况制定学习目标,自学这一单元最基本的目标是掌握这一单元的生词,新的短语的用法,新的句型以及情态动词的用法。成绩稍好的学生预习时应通过网络了解英、美国家的节日和一些风俗习惯,以便更好地理解课文。而学有余力的学生可通过中西文化对比,写一篇介绍中国与西方国家节日异同点的文章,节日可任选一个。月计划中每个学生应对自己相对较薄弱的部分(英语中有听、说、读、写四大部分)有所侧重,假如听力较弱就应多划出几个单位时间(一般为10~20分钟)加强训练。

3. 尽可能地激发学生学习英语的兴趣。要想让学生自主学习,就必须让学生自己想学并乐于学习。布鲁姆说过这样一段话:"一个带着积极情感学习课程的学生,应该比那些缺乏热情、乐趣或兴趣的学生或者比那些对学习材料感到焦虑和恐惧的学生学习得更加轻轻,更加轻松,更加迅速。"孔子也说过:"知之者,不如好知者;好之者,不如乐知者。"兴趣是最好的老师。所以,激发学生的学习兴趣非常重要。在英语教学中应适当运用多媒体等教学手段,为学生设置学习情境。多媒体的使用应考虑教学内容,不能为使用多媒体而使用多媒体。一般而言,在引入教学新内容时介绍时代背景,为了吸引学生的注意,可精选一些图片、视频。教学SEFC Book I "Unit 5 The silver screen"时,先放一段电影《Jurassic Park》,那惊险、刺激的片段很快就能抓住学生的注意力。进而引导学生谈论他所准备好的有关电影的话题"My favourite

film”“My favourite actor or actress and director”，气氛就很热烈。还可向学生提供网站，要求学生下载他自己最喜欢的电影片断，并用英语介绍。小组间进行比赛。“Unit 8 sports”，大多数学生比较喜欢体育运动方面的话题，精读课文是关于奥运会的历史的，而泛读课文是关于姚明的生平简介的。可以要求学生根据自己的兴趣在预习时去查找课文里没有谈及的有关奥运会的历史材料或者用英语写一篇你最喜欢的运动员的生平简介。可以自己自由组合查找材料。各组之间互相比赛、作为老师自己也必须融入学生当中去。找一些精彩滑稽的画面，可下载“开心一刻”的画面，并描述你崇拜的运动员的生平，让学生觉得你是具有时代气息的老师。即使是训练完形填空或阅读理解题，也尽量选些幽默的，或能了解异国风情、历史地理的，抑或是最新的新闻，这些都是高中生感兴趣的东西。尽可能创设情境让学生得到成功的体验，提问时根据问题的难易程度提问不同层次的学生，适当偏重学困生，即便发现一点进步，也应及时给予肯定，表扬。碰到问题时可让学生合作解决或老师给予适当的暗示，尽量让每个学生都有那种战胜一定困难而取得成功的体验，使学生更加自信，增强学生的自我效能感。自我效能感高的学生，其自主学习倾向就更强。

4. 教师在设计自主式课堂活动时，首先要考虑的问题是该活动是否有利于提高学习者的学习自主性。为了减轻学生负担，教师可采用任务教学法，要求每个小组选择一个本单元的教学任务，经过整个小组同学的通力合作推举一位同学承担这部分的授课，其他组可参加讨论、补充。最后教师总结。在这一教学过程中同学互教互学，教师只是从旁指点。这样既可提高学生解决问题的能力，又培养了学生的团队精神。

5. 利用资源库来培养学生的自主学习能力。教师充当学生的信息提供者，可缩短学生收集资料的时间。在中国向来提倡不耻下问，学生把老师当作权威，并且以为教师对他们所教的领域无所不知，指望老师能回答学生所有的问题。而事实上教师仅凭自己的记忆和经验来回答学生的问题往往不够精确、全面。特别是我们大多数中学英语教师的母语并非英语，讲的英语并不是那么地道，不应在学生身上留下太多你的中国式英语的痕迹。例如，很多教师喜欢自己带读英语单词、句型、课文，其实应更多提倡学生模仿英、美人士的朗读。碰到学习困难时不应马上问老师，而应利用资源库查找你所需要的信息。例如，我们可建议学生用 Concordance program 来学习词汇的用法，因为它能产生可供我们分析的搜寻结果。这一程序能辨别相同的一组符号（如前缀、后缀、词、短语等），并能将它们按字母顺序排列，还能标出每个词的使用频率。它的免费网址是：http://www. hti. umich. edu/m/micase/.《中学新课标资源库》英语卷中向学生提供了 250 个网站，我们为学生精选了 16 个网站用于学生自主查找资料和自主训练听、说、读、写。而且还有课程背景资料、英语国家常识、课程资源索引（包括图书、网络、报刊资源索引）。教学生使用这些资源和工具书进行预习并解决学习中碰上的困难。上新课介绍背景都是由学生自己完成的，他们展示的图片丰富多彩并加以英语解释，学生之间不断地补充，提问和讨论是英语课的主旋律，教师只是从旁指点和解答一些关键问题。教师还可以向学生推荐《阅读美国》《阅读英国》和《21 世纪报》作为他们的自主阅读材料，建议他们建立自己学英语的资源库并作为期终考试评价的依据。

6. 教给学生自主学习的策略。自主学习的策略包括认知策略、元认知策略和资源利用策略，其中元认知策略是培养学习者自主性的关键。元认知对学习主要起计划、监控和调节作用。它们也是通向自主学习的桥梁。O'Mallet 指出："没有掌握元认知策略的学生基本上是一个没有方向和没有能力评估自己的进步、自己的成绩和确定自己未来的学习方向的人"。在平时的课堂教学中要加强元认知策略的训练。①确立目标。学习者确定优先要满足的需求，把学期目标分成短期目标，并把评估结果作为确定新的目标的基础。②确定内容。学习者要有能力选择有助于实现目标的语言材料，收集学习资料，判断这些资料和目标的相关度，判断他们的优缺点。③确定技巧。学习者要有能力设计自己的学习活动，评估学习活动的有效程度，了解在某种情形下某种方法的优劣性，并建立自己的学习档案。例如，SQ3R 阅读技能（SQ3R 是阅读的 5 个步骤，即浏览、提问、阅读、背诵和复习的英文标志词的首字母）和 DRTA 阅读技能（DRTA 是定向阅读和思维活动的英文缩写）。后者是国外学者做的一种关于阅读的 3 步假设，即预测、阅读、证实。预测，指阅读者首先根据文章的标题、第一段或文章的插图来推测文章的内容；阅读，即进行实际阅读，寻找可用以证实预测的内容；证实，指阅读者找出文章中能够支持其预测的内容以及否定预测的内容。前者常用于平时阅读技能的培养，而后者常用于阅读理解题中主旨题的选择。④训练自我监控性。监控自己的错误、学习内容的选择、学习进度的快慢等。

7. 指导学生对自主学习的成败进行正确的归因。归因是个体对自己的成功或失败所做出的因果解释。韦纳（Weiner，1979，1985）指出，学生一般把自己的学习成败归因于四类因素，亦即能力、努力、任务难度和运气。能力是一种内在的、稳定的、不可控的因素，努力是一种内在的、不稳定的、可控的因素，而运气则是外部的、不稳定的、难以控制的因素。一般说来，如果学生把自己的学习成功归因于能力、策略运用、学习环境，而把学习失败归因于努力不够以及其他可以弥补或纠正的原因或因素，即进行成功归因或能力归因，就更容易激发学习者的学习热情和自主学习（刘电芝，2001），而把学业失败归因于自身能力不足，就会影响其学习的自主性。所以，教师必须帮助学生建立起积极的富有成效的归因信念。例如，有些学生觉得自己英语阅读能力较差，一个月一直在加大阅读量，但阅读成绩并不见提高，就觉得自己能力不行。这时教师就必须帮助学生分析原因，对英语阅读技巧、选材等方面进行指导，并让学生明白英语阅读能力的提高并不是多加训练就能够收到立竿见影的效果，它是一个渐进的过程。不仅英语阅读如此，英语听力和写作能力的提高也是这样。

8. 尽可能为学生自主学习创设良好的外部环境，同时也要指导学生选择和创设有利于自己自主学习的外部环境。这主要指教师因素、教学大纲和教材因素、家庭及学校因素。教师应转变完全依赖教材、满堂灌的教学方式，在教学过程中培养学生自主学习的能力。教学大纲和教材的编制也应“以学生为中心”，以利于学生自主学习。家庭环境对学生的自主学习也很重要，有的家长自身素质差，晚上在家打麻将、喝酒，影响孩子学习，这时学生应跟父母沟通，为自己赢得一个良好的自主学习环境。家庭教育方式对学生的学习能力、性格形成、情感培养都起决定性的影响。学校的人才培养目标、课程设置及对教学模式和教学方式的管理、评价和激励机制都会影响学生的自主学习。此外，学校的教学场所、教学设施和图书馆等物质资源也对学生的自主学习起重要作用（庞维国，2003）。

第三节 教育实验报告导读

一、教育实验报告示例

综合实践活动课师资职前培养的研究①

摘要：综合实践活动作为一门独具特色的课程，首次成为我国课程体系中一个相对独立的领域，然而师资力量则成为制约课程实施的瓶颈。本课题立足师范学校的办学特点，以提高师范生综合实践活动课的教学能力和水平为切入点，在课堂教学中多种教学模式和策略有机配合，有针对性地培养综合实践课教师应具备的基本素养和特殊要求，结果表明，这样既有利于师范生职业态度的转变和综合实践活动课教学能力的培养，也能有效促进师范生科学素养、信息素养和学业成绩的提高。

关键词：师范生；综合实践活动课程；师资职前培养

一、问题提出

在我国新一轮基础教育课程改革启动后，综合实践活动课应运而生，这不但实现了基础教育阶段单纯结论教育向过程教育的转变，也是育人模式的深刻革命。综合实践活动课程的实施过程中面临的各项紧迫问题接踵而至，涉及课程理论、资源开发、师资培养和培训以及课程条件创设等一系列问题，对其中任何一方面的研究都必然受到与之相关的各种因素的制约，而综合实践活动课师资队伍的匮乏和师资水平的薄弱成为直接制约综合实践活动课开展的瓶颈，师资问题成为搞好综合实践活动课的关键之所在。从根本上解决师资问题的出路在于师范教育的改革，作为培养未来小学教师的师范教育，在结构调整转型时期，我们敏锐地注意到了新形势下小学教师职前培养面临的新问题，本课题以对综合实践活动课程的全方位关注为特点，立足师范

① 陈秀珍，张英杰. 综合实践活动课师资职前培养的研究[J]. 山东教育学院学报，2007(3).

学校的办学特点，坚持理论和实践相结合，以提高教师驾驭综合实践活动的能力和水平为切入点，有针对性地研究综合实践活动课教师应具备的基本能力和特殊要求，探索与素质教育相适应的综合实践活动课师资培养的基本模式，进而为新型师资的培养做出应有的贡献。

二、实验的理论构想

小学综合实践活动课师资职前培养是在辩证唯物主义认识论的指导下，充分吸收了杜威的活动教学思想以及建构主义的学习理论的精髓，借鉴了活动教学充实丰富的教学经验，赋予了时代发展的新理念而进行的。

（一）理论依据

1. 辩证唯物主义认识论原理

科学的教学论是以辩证唯物主义认识论为指导的，人类在社会实践中认识客观世界所必须遵循的认识路线是："从生动的直观到抽象的思维，并从抽象的思维到实践"即认识的起点是"实践"。但教学实践不以改造客观世界为目的，而在于学生素质的全面发展。教学实践活动的展开是以一定的具体形象和情境为基础和支撑的，否则难以跨越理性知识与学生之间的距离，也无法克服知识的意义建构和技能有效形成的障碍。

2. "活动—经验论"教学思想

杜威反对传统教育脱离实际生活、脱离儿童经验等等弊端，强调儿童对教育活动的参与和体验，重视儿童主动"作业"的教育价值。他主张让儿童从实际参与的活动中学习，即"做中学"，教育就要不断地为儿童的活动创造条件，引导学生在活动中产生观念、证实观念，调动儿童活动的积极性和创造性。小学综合实践活动课师资职前培养中，教师作为学习者共同参与学生的训练活动，以实现"无论是教师或学生愈少意识到自己在那里施教或受教就愈好"。

3. 建构主义学习理论

建构主义学习理论认为：知识就是某观念；学习是发展，是改变观念。知识的获得是建构的，知识的建构来源于活动，需要对所学内容进行阐释、表达或展现。人的认识本质是主体的构造过程，所有的知识都是我们自己的认识活动的结果，教学是帮助他人发展或改变观念。综合实践活动课师资职前培养中，教师从学生实际出发，深入了解学生真实的思维活动，通过提供适当的问题情境或实例促使学生的反思，引起学生必要的认知冲突，从而让学生最终通过其主动地建构起新的认知结构。可以说，师资职前培养的最好方法是“做”，即让学生通过最能展现其建构知识过程的问题情境来形成。

（二）目标定位的系统分析

确立小学综合实践活动师资职前培养的目标是本课题研究要解决的根本性问题，也是职前培养诸多因素中的核心，因此我们在对职前培养目标理性思考的基础上进行了系统的实际分析。人既是社会的存在，又是个体的存在。因此，建构小学综合实践活动课师资培养目标既要立足于社会，体现社会对高素质小学教师的需要与一般要求；又要立足于个体，体现个体的发展实际与发展要求。而小学教育专业培养目标无论是满足社会对小学教师的素质需求，还是养成专业结构最终都要落脚在每个个体的人格结构、能力水平、文化修养上，这就决定了教师专业结构的复杂性和多维性，因此我们把小教专科五年的学习看成是个体自身成长的历程，把小学综合实践活动课师资职前培养的实践目标定位于：

基础目标：把它定位于教师角色的转变，使师范生实现教师职业角色自我认可、完成由师范生到未来教师的角色转变，它是师范生维系学习、职前培养以及相互启发所必需的目标，它是各层次目标最终实现的前提条件。

发展目标：把它定位于教师的成长，激励师范生自觉发展的意识，养成作为一位教师的基本素质结构，如信息素养、科学素养、合作学习和研究性学习能力等，是师范生职业能力发展必需的目标，为各级目标的实现提供了可能性。

核心目标：把它定位于教师成长基础之上的专业成长，充分照顾了学科的体系，便于夯实组织开发综合实践活动所需的专业基础素养，主要包括：综合活动教学设计能力、综合活动教学实施与调控能力、综合活动教学评价与反思能力等。它展示了本课题的学术性，是师范生专业化成长所必需的目标及本课题实验目标追求的核心点。

（三）实验原则

小学综合实践活动师资职前培养是一种以亲身实践为主的体验性学习活动，教师应让学生自主探究，或者和学生们一起做；教师应鼓励学生们独立思考，并接受每个学生的不同想法；教师应以学生的认知水平、学习兴趣等综合经验为基础，强调知识的综合运用以及综合能力的形成，所以应遵循整体性原则、主体性原则、可操作性原则、实践性原则等原则。

三、实验的方法与实施

1. 实验对象

本研究的实验对象确定为“3+2”小教大专班专科阶段的学生，学生在升入专科阶段时根据学生志愿和中专阶段的综合成绩重新分班，实验班采取随机抽样的办法组成，由此确定四年级文科二班（共51人）和理科一班（共46人）为实验班，文科一班（共52人）与理科二班（共46人）为对照班。实验从四年级上学期开始到五年级下学期毕业为止。

2. 实验教师

本实验随机选取实验教师，实验前组织教师进行学习，了解本实验的目的、程序以及具体要求，掌握小学教师职前培养的相关理论与技术操作。实验进行中，课题组成员可以随时对实验教师推门听课（即听课不预先通知上课教师），观摩中予以必要的指导，使其教学符合实验预定的要求。

3. 教学策略

实验班学生与对照班学生在课程设置、课业内容、授课时数等方面完全相同，所不同的是实验班教师在接受实验培训后，对实验班教学采用有利于学生职业技能形成的教学模式和策略。如在专业课教学中充分挖掘教材与小学相关的教学内容，布置以实际操作为主的课程作业，引导学生设计基于学科的教学活动，开展研究性学习等；在教育理论课程的教学中实验班突破单一的传统“授—受”式教学，辅以案例分析、角色扮演、模拟实践等教学策略。

4. 结果评价

实验结束后，我们分别对实验班和对照班进行学业成绩和教学素养的测验。学业成绩以学生毕业考试成绩为准，教学素养测验采用课题组自编的“综合实践活动课师资教学素养问卷”进行测验。

四、实验结果与分析

（一）实验班与对照班学生学业成绩比较

我们对实验班学习与对照班学生的文化课学习情况进行考查，并对他们的毕业考试成绩进行了比较，他们的学业成绩见下表。

学生毕业平均成绩显著性检验

	实验班	对照班
人　数	97	98
平均分	80.63	78.02
标准差	8.103*	9.121
检验值（t）		T=2.110

注：* 代表 $P<0.05$。

上表的结果显示，实验班的学业成绩高于对照班，且达到了显著性水平，说明职前培养实验促进了学生学业成绩的提高。这是由于实验教师在接受职前教育的理论培训之后，不仅将新的教师理念指导师范生的综合实践活动设计的技能训练，而且还将其应用到自己的学科教学；实验班的学生在接受职前技能培养的同时，能够有意识地联系小学教学理解问题、思考问题，将学科理论应用到小学综合实践活动课的教学设计中，学有所思、学有所用，增强了学习的针对性，这对学业成绩的提高起了非常重要的作用。

（二）学生职业态度的发展水平

实验结束后，我们对实验班学生就职前培养对学生职业态度转变的影响进行了问卷调查，调查结果见下表。

职前培养对实验班学生职业意向的影响

	职业兴趣的激发	职业信念的树立	职业角色的定位	职业意向的确立
显　著	28	29	26	33
明　显	36	34	39	32
一　般	25	21	21	20
没关系	8	13	11	12
χ^2	17.18***	10.51*	16.78***	12.57**

注：* 代表 $P<0.05$，** 代表 $P<0.01$，*** 代表 $P<0.001$。

结果表明，实验班学生普遍认为综合实践活动课师资的职前培养对学生职业兴趣、职业信念、职业角色等方面都有重要影响，其中在职业兴趣的激发和职业角色的定位方面的优势更加突出，这正是实验基础层目标的追求所在。职前培养实验使学生较早地感悟和体验小学教师的职业劳动，建立现代教师的评价理念，对他们的专业定向和专业化发展有着重要影响。学生毕业实习结束时，我们进行了小学综合实践课教师工作意向调查，结果表明实验班毕业后愿意立即做专职综合实践课教师的100%，而对照班毕业后愿意立即做的只有62%，实验班与对照班学生在综合实践课专业教师工作意向方面发生了极其显著的变化（$P<0.001$）。

（三）综合实践活动教学素养的发展水平

教学设计能力、教学实施与调控能力、教学评价与反思能力是现代教师必备的教学素养，也是综合实践活动课教师的必备能力，我们对实验班与对照班的教学素养进行了测验，测验结果见下表。

实验班与对照班学生综合活动教学设计能力测试成绩

	教学设计能力	教学实施与调控能力	教学评价与反思能力
实验班（97人）	3.39 0.72	3.94 0.82	3.29 0.68
对照班（98人）	2.98 0.91	3.63 0.92	3.03 0.75
T值	2.819*	2.016*	2.445*

注：*代表 $P<0.05$，**代表 $P<0.01$。

测验结果表明，实验班学生在教学设计能力、教学实施与调控能力、教学评价与反思能力都高于同等文化程度的非实验班学生，尤其是教学设计能力提高更为明显。实验班的教学与训练中，突破单一的传统授受式教学，采用案例分析、角色扮演、模拟实践等教学策略，对于提高学生的教学设计与反思能够起了有效的推动作用。但仔细追究不难发现，这些教学策略的实施存在各自的缺陷：案例分析易于陷入纸上谈兵的泥潭，模拟实践多是以师范学校的教学为基点的，缺少必要的小学教学的真实情境与体验，在某种程度影响了师范生教学实施与调控能力、教学评价与反思能力的形成与提高。如果师范学校与教育实践基地建立长期有效的合作与联系，师范生有机会将小学综合实践活动课的教学设计及时付诸于小学教学实践，其教学实施与调控能力、教学评价与反思能力必将会有更大的提高与进步。

（四）学生科学素养与信息素养的发展水平

综合实践活动课教师在教学中表现出来的科学态度、信息素养、协作能力等，都会学生有着潜移默化的作用。实验结束后我们对实验班与对照班的这方面的发展水平进行了测验（见下表）。

实验班与对照班学生科学素养测试成绩

	科学素养	信息素养	合作学习能力	研究性学习能力
实验班（97人）	3.36　0.76	3.47　0.61	3.19　0.74	2.84　0.74
对照班（98人）	3.03　0.94	3.20　0.76	2.96　0.89	2.34　0.89
T值	2.676**	2.609*	2.007*	2.842**

注：*代表 $P<0.05$，**代表 $P<0.01$。

测验结果表明，实验班学生在这几方面的发展水平明显优于对照班。实验过程中各科实验教师经常布置以实际操作为主的课程作业，引导学生设计基于学科的教学活动，为完成学科作业学生必须通过各种途径收集、整理、分析、运用相关资料，锻炼了学生知识和信息的获取、应用、生成、创新等能力，提高了学生的科学和信息素养。小组合作学习和研究性学习的开展，培养了学生的主体精神和合作意识，为学生提供宽广的发展空间。由此可知，职前培养实验确实提高了师范生的基本素质与能力。

五、结论

实验结果表明，在教学过程中充分挖掘教材与小学相关的教学内容，布置以实际操作为主的课程作业，引导学生设计基于学科的教学活动，开展研究性和合作性学习，选择案例分析、角色扮演、模拟实践等教学策略，不但能够有效促进师范生综合实践活动课教学能力的培养和学业成绩的提高，也有利于学生科学与信息素养提高。但现代社会对教师的要求逐步提高，教学任务、教学内容日益复杂化和多样化，同时综合实践活动课师资培养也远非一种硬性技能训练，而是复杂的、虚实皆有的社会实践活动，理论中有实践，实践中有理论，所以其职前培养既要借鉴成功的经验，又不能墨守成规，而应做到运筹自如，机动灵活，不断探索新思路、新方法。

参考文献

[1] [苏联]列宁．黑格尔逻辑学一书摘要[M]//．中共中央马克思列宁恩格斯斯大林著作编译局．列宁全集．北京：人民出版社，1963：181.

[2] 赵祥麟，王承绪．杜威教育论著选[M]．上海：华东师大出版社，1981：187.

[3] 钟志贤．建构主义学习理论与教学设计[J]．电化教育研究，2006，(5)：10-16.

二、拓展阅读——教育实验研究

[1] 吕世虎,王积建. 初中数学探究式教学的实验研究[J]. 数学教育学报,2005(4).

[2] 林建才,董艳,等. 思维导图在新加坡小学华文教学中的实验研究[J]. 中国电化教育,2007(10).

[3] 马惠霞. 促进良好学业情绪的教育实验研究[J]. 天津师范大学学报:社会科学版,2012(5).

[4] 赵微. 上海市幼儿园英语浸入式教学实验研究[J]. 幼儿教育:教育科学版,2007(6).

[5] 广东教育学院职业指导教育研究课题组. 广东城市普通中学职业指导教育实验研究报告[J]. 教育导刊,1995(Z2).

[6] 邱莉. 教师课堂情绪对教学效果影响的实验研究[J]. 教育研究与实验,2014(01).

[7] 华雪清. 在高中英语教学中学生自主学习能力培养的实验研究[D]. 福州:福建师范大学,2006.

[8] 王嫣. 概念图策略下的高中物理探究式教学之研究[D]. 石家庄:河北师范大学,2008.

[9] 钱立凯. 中学数学教师教学反思的理论与实践研究[D]. 昆明:云南师范大学,2006.

[10] 陈玲玲. 高三学生有效阅读策略训练的实验研究[D]. 上海:华东师范大学,2006.

[11] 裴亚男. 高中地理双动两案教学模式构建研究[D]. 呼和浩特:内蒙古师范大学,2008.

[12] 李扬清. 课外活动对学生能力培养的研究[D]. 昆明:云南师范大学,2006.

[13] 易瑜. 中学地理学案导学教学模式研究[D]. 长沙:湖南师范大学,2006.

[14] 范增民. 学案导学教学模式研究[D]. 曲阜:曲阜师范大学,2003.

[15] 张建伟,陈琦. 从认知主义到建构主义[J]. 北京师范大学学报:社会科学版,1996(04).

[16] 田丽丽. 经验合作教学对教师课堂教学影响的实验研究[J]. 心理发展与教育,2011(01).

[17] 袁玲丽,王文铃,等. 英语词汇直接学习联想策略的实验研究[J]. 合肥工业大学学报:社会科学版,2006(3).

[18] 刘力. 近十几年来教育实验方法论研究的回顾与展望[J]. 教育研究，1998(06).

[19] 郑继伟. 教育实验若干问题的探讨[J]. 教育研究与实验,1988(02).

[20] 盛群力. 从两种研究范式谈教育实验[J]. 教育研究,1995(09).

[21] 张定璋. 教育实验科学化的几个认识问题[J]. 教育研究,1995(02).

[22] 程江平. 教育实验研究范式的演变[J]. 教育研究,2000(05).

第四节　实战体验：设计一份教育实验研究方案

试联系本章学习内容，自行选题（也可参考试第二章“毕业论文开题报告”中所选课题)，设计一项简单的实验研究方案，其中须对实验研究的各基本部分作详细的说明。

第七章　教育行动研究

学习目标

学习完本章后，你将能够：

1. 解释教育行动研究及其在教育实验中的意义。
2. 描述教育行动研究的主要特征。
3. 说明教育行动研究的一般过程。
4. 设计教育行动研究方案。

研究议题

设计教育行动研究方案。

第一节　理论基础：教育行动研究

一、教育行动研究概述

行动研究不是一种独立的研究方法，而是一种研究活动，它是一种与基础研究、应用研究并列的研究活动类型，广泛地运用于社会实践的很多部门和领域（如社区研究、医务护理等）。在教育领域，行动研究也越来越受到关注。

（一）教育行动研究的含义

教育行动研究由教育实践工作者与教育理论工作者共同参与研究和实践，对问题情景进行全程干预，并在此实践活动中找到有关理论依据及解决教育实际问题的研究方法。

教育行动研究强调教学第一线的学校教师为研究的主体，针对自己在学科教学和班级管理中所出现的种种现象、问题，在校外专家教育研究人员的指导下进行诊断和分析，找出问题的原因，制订解决问题的具体计划，制订方案并对实施结果进行诊断、分析，制定进一步方案，以解决实际问题和实际应用的研究。

（二）教育行动研究的特点

与一般教育研究相比较，行动研究具有不同的特点，有学者把行动研究归纳为三项主要特征：为行动而研究；在行动中研究；由行动者研究。

1. 为行动而研究

为行动而研究指出了行动研究的目的。行动研究以解决教育实际问题为主要任务，而不是建构教育理论。通过行动与研究的结合，透过实践行动来改善工作情境中面临的问题，关注问题的圆满解决，进而改善实践工作情境。行动研究强调研究的应用价值性，此价值性旨在改善实践工作者的工作情境，解决实践工作中的问题。

行动研究所关注的是教育实践中的独特问题、独特事件，对这些事件在社会情境中的独特表现、相关原因进行分析、阐释，揭示丰富多样的个性，使实践者了解到他的行动意味着什么，可能会碰到哪些问题。它随时会受到真实的社会环境中各种因素的影响，需要根据实际情况的变化不断修改调整研究方法，甚至更改研究的课题，具有一定程度的灵活性和开放性。

行动研究把解决问题放在第一位，并不等于行动研究无助于也不关心“一般知识”和“理论”的发现产生。它只是更强调从具体、特殊到一般和普遍；更强调已有的理论和知识；更强调渗透在行动计划中的经验和理论都必须接受实践的检验、修正、补充甚至证伪；更强调知识和理论说到底还是来源于实践；并在实践中体现其有效性和真理性。

2. 在行动中研究

在行动中研究指出了研究的情境和研究的方式。行动研究的环境就是实际工作者所在的工作情境，并非是经过特别安排的或控制的场景。行动研究的研究过程，就是实际工作者解决问题的过程，是一种行动的表现，也是实际工作者学会反省、形成问题探究与问题解决能力的过程。

3. 由行动者研究

行动研究之研究者即是实践工作者，实践工作者既是研究的主体，也是被研究的客体，但以研究主体为主。行动研究强调实践工作者要实际参与研究工作，亲身投入研究过程，因而实践工作者需具备专业知识与工作热忱。在传统意义上的社会科学研究中，实践者是被研究者，是研究的客体或对象，而在行动研究中，他们成了研究的主体，不是被动地接受局外人的研究成果，而是对自己所从事的实践进行研究，通过研究与行动的密切配合，提高自己改造社会实践的能力。专家学者参与研究扮演的角色是提供意见与咨询，是协作者，而不是研究的主体。

（三）教育行动研究的优点

1. 行动研究克服了教育理论与教育实践相脱节的弊端

传统的自上而下的“研究—实验—推广”模式，远离具体的学校情景、实际的课堂教学和复杂的教育教学过程。研究者高高在上，研究工作从研究者的理论建构需要出发，而不是从实际的教育教学活动入手，所取得的研究成果由于受特殊的教育教学情景的限制而难以推广，难以发挥应有的指导实践的作用。行动研究实际上是对传统的自上而下的教育研究模式的变革，它从实际问题出发，通过专业研究者与实际工作者的合作研究，促进理论与实践之间的沟通。

2. 行动研究能促进教师的专业发展

教育本身以及教育所处情境的复杂多样性，迫使教师能够对自己的情境有真正的分析与决断。而这种对教育教学活动意义及方式建构的主体是教师自身，别人无法代替。这意味着教师把对自己教学实践的质疑和探讨作为进一步发展的基础；有研究自己教学实践的信念和技能；有在实践中对教学理论进行质疑和检验的意向；愿意接受其他教师或研究人员来观察他的教学实践，并就此进行坦率而真诚的讨论。一句话，通过比较系统的自我研究，通过研究别的老师和通过在课堂研究中对有关理论的检验，实现专业上的自我发展。教师成为研究者，行动研究也就成了教师专业发展的主要途径，成了教师主导性的生活方式与工作方式。在行动研究中，教师不仅获得了专业发展，而且感受到创新的乐趣，提高了生命质量。

3. 行动研究可行性较强

由于实验研究法在教育研究中受到了较多的限制，实验要求有理论假设的指导，对实验研究者的理论素养、统计分析技术提出了较高的要求，广大中小学教师往往难以胜任。行动研究则为之提供了现实的可行性，它不仅能帮助广大教师改进工作的现状，提高教育教学的质量，而且能帮助他们提高教学水平，改进研究技巧，强化专业精神，因而越来越受到广大中小学教师的欢迎。

4. 行动研究有利于学校的教学改革

学校进行教学改革，教师应该是改革的行动主力。但是许多教育研究的方法都要求教师具备很高的理论研究水平，而且实验条件需要严格控制，加之中小学教师教学工作任务繁重，因此要求许多教师参与到如此严密的教学改革实验中来具有一定的困难，但行动研究不需要教师掌握高深的理论，实验条件不需要严密控制，并且目的是解决教师在实际工作中需要解决的问题，加上专家的理论指导，因此教师具有参加研究的积极性。学校教师参与到教学改革中来，有利于推动学校的教育改革。

5. 行动研究有利于学校与社会的沟通

行动研究允许外界人士监察行动的实施，并提供指导意见。特别需要学生家长的积极配合与合作，因为学生家长很了解学生在学校外学习的情况。教师根据家长的反馈信息，结合学生在校的情况，对每个学生实施有效的个别化教育，使每个学生都得到健康发展。学校方面也可以通过与学生家长的沟通，了解他们对学校教育与管理的要求，积极改进学校的工作，以适应社会的需求。管理部门监察学校的行动研究，可以了解到它实施的意义，并给学校以大力支持。

（四）教育行动研究的缺点

1. 研究结果的适用性程度有限

由于行动研究取样较小，对所收集的资料的处理也较简单，研究中有关变量的控制程度不高，研究结果很难与科学的实验研究并重。研究结果所关心的是特定问题的解决，缺乏代表性；在实际操作中，往往因为实践工作者强调研究的简便易行，而忽视了其计划性、系统性，因此不能对研究的外部效度做过高的要求，研究结果难以推广。

2. 行动研究强调实际工作者与研究人员的相互合作，在合作时间上如何配合，研究工作的任务如何安排等需要协调

科研人员在研究中往往还是自觉不自觉地以自己的想法、做法去影响实际工作者，在研究中起主导作用，而实际工作者由于自身水平学识相对较低，因此产生对理论研究人员的依赖，很难发挥自身的主动性、创造性。

二、教育行动研究的基本步骤

（一）计划

计划是指以大量事实和调查研究为前提，制订总体计划和每一步具体行动计划。计划是行动研究也是理智的工作过程的第一环节。计划环节包含以下内容和要求。

1. 计划的内容①

（1）计划实施后预期达到的研究目的。计划始于解决问题的需要和设想，设想又是行动研究者对问题的认识，以及他们掌握的有助于解决问题的知识、理论、方法与技术各种条件的综合。因此，需要教师收集资料（收集现有资料、观察记录情境等）并通过内在激发自己的隐含知识，与其他教师交流与合作，查阅相关文献必要的理论学习等，明确问题的核心，确定重要因素和对象

① 李炯英. 行动研究：概述、理据及应用[J]. 四川外语学学报，2003.11.

以及研究的关键任务，形成行动研究策略及确定行动后达到的结果。

（2）行动的步骤与时间的安排。行动的步骤设计是行动研究中非常重要的一个环节。为能适应没有预料到的效果和以前未曾认识到的制约因素，行动研究的计划要有弹性，具有暂时性和尝试性。因此，行动研究的进程及采取行动的大致时间安排上也要反映出本特点。

（3）行动研究涉及的人。行动研究是在真实的情景中进行的，不可避免地要涉及一些可能与本研究有密切关系的人，比如校长、其他教师、家长、学生群体等，行动研究计划应该考虑到如何处理与这些人的关系，如何与他们进行交流、获得必要的信息，尽量减少他们对研究的不良影响，使研究正常进行。

（4）准备将要使用的问卷或其他收集数据的工具。行动研究中经常使用问卷、访谈、个案研究、口头报告、教学日记等方法收集信息。

（5）对课程实施改变的因素以及如何观察或监控这些因素。一般而言，为了便于分析和研究结果，一次改变的因素不宜太多。

（6）如何实施已修改的策略。

根据凯米斯、艾略特等人的概括，教育行动研究计划一般包括以下九个方面：

①陈述问题或研究领域。

②确定变量。

③形成研究问题。

④说明创新之处。

⑤介绍行动研究小组的成员。

⑥列举有必要举行的会议。

⑦制定进度表。

⑧陈述可以利用的资源。

⑨说明资料收集的方式。

2. 计划的要求

（1）计划要具有可行性。行动研究的计划不是在实验室里进行的，它得以实施的背景就是课堂教学的活生生的实践背景。因此，制订计划时应以所发现的大量事实和调查研究为前提。同时，还要充分考虑到现实中一些可能的有利与不利的因素，保证计划顺利进行。

（2）计划要明确具体。计划包括“总体计划”和具体行动步骤的计划方案，尤其是第一、第二步的行动计划。因为行动研究强调“动手做”，但“做”不是盲目的，不是与日常工作没有两样的“做”，“做”是有方案、有计划思考的“做”。

（3）计划要具有灵活性。行动研究有很强的情景性与实践性。因此，计划必须要有充分的灵活性和开放性，要允许不断地修正计划，把始料不及但在行动中又显示出来的各种情况和因素纳入计划。

（二）行动

行动就是指计划的实施，它是行动者有目的、负责任、按计划的行动过程。在行动中，要按计划、有控制地进行变革。在变革中促进工作的改进，包括认识的改进和行动所在环境的改进。要考虑实际情况的变化，进行不断的行动调整。行动包括：

（1）行动是在获得了关于背景和行动本身的反馈信息，经过思考并有一定程度的理解后的有目的、负责任、按计划采取的实际步骤。

（2）实际工作者和研究者一同行动。在教育研究中，家长与社会人士和学生均可作为合作的对象。要协调各方面的力量，保证实施到位。

（3）重视实际情况的变化，随着对行动及背景认识的逐步加深，及各方面参与者的监督观察和评价建议，不断调整行动。它是灵活的、能动的。

教育行动研究是“为行动而研究”“在行动中研究”“由行动者研究”。离开了教师的行动（或实践），行动研究也就失去了存在的基础。如果从行动研究的整个过程来看，教师的行动（或实践）具有实质性意义，它既是问题解决的实际操作过程，是研究计划付诸实施的过程，也是后续的观察和反思的实践基础。

1. 行动的计划性

在教育行动研究中，教师的行动不是漫无目的的，而是根据已经制订好的计划开展教育教学实践的过程，因此具有鲜明的目的性和计划性。

（1）采取行动之前，教师需要获取有关行动及其背景、条件、效果的信息，并对这些信息进行必要的分析和考量，从而在一定程度上理解行动的动因和意义，为采取行动提供思想上的准备。特别是易引起针对敏感问题的行动，教师需要更加谨慎、细致、周全地思考，以免给当事人造成不必要的伤害。

（2）按照“大计划、小步骤”的要求采取行动，即在总体计划指导下，确保行动之间的连续性，避免有较长时间的间隔与较大的步骤跳跃。

（3）教师兼有实践者与研究者等多重角色，可能在实施计划的过程中面临来自其他方面的干扰与阻力，影响原计划的实施，这就要求教师处理好行动研究与其他工作之间的关系。

2. 行动的情境性

合理的行动不是预先设计的不容变化的，行动总是和行动的情境结合在一起的，随着教育情境的变化和教师认识的深化，行动也要不断地调整。

3. 行动的开放性

在行动研究中，教师不是置身于日常的教育实践之外来探讨问题，而是在日常的教育实践中融入研究的成分。因此，试图在教师参与行动研究的过程中与教师在日常教育实践之间划出一条清晰的界限是极其困难的。在行动研究具体展开的过程中，实施计划或采取行动都是与教师日常的实践交织在一起的，相互保持着应有的开放性。

（三）观察

在行动研究中，观察是最常用的收集资料的方法。观察是指对行动的过程、结果、背景以及行动者特点的考察。观察是反思、修订计划和进行下一步的前提条件，在行动研究中的观察包括：

观察既可以是行动者本人借助于各种有效手段对本人行动的记录观察，也可以是其他人的观察，而且多视角的观察更有利于全面而深刻地认识行动的过程。因此，行动研究中经常采用源于航海和军事勘察的“三角观测法”。

观察主要指对行动过程、结果、背景以及行动者特点的观察。社会活动尤其是教育活动受到实际环境中多种因素的制约，而且许多因素又不能事先确定和预测，更不能全部控制，因此，观察在行动研究中的地位就十分重要。在行动研究中，观察是反思、修正计划，确定下一步行动的前提条件。为了使观察系统、全面和客观，行动研究鼓励研究人员利用各种有效技术。

观察的内容有：第一，行动背景因素及其制约方式。第二，行动过程，包括什么样的人以什么方式参与了计划的实施，使用了哪些材料，安排了哪些主要活动，有无意外的变化、干扰，如何排除，等等。第三，行动的结果，包括预期的与非预期的，积极的和消极的。背景资料是分析计划设想的有效性的基础材料，过程资料是判断效果是不是由方案带来的和怎样带来的观察依据，结果资料是分析方案带来了什么样的效果的直接依据。这些材料对于效果分析来讲是缺一不可的。

提高行动研究的质量，必须追求观察的科学性，灵活运用各种已知的观察技术和数据、资料的采集分析技术等。为了保证观察的客观性，要让研究者与实际工作者、局外人与当事人从不同的方面进行多视角的观察，全面而深刻地把握行动的全过程。

（四）反思

1. 反思的环节

反思是行动研究第一个循环周期的结束，又是过渡到另一个循环周期的中介。反思这一环节包括整理描述、评价解释，写出研究报告。

（1）整理和描述。即对观察到、感受到的与制订计划、实施计划有关的各种现象加以归纳整理，描述出本循环的过程和结果，勾画出多侧面的生动的行动过程。

（2）评价解释。即对行动的过程和结果做出判断评价，对有关现象和原因做出分析解释，找出计划与结果的不一致性，从而形成基本设想。总体计划和下一步行动计划是否需要修正，需做哪些修正的判断和构想。

（3）写出研究报告。行动研究的报告有自己的特色，允许采取多种不同的写作形式。如让所有的参与者共同撰写叙述故事，让不同的、多元的声音一起说话，也可以编制一系列个人的叙述、生活经验，让当事人直接向公众说话。

下面以湖南汨罗市的素质教育探索为例来进行分析：①

①设想——由于应试教育的长期影响，课堂教学造成了这样一些弊端：重"教"不重"学"，重"知"不重"思"，重"灌"不重"趣"。怎样才能调动学生学习的积极性，变应试教育为素质教育呢？看来首先应改进方法，建立新的教学模式。

②计划——课堂教学中，突出"学"字，从让学生"学会"转到培养学生"会学"上来；突出"思"字，从让学生"学答"转到培养学生"学问"上来；突出"乐"字，使学生从"要我学"转变为"我要学"。

③行动——改造教法、学法，为学生提供"学案"，让学生可以"自己走路"；用"疑"激"思"，把教学活动变成全体学生的"思维体操"，用学生喜闻乐见的方式进行教学设计，使学生乐中求知、得知。

④观察——观察备课、上课、评课是否都突出了"学法""思法"。

⑤反思——对整个教改的实践进行归纳整理，形成教改"三字经"，即注重"学""思""乐"。

2. 反思的基本要求

反思是在行动和观察之后做出的，它既是行动研究第一个循环的结束，也意味着新的行动研究循环的开始。反思的目的在于寻求教师行动或实践的合理性。这种反思大体涉及两个方面：一是对整个行动研究过程的系统描述，即勾勒出从确定问题到制订计划、从采取行动到实施观察的整体图景；二是对行动研究的过程和结果进行判断和评价，并对有关现象和原因做出分析和解释，找出计划与结果不一致的地方，进而确定原有的研究问题、研究计划和下一步的计划是否需要修正，以及需要做出哪些修正。反思的基本要求是：

（1）以研究问题为基点。行动研究是始于问题解决，在反思环节中，教师需要针对原初的问题具体地展开反思。

（2）以研究计划为参照。教师的行动或实践是在研究计划的指导下展开的。结合研究计划来反思行动或实践，不仅有助于考察原有研究计划的合理性，而且有助于完善下一步的研究计划。

① 教师课堂观察行动研究案例[EB/OL]. http://www.177liuxue.cn/info/2010-06/113892.html

(3) 以教师行动为对象。在行动研究中，反思都是行动者的反思，是教师对自身行动或实践的反观。这种反观有时是描述性的，有时是批判性的，如多角度地对自身行动或实践和理性的综合剖析。

(4) 以改进实践为归宿。行动研究从教育实践中的问题开始，最终走向教师实践的改进。教师反思的指向也应该是实践的，即在研究的过程中，教师个人的教育教学素养是否得到了提升？是否增进了教育教学实践的合理性？

第二节　教育行动研究论文导读

一、教育行动研究论文示例

基于专题网站的开发性学习模式的行动研究①

摘要：专题学习网站是一种新型的网络教学资源，如何应用其进行有效的教学应用与教学改革是当前网络教学研究的一个新问题。本文以教育技术学专业骨干课程“教学设计”的教学改革试验为例，介绍如何运用行动研究方法，探索和构建基于专题学习网站的开发性学习模式的研究过程。

关键词：专题学习网站；学习模式；行动研究

一、研究的目的

专题学习网站，是围绕某门课程或多门课程密切相关的学习专题而展开深入研究的资源学习型网站。它通常包括如下四个组成部分，即结构化知识、专题资源库、协作学习平台、测试评价系统。专题学习网站作为网络教学资源的一种新的表现形态，正日益显示出蓬勃发展的生机。

研究资料表明，目前，有关专题学习网站建设的项目有中央电化教育馆的“中小学专题学习网站的建设”、广东省高等学校现代教育技术“151 工程”（即在“十五”期间广东省高校要重点建设 100 个

---

① 谢幼如，余红，等. 基于专题网站的开发性学习模式的行动研究[J]. 电化教育研究，2004(11)：139.

专题学习网站、50个专业公用资源库和开展100项基于网上资源利用的教学改革试验)、广东省深圳市的“330工程”（即深圳市教育局将在三年的时间内，建设30个中小学专题学习网站）等。另外，据统计，全国教育科学“十五”规划、教育部重点课题“网络教学的设计与评价研究”的实验学校已开发的专题学习网站有近100个。这些专题学习网站，覆盖各个学科，涉及许多专题，大部分设计精美，功能强大，素材资源丰富，在网络教学资源中占有相当的比例。如何发挥这些专题学习网站的作用，并应用其进行教学模式的改革与创新是当前信息技术教育应用的一个亟待解决的问题。

“教学设计”是我国高等学校教育技术学专业的一门骨干课程。它不仅理论涉及面广，而且实践性强。本研究利用“网络环境的教学设计”专题学习网站，采用行动研究方法，将网络环境中基于专题资源的学习与教学设计实践能力训练相结合，探索网络环境下如何体现以学生为主体，利用网络资源进行自主探究学习、协作学习的方式，实现师生对“网络环境的教学设计”专题学习网站的共建和共享，进而建立“基于专题网站的教学设计”课程教学新模式。

二、学习模式的初步构想

（一）学习模式的初步结构图

基于专题网站的开发性学习模式，是围绕某一专题性内容进行较广泛、深入的学习与研究，并要求学生通过专题学习网站的共建和共享来培养学生的创新精神和实践能力。这种模式的学习过程是：学生根据一定的要求，参与网站的设计开发；教师提出学习要求，学生利用网站自主、协作学习；学生的自主学习成果（网页）通过评价整合成为网站资源；学生利用网站提供的形成性练习和考试功能，检测自己的学习效果。这种学习模式可以分两种情况，一种情况是通过专题的学习，学生进行专题学习网站的设计与开发，并在学习过程中不断完善和发展；另一种情况是在专题学习前已有相应的专题学习网站，学生利用这个专题学习网站作为平台进行专题学习，并利用学习成果（网页）丰富和完善原有的专题学习网站。本文所述的“教学设计”课程试验，其学习模式是属于后者。其模式结构图如图1所示。

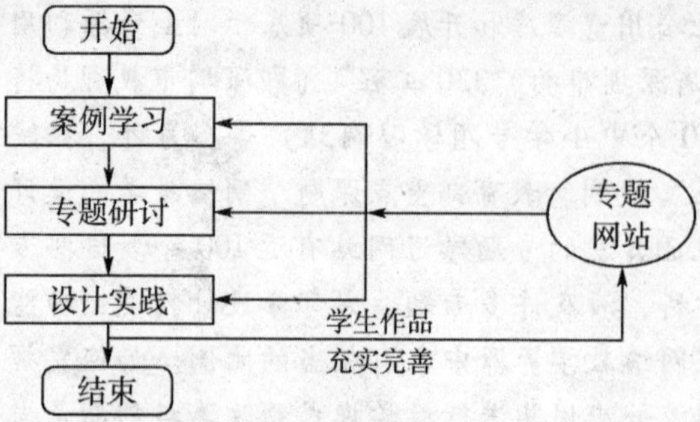

图1 基于专题网站的开发性学习模式初步结构图

从图1可以看出，该模式主要由“案例学习”“专题研讨”和“设计实践”三大教学环节组成。其中“案例学习”是指学生利用专题网站提供的大量案例进行自主学习；“专题研讨”是指学生围绕问题，利用专题网站的协商交流平台进行在线讨论；“设计实践”是指学生利用专题网站提供的实践任务和研究工具，进行作品设计。这三大教学环节的设计突出了理论学习与实践训练的有机结合。专题网站为三大主要教学环节的实施提供了网络教学环境的支撑。所谓开发性，是指在这种学习模式中，学生的学习成果（网页）是开发性和生产性的，网站资源既是学生的学习对象，又是学生的设计成果，体现了师生对网站共建共享的特点。

（二）学习模式的特点分析

基于专题网站的开发性学习模式的主要特点体现在：

1. 学习目标强调创新精神与实践能力的培养

这种基于专题网站的开发性学习模式，其学习目标与传统的学习模式相比较，无论是知识内容的掌握，还是专题网站的开发，都更注重学生的创新精神与实践能力的培养。

2. 学习内容围绕特定的专题

这种基于专题网站的开发性学习模式，其学习内容都是围绕特定的学习专题，这种学习专题可以分为不同的单元，每一单元又可以划分为若干个知识点。这种专题学习比较强调知识的内在联系以及专题的特点。

3. 学习环境基于专题网站

这种基于专题网站的开发性学习模式，主要学习环节都离不开专题学习网站的支撑。一方面，专题学习网站是实现这种学习模式的平台工具；另一方面，专题学习网站又是这种学习模式中师生共建的学习资源。

4. 学习过程重视自主与协作

这种基于专题网站的开发性学习模式，在学习过程中非常重视学生的自主学习与协作学习。由于专题学习网站的特有功能和资源内容，我们可以让学生利用“专题学习”模块进行自主学习，也可以利用“协作学习”和“专题资源库”等模块进行协作学习。

5. 学习效果注重学生具有创造性的电子作品的制作

这种基于专题网站的开发性学习模式，体现学生学习效果的重要方面就是电子作品的制作。这种电子作品既要反映学生对专题知识内容的理解和创新，还要体现学生对信息技术的掌握和应用，是学生综合能力的一种体现。

三、行动研究方案的设计

本次试验研究主要采取行动研究方法。行动研究是指由与问题有关的所有人员共同参与研究和实践，对问题情境进行全程干预，并在此实践活动中找到有关理论依据及解决问题的研究方法。行动研究的过程是一个螺旋式上升的发展过程。每一个螺旋圈都包括计划、行动、观察和反思四个相互联系、相互依赖的环节。

本次行动研究的总目标是：

（1）探索和构建基于专题网站的“教学设计”课程学习模式；

（2）研究基于专题网站的“教学设计”课程学习模式的设计方法和操作流程。

其中行动研究的对象是华南师范大学教育信息技术学院教育技术学专业2002级本科生，共70人。

本次行动研究分三轮进行，具体的设计如下：

（一）第一轮行动研究的设计

1. 第一轮行动研究目标

分析基于专题网站的开发性学习模式的构成要素及其之间的关系。

2. 第一轮行动研究的教学内容

“学习需求评估和学习者特征分析”（3课时）和“目标分析与确定”（3课时）。

3. 计划（共6个课时）

（1）计划得出基于专题网站的开发性学习模式的构成要素；

（2）计划分析出各个要素之间的相互关系，并以图形的形式加以描述；

（3）制订“学习需求评估和学习者特征分析”和“目标分析与确定”的教学设计方案。

4. 行动

按照教学设计方案，运用“网络环境的教学设计”专题网站进行教学试验。

5. 观察

（1）观察执教者的课堂主要教学环节；

（2）观察师生的课堂教学活动。

6. 反思

通过课堂录像、教学日志反思基于专题网站的开发性学习模式的构成要素划分是否合理，它们之间的关系是否正确。

（二）第二轮行动研究的设计

1. 第二轮行动研究目标

构建基于专题网站的开发性学习模式。

2. 第二轮行动研究的教学内容

“教学媒体的选择与教学情境创设”（6课时）。

3. 计划（共6个课时）

（1）计划在第一轮行动研究得出的基于专题网站的开发性学习模式各要素之间关系的基础上，进一步结合实际教学过程，完善原有模式中三大要素所包含的内容及其之间的关系；

（2）制定“教学媒体的选择与教学情境创设”的教学设计方案。

4. 行动

按照教学设计方案，运用“网络环境的教学设计”专题网站进行教学试验。

5. 观察

观察主要教学环节中教师的活动、学生的活动、专题网站的应用方式。

6. 反思

通过课堂录像、教学日志反思基于专题网站的开发性学习模式图的构建是否合理以及专题网站在教学中的应用方式。

（三）第三轮行动研究的设计

1. 第三轮行动研究目标

探索基于专题网站的开发性学习模式的设计方法和操作流程。

2. 第三轮行动研究的教学内容

“协作学习与自主学习”（3课时）和“教学设计理论的应用”（3课时）。

3. 计划（共6课时）

（1）计划在第二轮行动研究得出的基于专题网站的开发性学习模式的基础上，总结出该模式的设计方法与具体操作流程；

（2）制定“协作学习与自主学习”和“教学设计理论的应用”的教学设计方案。

4. 行动

按照教学设计方案，运用“网络环境的教学设计”专题网站进行教学试验。

5. 观察

观察主要教学环节中教师的活动、学生的活动、专题网站的应用方式。

6. 反思

通过课堂录像、教学日志反思基于专题网站的开发性学习模式的三种设计策略及其操作流程是否科学、合理。

四、行动研究的总结

每一轮行动研究结束后，执教教师都撰写课后教学反思日志。在第一轮行动研究中，执教教师针对专题网站的建设，谈道：“专题学习网站很好地为教学设计课程网络教学提供了支持，其成功的关键在于专题内容是通过系统的、有组织的知识架构来呈现的，便于学生的学习。经过一轮试验，我们发现：需要在网站中不断充实教学实例，增加相关学科（如认知科学等）方面的文献资源，还需另辟学生学习成果展示和评价的模块。”（见下表第一轮行动研究的调整环节）在第二轮行动研究中，执教教师针对三大教学环节的具体设计，谈道：“在三大块的教学环节中，感觉最难处理的就是专题研讨环节，在专题研讨环节中有关问题的设计与设置，我也一直在思考和尝试设计怎样的问题是学生有兴趣、有能力去研讨的，而且应该怎样去控制整个研讨过程，做到张弛有度；同样，不同的学习内容，在实施教学时，采用的具体教学策略不同，是否会影响课程教学结构。”（见下表第二轮行动研究的调整环节）

在第二轮行动研究结束以后，我们设计了一份“基于专题网站的开发性学习模式”评价指标体系，让行动研究对象（30 名）对模式进行评价。这份评价指标体系包括五个结构指标，分别为问题/任务设计、专题网站功能、学生学习活动、教师指导活动和教学效果。每一个结构指标又细分为 2～3 个单项指标。通过数据处理、分析，我们发现 30 名被试对“专题网站功能”一项的评价较高，但是对于“学生学习活动”中的“案例学习”“专题研讨”“设计实践”以及“教师指导活动”中的“示例教学”“组织研讨”“指导点评”的评价一般。针对这种情况，我们在设计第二轮行动研究时，重点对“案例学习”“专题研讨”和“设计实践”三大主要教学环节的设计策略做出了相应的调整。（见下表第二轮行动研究的调整环节）

经过三轮行动研究，我们基本上达到了研究目标，即探索和构建出基于专题网站的开发性学习模式及其设计的方法与具体操作流程。在三轮行动研究的过程中，针对每一轮行动研究出现的问题以及下一轮行动研究采取的改进策略，原先初步设想的基于专题网站的开发性学习模式结构图、操作流程发生了一定改变。三轮行动研究的总结见下表。

三轮行动研究的总结表

行动研究	研究目标	调　整　环　节
第一轮行动研究	分析基于专题网站的开发性学习模式的构成要素及其之间的关系	通过第一轮行动研究，我们得出的模式要素及其之间的关系与原先的初步构想基本相同，但是每一要素的具体内容还不是很明确。 1. 针对反思内容，在“案例学习”环节中拟采取教师讲解案例与学生自学案例相结合的形式 2. 针对反思内容，在“专题研讨”环节中拟采取基于问题的学习设计 3. 针对反思内容，在“设计实践”环节中拟采取基于任务的学习设计 4. 针对反思内容，在专题网站的“相关资源”模块中增加“学生作品”栏目，从而便于学生上传作品，丰富网站资源，为学生的学习成果提供展示与评价空间

续表

行动研究	研究目标	调　整　环　节
第二轮行动研究	构建基于专题网站的开发性学习模式	通过第二轮行动研究，我们基本上补充和完善了模式中每一个要素的具体内容，但是对于每一要素的设计方法还不是很明确 1. 针对反思内容，在“案例学习”环节中拟采用“呈现案例—示范讲解—观察思考—交流讨论”的设计方法 2. 针对反思内容，在“专题研讨”环节中拟采用“提出问题—自主学习—协商研讨—指导监控”的设计方法 3. 针对反思内容，在“设计实践”环节中拟采用“布置任务—分析讨论—设计作品—评价反馈”的设计方法
第三轮行动研究	探索基于专题网站的开发性学习模式的设计方法和操作流程	通过第三轮行动研究，我们对模式中各要素的设计方法及其模式的操作流程基本清晰，达到了三轮行动研究的总体目标

五、学习模式的修改与完善

（一）学习模式的结构图

通过三轮行动研究，我们得到经修改完善后的基于专题网站的开发性学习模式的结构图，如下图所示。

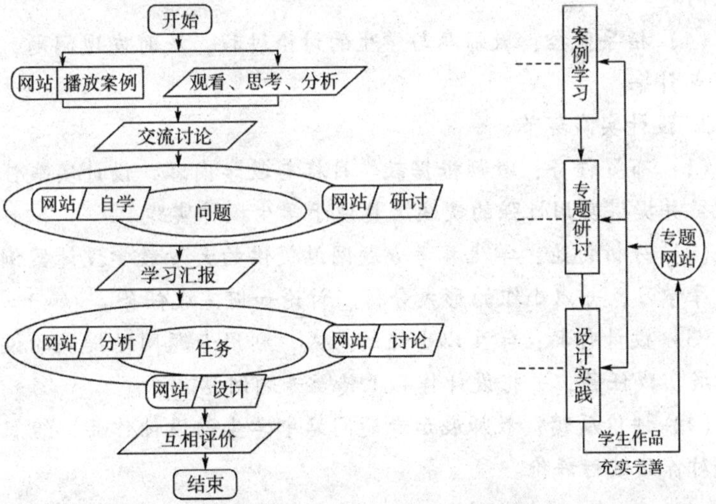

基于专题网站的开发性学习模式结构图

与初步构想的模式结构图相比，三大要素（三大主要教学环节）即“案例学习”“专题研讨”和“设计实践”的具体内容进一步得到充实与完善。其中“案例学习”以示例教学策略为主，“专题研讨”以基于问题的学习策略为主，“设计实践”以基于任务的学习策略为主。

（二）学习模式的操作流程

1. 案例学习环节

（1）呈现案例：教师根据教学目标与教学内容提供教学案例。

（2）示范讲解：教师围绕一个典型案例，引导学生观察，并详细讲解。然后教师围绕案例，提出思考问题，引发学生思考。

（3）观察思考：学生利用专题网站提供的案例进行观摩、思考、分析。

（4）交流讨论：学生可以以同伴的形式交流学习心得与体会。

2. 专题研讨环节

（1）提出问题：教师根据教学内容，精心设计问题，并发布到“专题网站的专题研讨”模块。

（2）自主学习：学生围绕自己感兴趣的问题，从专题网站中收集相关的资源进行学习。

（3）协商研讨：学生以小组的形式利用专题网站提供的交流工具讨论问题。

（4）指导监控：教师参与学生的讨论过程，及时发现问题，并给予指点引导。

3. 设计实践环节

（1）布置任务：教师根据教学目标与教学内容，设计实践任务与要求，并提供实用性强的实践工具便于学生操作实践。

（2）分析讨论：学生参考专题网站提供的大量教学设计案例，进行观摩学习，并以小组的形式分析、讨论如何完成任务。

（3）设计作品：学生以小组的形式，利用专题网站提供的设计工具完成实践任务，并将设计作品上传至专题网站。

（4）评价反馈：教师展示专题网站中学生的设计作品，组织指导学生对作品进行评价。

六、结论

经过三轮行动研究，在不断的计划、行动、观察和反思中，我们探索和构建了基于专题网站的开发性学习模式，提出了一套教学设计的方法与具体实施的操作流程。这不仅为“教学设计”课程开展网络教学改革提供了新的思路，而且为行动研究方法在教学试验研究中的推广与应用提供了典型示范。

参考文献

[1] 瑞丰. 远程教育：突破瓶颈快速发展[DB/OL]. http://www.edu.cn/20040202/3098164.shtml. 2004-02-02.

[2] 黄蔚. 全国教师教育论坛召开教师教育将全面创新发展[N]. 中国教育报,2004-05-24(1).

[3] 田华文. 策略地运用教学技能[J]. 中国电化教育,2003,(3):49-51.

[4] 何克抗. 从 Blending Learning 看教育技术理论的新发展：下[J]. 中国电化教育,2004,(4):10-14.

二、拓展阅读——教育行动研究

[1] 郑少鸣,等. 教师“行动教育”——青浦实验新世纪探索[J]. 课程·教材·教法,2014(03).

[2] 李燕. 幼儿园节日教育行动研究[D]. 山东师范大学,2009.

[3] 刘婷. 情绪主题绘本促进幼儿情绪能力发展的行动研究[D]. 西南大学,2010.

[4] 梁永平. 发展教师教学行为的行动研究[J]. 教育理论与实践,2007(3):27.

[5] 石中英. 行动研究本体论假设的再思考[J]. 教师教育研究,2004(4):16.

[6] 杨明全. 行动研究与课程创新[J]. 教师教育研究,2004(4):16.

[7] 谢幼如,余红,等. 基于专题网站的开发性学习模式的行动研究[J]. 电化教育研究,2004(11):139.

[8] 王笃勤. 小组合作学习行动研究[J]. 国外外语教学,2004(01).

[9] 范诗武. 新世纪教师专业能力与教育行动研究[J]. 外国教育研究,2003(5):30.

[10] 庞继贤. 外语教学中的“行动研究”[J]. 浙江大学学报,1998(2):12.

[11] 刘良华. 重申“行动研究”[J]. 比较教育研究,2005(5):180.

[12] 洪明. 基于“行动研究”的教师教育——埃利奥特教师教育思想探略[J]. 外国教育研究,2004(9):31.

[13] 牛瑞雪. 行动研究为什么搁浅了——大学与中小学合作研究的困境与出路[J]. 课程·教材·教法,2006(2):26.

[14] 陈柏华,高凌飚. 教师专业发展之行动研究[J]. 课程·教材·教法,2007(10):27.

[15] 潘卫东. 外语教师行动研究:理论、方法与案例[J]. 中国科技创新导刊,2008(01).

[16] 刘秀江. 教育行动研究:背景、理念与需要[J]. 教育探索,2003(01).

[17] 周耀威. 教育行动研究与教师专业发展[J]. 全球教育展望,2002(04).

[18] 王嘉毅,陆春萍. 教育行动研究的效度问题[J]. 教育理论与实践,2001(03).

[19] 何青颖. 行动研究——教师专业发展的驱动力[J]. 课程教材教学研究:小教研究,2010(Z6).

[20] 熊媛媛. 论教师专业发展与教育行动研究[J]. 教育探索,2006(08).

第三节　实战体验：设计一个教育行动研究方案

尝试设计或实施一项教育行动研究方案。

第八章　教育个案研究

学习目标

学习完本章后，你将能够：

1. 解释：教育个案研究、追踪法、追因法、临床法、活动产品分析法、教育会诊法。
2. 描述教育个案研究的特点。
3. 说明教育个案研究的基本程序。
4. 描述不同类型教育个案研究方法及其主要特征。
5. 设计个案研究方案。

研究议题

设计教育个案研究方案。

第一节　理论基础：教育个案研究

一、教育个案研究概述

个案研究法是以个别案例为研究对象进行全面而深入的研究的一种研究方法，其任务是揭示研究对象形成、变化的特点和规律，以及影响个案发展变化的各种因素，并提出相应的对策。

个案研究一般是对研究对象的一些典型特征做全面而深入的考察与分析，其过程与解剖麻雀相似，因此也有叫“解剖麻雀法”。同时，由于个案研究常常需要追溯研究对象的背景资料，了解发展变化的具体经历，因此又称“个案历史研究法”。

（一）个案研究法的特点

教育个案研究在学校教育、心理咨询和行为矫正等工作中具有重要意义，它是所有研究方法中最生动、最有趣的。教育个案研究具有以下特征：

1. 研究对象的个别性

教育个案研究的目的虽然是了解、把握某个个体的具体情况，但也要通过个案研究，揭示出一般规律。个案研究的对象是与其他个体相联系的，是某一个整体中的个别。因此，对个别对象的研究在一定程度上反映了其他个体和整体的某些特征和规律。但个案研究取样较少，其研究的结论若推广，需要谨慎地思考和分析，以免犯以个别代替一般的错误。

2. 研究内容的深入性

教育个案研究的对象不多，研究时有比较充裕的时间，进行透彻深入的分析与研究。个案研究既可以研究个案的现在，也可以研究过去，还可以追踪未来的发展。个案研究可以做静态的分析，也可以做动态的跟踪。例如，对一个学困生的研究，需要从多方面加以考察，如学生的智力因素和非智力因素、原有的知识经验和学习方法、教师的教学和家长的辅导，还要进行前后左右的对照和比较，这样就可以对该生进行比较全面而深入的了解和认识。

3. 研究方法的综合性

教育个案研究有追踪法、追因法、活动产品分析法、临床法、教育会诊法等多种方法，但个案研究又不是完全独立的研究方法。为了搜集到更多的个案资料，从多角度把握研究对象的发展变化，就必须结合教育观察、教育调查、教育实验、教育测量等多种研究方法，综合运用各种研究手段。

4. 研究过程的客观性

教育个案研究最显著的特征是以客观的态度和归纳的方法描述客观世界的真实故事，个案研究所得的材料比较科学准确，具有较高的文献价值。教育个案研究通过收集有关个案的背景、具体材料、调查访问结果及有关人员做出的评定和反映，为教育研究提供了取之不尽的宝贵源泉。但个案研究并不仅局限于“描述客观世界”，它还力图解释、预测或控制客观世界的发展变化。因而，个案研究在于通过解剖“麻雀”，从中总结或提取普遍性原理，即把个案一般化。

（二）个案研究的基本程序

1. 认识对象，确立个案

个案研究是在对个案深入理解的基础上，通过对个案的精细描述和分析而获得整体的认识。个案研究重在探讨事物怎样发生和为什么发生。在个案研究中，确立个案是关键。

适用个案研究的条件是：用小样本来说明总体；通过个案来剖析事物；在

原理的应用中，用个案来反馈；为积累材料，可以以个案为素材，为研究打基础。既不普遍也不具代表性，但值得关注的事件，也可以成为个案。

确立研究对象的标准一般有以下几项：①根据已有的主观印象，看研究对象的行为是否有显著性特征；②向教师、家长以及有关人员调查了解，看是否有类似的评价和印象；③通过相关检测，看测量结果是否达到评价指标。

为了选取具有能完成研究任务的特性及功能的样本，个案研究往往采用有目的抽样。

表 8－1　　质性研究中使用的目的抽样策略①

抽样策略	选择的个案
重要特征抽样策略	
极端或偏差型个案抽样	（单）表现出高或低两个极端特点的个案
强度抽样	（单）表现的特征强度或高或低但不极端的个案
典型个案抽样	（单）具有一定代表性的个案
最大差异抽样	（多）最大限度覆盖研究现象中各种不同情况的个案
分层抽样	（多）表现出事先确定的不同层次特点的个案
同质个案抽样	（多）同部成分比较相同的个案
目的随机抽样	（多）在可获得总体中经过随机抽样选择的个案
单一特征抽样策略	
关键个案抽样	（单）对检验某个理论、项目或其他现象比较关键的个案
以理论为基础的抽样	（单）表现出特定理论构想的个案
相符或不符个案抽样	（单）能够证实或否定以前的个案研究结果的个案
效标抽样	（单）符合某个重要标准的个案
重要政治个案抽样	（单）比较著名或具有重要政治意义的个案
突发性抽样策略	
机遇式抽样	（单）由于有些情况事先能以预料，研究者在数据收集过程中根据具体情况选择的个案
滚雪球或链锁式抽样	（单）由知道他人可能提供相关丰富信息的个体推荐的个案
无依据抽样策略	
方便抽样	（单）只因为方便找到而选择的个案

注：若只选择一个个案，只有某些方法适合，即标“（单）”的方法。

① 高尔，等.教育研究方法实用指南[M].屈书杰，等，译.北京：北京大学出版社，2009：297.

2. 个案现状评定

个案评定要全面，既要对突出方面进行专门的测量与评定，以准确了解个案在这些方面的特点、所处的水平等；也要对个案的一般情况有比较全面的了解与评定。因为某一方面的突出不是偶然的，往往与个案所处的现状有关。

3. 收集个案资料

（1）个案资料的内容。个案资料的内容十分丰富。个体个案研究的内容主要包括：①研究对象的基本情况，如姓名、年龄、性别、民族、所在学校和班级、所在班级同学的总体情况（年龄、性别比例等）。②个体身体健康资料，如既往病史、药物过敏史等。③个体成长及心理发展资料，如母亲妊娠、生产情况，出生后的发展情况，个性心理特征，行为习惯等。④个体家庭背景资料，如父母的年龄、职业、文化程度、健康状况，家庭经济状况及居住环境，父母的教养方式，亲子关系，家庭中的重大生活事件，家庭病史等。⑤个体当前问题资料。如目前的主要症状、表现等。

（2）个案资料的来源与收集方式。个案资料的来源十分广泛：可以来自于对研究对象本身的观察、调查，或由研究对象自己提供，也可以来自于与研究对象相关的一些人或机构。

所收集的这些个案资料可概括为两类，即主体和客体资料。前者指研究对象的自传日记、写给别人的信件、著作等；后者指个人档案，社团或学校、机关的记录、照片、录音、登记表格，以及同学、同事等人提供的证明材料。

收集资料的方式很多，如观察、测量、问卷、访谈、查阅个案的一切文字记录等。

（3）收集个案资料的要求。收集个案资料要做到客观、公正、全面、深刻。

4. 整理分析资料

对收集到的个案资料，要进行整理和分析，做出合理判断，探究某一行为的原因，揭示个案的外在现象与内在本质间存在的因果联系。在教育或心理现象中，行为的原因错综复杂，需要研究者对个案资料进行全方位的谨慎而深入的分析。

（1）个案资料的记录整理。个案研究资料的记录整理要分门别类，简便清晰。个人谈话记录表和个案研究资料袋都是记载和整理个案资料的简便形式。

（2）个案资料的分析。面对收集到的丰富而详细的资料，如何进行分析，从哪些方面分析，直接影响研究的质量。一般而言，分析个案资料主要从以下两个维度进行：

①“主观—客观”维度。从研究对象的主观上分析，主要是探究隐藏在个案外在行为背后的内在动力，如动机、态度、情感、世界观、人生观、价值观等；从客观上分析，主要是了解教育、家庭、社会环境等与儿童的生理、心理

特点以及学生的成长、发展存在哪些相适应或不适应的地方，并找出它们的矛盾关键所在。

②“现状—过程—背景”维度。主要从个案当前的现状和发展水平来分析个案行为或现象的形成和发展过程与现有水平的动态关系，进一步分析个案行为或现象发生的背景因素，以此来了解个案发展变化的基本特点和规律以及影响个案发展变化的各种因素。

在对所收集的历史资料与现代资料进行比较分析的基础上，理清个案发展变化的脉络，找出哪几个因素对个案在某些方面的突出发展有较明显的意义，形成初步的认识，然后进行深入的分析。

5. 个案的补救矫正与发展指导

个案的补救矫正与发展指导就是根据对个案资料的分析、诊断，提出恰当的教育措施，进行矫正或发展指导教育，或对个案如何发扬成绩克服缺点，设计一套因材施教的方案并加以实施。

具体包括两方面内容：①改善和疏导不利于个案发展的外在条件，创设有利于促进个案发展的外在条件，使之更好地适应、满足个案发展的需要；②激励或引导个体内在因素的健康积极发展，提高个体的心理健康水平，改善和发展良好情绪、情感和人格倾向，克服过度焦虑和不良性格等。

对个案进行补救矫正和发展指导的具体方法视问题的性质而定，一般来说，需要根据生理学、心理学、教育学、社会学的原理，有针对性地加以矫正。

6. 追踪研究

教育个案研究是一种长期活动，需要经过一段时间才能比较清晰地看清这一教育措施的效果。因此，对于个案研究，有必要进行较长时间的追踪观察，以测定与评价其指导措施。

7. 撰写研究报告或论文

个案研究报告最好是按着以上六个步骤来写，把它们当作六个组成部分。

二、个案研究的方法

（一）追踪法

个案追踪法就是在较长的时间内连续跟踪研究单个的人或事，搜集各种资料，揭示其发展变化的情况和趋势的一种研究方法。

追踪法的运用有以下几个步骤：

（1）确定课题。确定课题首先要明确追踪研究的对象是个人还是团体或机构，目的是什么，要追踪研究对象的哪些方面。

（2）实施追踪研究。

（3）整理和分析资料。

(4) 提出改进建议。

(二) 追因法

实验法先确立原因，然后根据原因去探究产生的结果。追因法则是先有结果，然后根据发现的结果去追究发生的原因。

实施个案追因研究有这样几个步骤：

(1) 确定结果和要研究的问题。

(2) 追因假设。

(3) 设置比较对象。

(4) 查阅资料，进行对比。

(5) 检验结果。找出原因尚有待进一步检验。最后的检验办法是看有同样原因存在的其他许多事例中是否有同样的结果发生。

(三) 临床法

临床法也叫临床谈话法，往往通过谈话的形式进行。这一方法既适用于陷于困境儿童的研究，也适用于正常儿童的研究。前者旨在解决个案的问题，后者旨在通过研究特殊个案发现儿童发展的一般规律。

临床法应用的一般过程如下：

(1) 由教师、父母或学生本人提出需要帮助的具体的行为问题或学习问题，然后观察他的行为。

(2) 根据学生的学习成绩、教育测量情况、同伴评价、家庭情况以及该生在各种环境中的表现，明确当前的情况。

(3) 根据学生的发展史、学校记录和家庭历史等资料，了解其过去的历史。包括：①找出行为的一贯性。如学生的问题行为是在所有情境中发生，还是只在一定的情境中发生。②找出行为的模式，即使行为前后有不一致，也可能是一种有意义的模式。③找出可能的动机。

(4) 根据可能的假设设计处理方案。

(5) 根据初步处理的结果判别假设是否正确，是否需要修改或者必须完全推翻。

(6) 为了提高研究的科学性，一般宜用实验法再加以检验。

(四) 活动产品分析法

通过对研究对象活动产品如作业、书稿、日志、教案、总结、绘画、自传、工艺作品等等的分析，以了解研究对象的能力、倾向、技能、熟练程度、情感状态和知识范围，从而对个案状况做出准确判断的一种研究方法。如研究学生的新概念作文，可以了解学生认识、情感、技能、创造性等发展水平。

(五) 教育会诊法

教育会诊法是指召集有关教育专家学者通过讨论，就个案做出鉴定，做出对研究对象比较客观公正的结论的一种研究方法。其特点是集体性、公正性、简便性。

巴班斯基认为教育会诊通常包括六个环节：

（1）明确会诊目的。

（2）确定会诊参加者。

（3）由班主任和任课教师详细说明对某一学生的看法，并列举理由。

（4）组织集体讨论，广泛交换意见。

（5）为个案做出鉴定，提出有针对性的教育措施。

（6）根据学生的鉴定材料，教师对集体或个人的教育工作进行自我反省，加强自身修养，提高教育教学水平。

第二节　教育个案研究论文导读

一、教育个案研究论文示例

从教学反思的水平看教师专业成长

——基于新课程实施中四位教师的个案研究①

赵明仁　陆春萍

摘要：以哈贝马斯认识兴趣理论为理论原型，将教学反思分为技术的、实践的和解放的三个水平。依此为分析框架对四位教师的教学反思分析后发现教学水平高的教师进行的全部是实践性和解放性反思，而教学水平一般的教师的反思中技术性反思占有很大比例。进一步分析发现，教师在技术性反思中进行的是外在控制型的专业成长，在实践性反思中进行的是保守的内在生成型专业成长，在解放性反思中进行的是超越的内在生成型专业成长。实践性和解放性反思是促进教师专业发展的有力措施。

关键词：教学反思水平，教师专业成长，个案研究

① 赵明仁，陆春萍．从教学反思的水平看教师专业成长——基于新课程实施中四位教师的个案研究[J]．课程·教材·教法，2007(02)：27.

伴随着素质教育的逐步实施，教师在教学和专业发展中的主动性和创造性备受重视。反思作为教师捕捉、活化教学经验，对教学实践赋予意义的过程，虽然被普遍认为是教师自主发展的重要途径，但还非常缺乏相关的实证研究来揭示教师的反思与专业成长之间深层的内在关联。本研究将以新课程改革为背景，以哈贝马斯的认识兴趣理论为理论原型，在透析教学反思水平基础上，探究不同水平的教学反思对于专业成长的意义。

一、教学反思的水平理论

哈贝马斯（J. Habermas）把人类社会生活分为三个基本要素：工作、沟通与权力。与之相应，人类的认识兴趣就有技术的、实践的和解放的三种。范梅南（M. Van Manen）以哈氏理论为基础，曾论述过教师反思的水平理论。本研究在哈贝马斯理论和范梅南论述基础上，发展出分析教学反思水平的理论框架。

（一）技术性反思

教师在技术性反思中，重点是寻找更经济、有效的途径达到预期目的。对手段的精雕细琢远远超过对结果的价值追问。假设直接运用以技术理性为认识论所产生的一系列理论、原则、方法和技术就能够促进课程发展，达到预定的课程目标知识来源于外部的权威，而不是课程实践。这种知识必须以命题的形式呈现出来，是技术化的。反思者希望自己的实践能够与研究发现一致，对学生的学习产生积极的作用。

（二）实践性反思

实践性反思认为每个人都是知识生产者，关注情境对于实践的意义。认为技术性反思中的每次选择，都是在课程发展过程中具有价值承诺的诠释性框架中进行的。反思需要分析和澄清课程行动中的经验、意义和假设。反思的焦点是教育经验的本质和质量。反思的对象不仅是外在于课程实践者的知识如何有效地运用于实践，还重视对自身实践进行深入的理解和诠释。反思作为对不同教学观点在特定背景下的慎思，外部权威仍然是知识的来源之一，但是却需要和实际的教学环境紧密结合起来。

（三）解放性反思

解放性反思是慎思理性的最高水平，认为课程实践中不仅负载着价值，而且这些价值由于社会、政治、文化和历史的原因而被扭曲，具有压迫性，主张教学反思在检视和解释所依据的价值系统和公平概念基础上，必须批判意识形态，寻求揭示具压迫性和支配性的事物。并且要把批判性的意识付诸行动，课程目的不能依赖于外在的权威，实践者具有自我决定性。实践者通过对行动情境，对自己作为教师的意象和对习以为常教学假设的重建来进行经验的重建。

以上三种水平的教学反思，反映出教师不同程度的主体意识。在技术性反思中，反思是为了选择能够在可控制状态中更有效地达到预设目的的手段，教师是在“目的”所划定的范围内对“手段”的选择、组合、优化与创新，强调作为工具的“我”在达到目标过程中的作用。在实践性反思中，教师关注教学过程中生成的故事，诠释其中的意义，强调教学过程之于“我”的意义，我是如何感知和理解教学的，以及我在建构教学活动中的作用。不论课程“目的”还是“手段”的决定中都有“我”的参与，课程的“目的”与“手段”不能分离。在解放性反思中，教师意识到影响决定“目的”与“手段”的社会脉络是不公平的，实践者需要在促进解放的过程中产生积极的作用，“我”要主动地促进社会的转化。从技术性到实践性，再到解放性反思的层次越来越高，后者是在前者的基础上，教师的主体性又得到进一步提升。

二、课程实施中的教学反思水平

教学反思是高度个人化的思维活动，是对个体独特的教学情境的重构过程。因此，本研究是以教师为个案，在一所新课程改革首批实验区学校分别邀请两位教学水平最高（张老师和田老师）和两位教学水平一般（李老师和宋老师）的教师参与研究。

（一）张老师：“解放自己，解放学生”

张老师从教已十年，对教学充满热忱，乐于钻研学习，为自己能够扮演领袖教师的角色颇感满足。她认为在实施新课程中自己已“改头换面，获得新生”，能够“解放自己，解放学生”了。她现在追求的教学风格是“简单”，不像以前仅是把一些如字、词、句等“鸡毛狗碎”的东西攒在一起，而是抛出一条线让学生和老师都有话说。教学中根据教学目标和学生的实际需要让他们自由地思考与表达，同时加强引导，帮助学生经历从感悟到创造的过程。在研究者所收集到的张老师13篇教学反思中，没有技术性反思，有9篇是实践性反思，有4篇是解放性反思。

1. 实践性反思：重视教学环境，关注学生

对实践情境的深度关注是张老师的特点，研究者不论在正式的访谈还是在闲聊中都发现，她的思考总是和自己的教学生活紧密联系起来，喜欢通过举例子，讲述教学中有趣的故事来说明自己的观点。下面这个关于教学方式的反思片断，能够说明张老师的反思注重实践情境的特点。

"……教师在学生合作交流时，要积极地看，积极地听，设身处地地感受学生的所思所想，随时了解学生合作的状况，并做出相应的评价。语文课堂中的小组合作探究，不仅有形，而且更应该有实。并不是所有的学习都可以用合作与探究方式进行。对有些内容来说，主动接受学习也是必要的。"

2. 解放性反思：给学生学习自主权

张老师重视在教学中给学生提问的机会，并通过学生主动的思考来解决问题，在学生自己发现与解决问题的过程，使他们获得学习中的自主感和责任感。

"我在教学中一直很重视、赏识学生提出的问题，让学生体验思考的乐趣。对学生提出的问题，认真梳理，能当场解释的，来取师生合作，生生合作，能者为师，讨论式地解答。我想如果长此以往，学生会逐步形成这样的观念：学习的过程就是发现问题、解决问题的过程。而问题的发现和解决，首先是学习者自己的事，是老师和其他人所不能取代的。"

（二）李老师："远水不能解近渴"

李老师有五年的教龄，对工作的投入感很高，喜欢学习理论，但相对而言缺乏实践经验，自认经常处在"眼高手低"的状态中。自认为习惯于接受性思维，善于学习，但未必善于创造。在研究者所收集到的15篇反思笔记中，有10篇是技术性反思，有4篇是实践性反思，有1篇是解放性反思。

1. 技术性反思：寻找有效教学的策略

李老师在反思中主要是考虑如何有效率地讲授学科知识，如何更好地进行课堂管理，为有序地进行教学活动提供策略。

“经济学家曾指出企业可以通过技术、管理、机制创新等方式搞革新。我觉得课堂教学与此有相通之处。一直以来在教学设计上下的功夫很多，这属于技术创新……最近在一年级试行了新的激励机制：以同桌为单位，开展学习竞赛。老师随时通过记分表反馈合作学习情况（最优和最差）并点评原因。每节课评出若干对‘最佳学习伙伴’进行奖励。”

在上面的反思中，李老师以企业管理的知识为参考，在“手段—目的”的工具理性认识论下反思教学，旨在说明通过怎样的手段达到了怎样的结果。通过反思所获得的知识指向进一步有效率的工作。

2. 实践性反思：关注学生与教学情境

在实践性反思中，李老师认为教学要关注学生的个别差异和教学过程，多运用鼓励的方式来帮助学生改正错误，教学要联系学生的生活。

“杜威主张从儿童经验出发，通过丰富、扩展儿童直接经验的方式来学习文化知识，并最终走向对科学知识的系统掌握。语文教学不就提出了‘大语文观’吗？只有来自生活、高于生活，又能用于生活的学习生活才是灵动的，有价值的。我也要做有心人，发现隐藏在日常事物背后的‘语文’。”

在上面的实践性反思中，李老师所关注的不再是如何把知识有效地传递给学生，而在价值观和信念的层面上进行反思，要注重教学过程所处的环境。教学要和学生的生活联系起来，发现日常生活中的语文。

3. 解放性反思：学生是探究者

在解放性反思中，李老师认识到给学生主动学习和发现的机会，能够提升学习的积极性，也能够促进深层次的理解。赋权是学习的内在需要，学生在学习中要有自我决定性。例如，李老师让学生自己出题来检查学习的情况就是一例。

“提议有兴趣的同学仿照这题出题考大家。下课前，真的有个孩子交来了题卡。于是第二节课，我就和学生们一起解答她出的题目。我发现学生解题的积极性很高，而出题的人也颇有自豪感。一连几天，不断有学生交来题卡。学生们解题越来越顺手了。”

（三）田老师：“不能让学生成为教育的看客”

田老师从教六年，教学风格平实、灵活，喜欢独立思考，性格直率。她擅长捕捉教学中出现的问题，善于从学生角度出发设计教学活动。她说在课改前就已运用所提倡的教学理念和方式。对于教学她有自己的坚持，就是朝最有利于学生的方向去做，即使有些做法新课程和学校还没有这样的要求。她认为学生对自己成长的帮助最大。在反思中，对实践情境的深度关注也是她的特征。田老师的34篇反思笔记中，没有技术性反思，实践性反思有32篇，解放性反思有2篇。

1. 实践性反思：与学生心与心的交流

田老师的实践性反思呈现出两个大的类别。有15篇反思是在移情式的心境下对学生的理解和分析，我们把这类反思命名为“同理心”式的实践性反思。另有17篇反思是基于特定的情境对教学的理解，我们把这类反思命名为“背景化”的实践性反思。

通过同理心式的实践性反思。田老师主要从学生的角度，而不是成人和教师的角度来分析为什么在一定的情境下学生产生了不良的行为。用她的话说：“只有走进孩子的心里，才能领着孩子走出来。”

人总是生活在背景之中，只不过是我们意识到还是没有意识到的问题，田老师在实践反思中对于这个背景格外重视。在研究者所分析的田老师的实践反思，都是在背景之中进行的。与李老师的许多反思是走“理论到实践”的演绎路线不同，田老师的反思都是植根于自己的实践，是经过她精心梳理以后从实践中自然生长出来的，她的实践反思走的是“从实践到理论”的归纳路线。

2. 解放性反思

在田老师的实践反思中，很少进行解放性的反思。访谈中发现，解放性反思较少的主要原因是，在教学中建立没有霸权的平等关系是田老师一贯实践的信念，所以在新课改中解放性反思就不再是她反思的重点内容。

（四）宋老师：“能力上还不济”

宋老师从教十年，虽工作上非常勤奋，但自认效能感很低。当谈起新课改中的教学理念，她总是如数家珍。在课堂中也能看到她为实践这些理念所付出的努力，如让学生在自主与探究的方式下学习。但遗憾的是，她驾驭这种教学方式的能力还非常欠缺，当她把学习的权力交给学生时，教师的主导作用就不知如何发挥。在研究者所收集到的16篇反思笔记中，有10篇是技术性反思，有6篇是实践性反思。

1. 技术性反思：脱离情境的知识传授

宋老师对教学内容的反思基本上是技术性的。这说明宋老师在反思教学内容时，局限于教材，并不重视学生生活中课程资源的开发和利用，以及学生通过其他途径所获得的知识和经验。另外，学生和教师、学生之间互动中的知识也未受到重视。

2. 实践性反思：因学施教

在实践性反思中，让学生学习教材的内容仍然是教学的重要目标，但在学生如何学习教材上却有与技术性反思中不同的理解，要考虑学生的基础知识，兴趣和能力等。如在下面的反思中，宋老师针对低年级学生的特点，提出在低年级教学中，需要把“先放后扶”和“先扶后放”结合起来。

“在教了低年级后，我对‘先放后扶’这一教学理念又有了新的理解。当孩子在各个方面有了一定积累时，课堂上才能‘先放后扶’。其实，是‘先放后扶’，还是‘先扶后放’都不是绝对的，这要具体情况具体处理，也就是以学定教吧。”

宋老师的教学反思最多的还是以如何有效地使学生掌握课文内容为主，其次关注的是在教师与学生、学生与生活经验互动中形成的经验和知识，没有对学生与教师或学生与教材等不同主体之间权力关系的反思。

（五）小结

如下图所示，教学水平高的张老师和田老师都没有技术性反思。教学水平一般的宋老师反思中有62.5%的是技术性反思，在李老师的反思中有33.3%的是技术性反思。技术性反思所关心的是在去背景化的情况下知识的有效传递和对课堂的有效控制。这种反思具有忽视学生的心理感受与思考过程，忽视教学中复杂关系的危险。这说明李老师和宋老师在课程实施中对学生和教学情境的关注还很不够。这种反思不利于从学生角度进行课程设计与发展，也不利于李老师摆脱“眼高手低”和宋老师“能力不济”的困境。

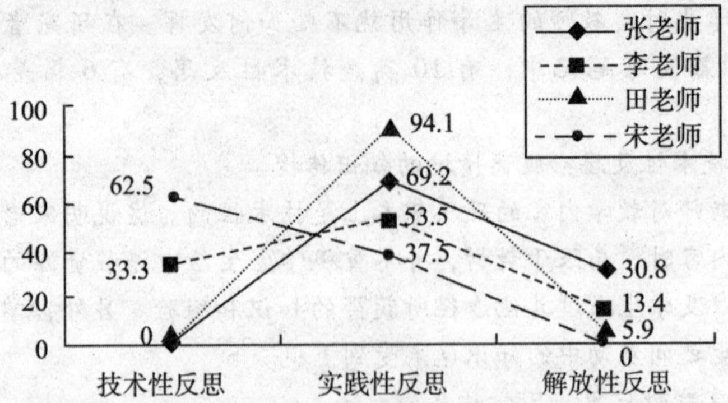

四位老师教学反思水平

张老师和田老师所进行的全部是实践性反思和解放性反思，这有助于她们增加对实践情境的适应、把握和创设的能力。

三、从教学反思看教师专业成长

（一）技术性反思与外在控制型教师专业成长

在宋老师的观念和课堂教学中，都试图把学习的权力交给学生，但由于能力不足还不能实践自己信奉的观念。这样说来，积累经验、培养实践能力是她专业发展的关键。但是，她的反思还不能有效地提升她的专业能力。因为她的大部分反思是技术性的，而技术性反思并没有和自己宣称的课程理念很好地结合起来。例如对教学方法的反思陷入了为方法而方法的困境，使得反思并没有成为在新理念下解放自己和学生的途径，反而又成为束缚自己和学生的枷锁。

按照舍恩（D. Schon）的观点，实践性反思是对技术性反思的批判与超越，是一条通往教师解放与赋权的道路。但在李老师和宋老师的反思中，我们却看到了另外一番景象。在技术性反思中，李老师和宋老师并没有找到教学的内在意义，技术性反思的性质表现为自上而下的课程改革对她们的控制，她们所关心的是通过怎样的方式和方法达到预定的教学目标，完成预设的教学任务，但却往往忽视了学生的知识背景和能力基础等实践情境。

这种性质的实践性反思反映出教师在专业发展过程中所处的困境。本为教师赋权的反思，在李老师和宋老师这里，却带有强烈的规训色彩。虽然她们处在一个重视教研、而且通过不同方式为教师提供稳固地建立起自己专业发展新的根据地。或许，新课程改革的汹涌浪潮强行地把她们从一个地方冲向另外一个地方的做法是造成她们现在困境的一个重要原因。对于李老师和宋老师而言，如此剧烈的改革所期望的教学情境是一个与她们以往专业生活迥然不同的新图景，她们需要彻底告别过去，从思想到行为蜕变为新的自我。在课程改革中，她们似乎真的忘记了过去，试图以革命性的方式来重新塑造自我。但是，这个过程来得分外漫长与艰难。分析其中的原因发现，在我们批评课程改革实施步伐过快等外在因素时，也应该看到教师在应对课程改革策略上的失误。李老师和宋老师在课程改革中的盲目随从本身就反映出她们在专业生活中缺乏能够体现实践理性的反思。缺乏这种反思，教师就不能深厚地积淀专业发展的理论和经验，正因为自己的根基不稳，在改革中也就容易随波逐流，从而导致自我的教学效能感低，专业自主性也不高。

（二）实践性反思与保守的内在生成型教师专业成长

张老师反思中，没有技术性反思，都是实践性反思和批判性反思。这说明她在反思中并不是试图通过技术理性的方式，直接把外在的“理论”放置到实践当中，而是在实践情境中，从“实然”的角度对经验进行理解。这正是张老师之所以能够在新课程中，尽管在“强迫”下，但却没有做随风飘摇的墙头草，坚持从自己的实践经验出发来融合新课程的理念。使得始终处于课改潮流浪尖上的她能够站稳脚跟，对教学进行深入的理解，从而找到自我在教学中的意义。她的这种自己不理解就不真正改变的坚持，使通过反思的专业成长具有内在生成的性格。

在内在生成的专业成长中，在新课程不断提出的具有挑战性的要求之下，张老师以认真学习的态度，扎实地实践和消化，在教学中逐渐地获得很高的效能感。但如果从自主性的角度看，张老师的成长过程具有很强的“被规训的专业性”特征。表现为她在教学中的探索，总是为实践专家的教学理念，她对教学的理解服从于专家的说教。虽然在教学中能够忠实地落实新课程的理念，但却不能发现新的行走路径与方向。

（三）解放性反思与超越的内在生成型教师专业成长

与张老师在课改中波澜起伏、焦虑不安的命运不同，田老师显得处变不惊，从容自在。她在课改中一直比较自信。她对自己是如何教学的，哪些做得好、哪些做得不好有自觉的意识。她认为自己的教学不会太受课程标准和教材的束缚，凡是觉得对学生有利的，而且学生能够接受的，她就会引导学生去学习。她的这种自信，与自己经常性地对实践的反思是分不开的。只有通过反思，她才能看得清楚自己的做法是否站得住脚，找到自己实践正当性的根据，自信也就随之而来。在田老师的信念中，教学是缺憾的艺术。因此，她一直以来对教学保持批判性的发现态度，有意识地寻找教学中还不知道的东西。她在反思中所保持的求新求变心态，对“每位学生”的关注使她认识到，即使面对同样的教学内容，因为学生不同、时空环境不同而应该有不同的处理方法。这种来自满足于每位学生学习需求的努力，会使得她经常处在需要不断改进教学的挑战之中。

在研究者分析的田老师34次实践反思中，有近四分之一的是对教学目标的反思。这说明她对教学应该走向哪里这个根本性的问题有强烈的关注，而且这些对教学目标的反思都属于实践性的反思。也就是说，她所思考的不是把外在于实践情境的专家所制定的目标如何在实践中不折不扣地执行，而是探讨在特定的实践情境中应该具有怎样的教学目标。这正是教师的专业自主性之所在，对于教学的价值走向有自己的理解和判断。

（四）小结：实践性和解放性反思是促进教师专业发展的有力措施

张老师和田老师都没有技术性反思，说明她们在反思中所思考的并不是如何把外在的理论和他人的经验如何机械地照搬到实践中，而是能够从自己具体的经验入手，注重分析教学的情境脉络，或对教学中平等和民主等议题保持警觉和批判的态度。不过，张老师与田老师不同的是，张老师的反思尽管是扎根并致力于对实践的理解与提升，但是她的反思总是为达到专家制定的目标而服务的。因此，虽然她的每一次教学反思是实践性或解放性的，但把她的反思作为整体来理解的时候，仍然具有技术性和工具性的味道。她通过这样的反思可以创造性地落实专家的理念，但是她却并不能创造性地寻找自己向何处走。与张老师的这种保守性相比，田老师的超越性正是与张老师的最大不同之处。对教育的走向、对教学目标的反思是田老师反思内容中的重要部分。她经常能从学生需要什么样的教学中来定夺教学目标，而不是课程标准中规定应该教什么。这就是我们把张老师在实践反思中的学习过程称为保守的内在生成型专业成长，把田老师在实践反思中的学习过程称为超越的内在生成型专业成长的原因。

李老师和宋老师的教学反思在这次自上而下推行的全面而深入的课程改革冲击下，在很大程度上脱离了教学反思之实践理性的本质，成为如何把外来的理论和经验有效率地运用到教学中去的途径，反映出了强烈的技术理性。这种反思，仍然是教师为提升教学效能而进行的自我完善的学习过程，但是具有较为浓厚的外界理论对她们教育理想和思维方式殖民的色彩。

在上述的教学反思对于教师专业成长的意义分析中我们看到，课程改革与教师专业发展有两种关系，一是课程改革作为教师专业成长的途径和手段，在课程改革中教师获得专业成长所需的新知，对原有经验赋予新的理解，增强了专业判断和行动的能力。在课程改革中教师的专业不论从知识、能力和自主性方面均得到增强，通过教师的专业成长，最终促进课程改革的实施。我们把这种通过教师之“人”的改变促进课程之“事”改变的课程改革称为人本主义方式。田老师在教学反思中的专业成长就是这种人本主义方式的体现。最根本的特点是田老师在反思中对于自己走向何方有自己的理解。哪怕这种理解是对课程改革目标的认同。但这种认同并不是盲目的赞同，而是有自己的理据。教师对教育目标的厘定并不完全受制于课程改革的约束，对课程改革持有批判的态度。在课程改革中田老师进行持续的、连贯的专业成长，没有因为面临如此剧烈的课程改革而发生去专业化的情形。

另外一种情形是，教师专业成长作为课程改革成功实施的手段，把教师作为为达到课程改革目标的有力工具，强调通过教师改变去适应课程改革的要求。注重教师知识的增长、技能的提高而忽视教师的情感和对自主性的关照。我们把这种为课程之“事”的改变而去改变教师之“人”的课程改革称为工具主义方式。张老师、李老师和宋老师在课程改革中的专业发展就是工具主义方式的体现。最根本的特点是教师专业自主性上受到限制，以及由此而引起的知识与技能的不足。张老师在课程改革初期出现了去专业化的过程，经过两三年的磨炼，最终回到了再专业化的状态中，在专业信念、知识和技能方面能够适应课程改革的需要。不过，若张老师能够加强解放性反思，在更加多元的视野中不断地拓展对教学理解的同时，立足于更深人地发现与解决实践中的问题，她的专业会获得更加长足的发展。李老师和宋老师在四年课程改革过程中，基本上处于去专业化的状态中，正在艰难地向再专业化迈进。从教学反思的水平理论这个视角来看，她们需要逐步减少技术性反思，更加注重能够增进实践性知识积累的实践性反思，并通过解放性反思为学生与自己拓展更加开放的教学与发展空间。

参考文献

[1] 哈贝马斯. 认识与兴趣[M]. 郭官义,李黎,译. 上海:上海学林出版社,1999.

[2] M van Manen. Linking Ways of Knowing with Ways of Being Practical [J]. Curriculum Inquiry,1977,6 (3):205-228.

[3] Sehon D A. The Reflective Practitioner: HowProfessional Think in Action[M]. New York: Basic Books. 1983.

[4] 黎万红,卢乃桂. 沪港两地教育改革下的教师专业性[J]. 教育学报(香港中文大学),2006. 33(1-2):63-87.

二、拓展阅读——教育个案研究

[1] 严敏芬. 教师话语与英语课程理念关系的个案研究[J]. 课程·教材·教法,2010(11):30.

[2] 李国强,邵光华. 新课改背景下教师信念对教学行为影响的研究[J]. 课程·教材·教法,2009(10):29.

[3] 陈荟. 一位中学教师教学反思方法的个案研究[J]. 中国教育学刊,2011(07).

[4] 况燕. 农村幼儿园课程实施的个案研究——以重庆市涪陵区 A 幼儿园为例[D]. 西南大学,2009.

[5] 陈群波. “基于儿童生活经验的幼儿园课程开发”的个案研究[D]. 华东师范大学,2006.

[6] 许红敏. 南京晓庄学院顶岗实习个案研究[D]. 华东师范大学,2010.

[7] 俞华. 教师专业发展背景下的教育实习个案研究[D]. 华东师范大

学,2008.

[8] 张强.“师徒制”与新教师专业发展的个案研究[D].华东师范大学,2009.

[9] 王富伟.个案研究的意义和限度——基于知识的增长[J].社会学研究,2012(05).

[10] 陈涛.个案研究“代表性”的方法论考辨[J].江南大学学报:人文社会科学版,2011(03):10.

[11] 张彩云.提高小学教师解决学生课堂问题行为能力的个案研究[J].中国特殊教育,2010(08):122.

[12] 张莲.外语教师课堂决策研究[J].外语教学与研究,2005(04):37.

[13] 张彤幼.儿园绘本阅读教育的个案研究[D].西南大学,2009.

[14] 梁艳.蒙古族民间游戏在幼儿园课程实施中的个案研究——以包头市A幼儿园为例[D].西南大学,2007.

[15] 杨丽坤.幼儿园民间文学教育的个案研究——以南京市A幼儿园为例[D].西南大学,2009.

[16] 刘丽.小学优秀教师专业成长的个案研究[D].山东师范大学,2007.

[17] 毛颂.初中数学后进生数学学习心理问题转化的个案研究[D].东北师范大学,2006.

[18] 冀芳.不同课程形态的课堂教学中学生学习行为现状的个案研究[D].东北师范大学,2007.

[19] 赵明仁,陆春萍.从教学反思的水平看教师专业成长——基于新课程实施中四位教师的个案研究[J].课程·教材·教法,2007(02):27.

[20] 王陆.虚拟学习社区中的师生行为分析——一个面向信息化教师专业发展的个案研究[J].电化教育研究,2004(04).

[21] 张生,何克抗,等.网络环境下基于学习活动的形成性评价——中小学教师教育技术能力培训个案研究[J].现代教育技术,2007(10).

第三节　实战体验：设计教育个案研究方案

根据教育见习或实习期间观察、体验，尝试设计一份教育个案研究方案。

第九章　教育研究成果表述

学习目标

学习完本章后，你将能够：

1. 说明教育研究成果表述的基本要求。
2. 描述教育研究报告的格式及其规范。
3. 说明不同类型教育研究报告的特点。
4. 撰写教育研究报告或教育研究论文。

研究议题

撰写教育研究论文（报告）。

第一节　理论基础：教育研究成果表述

一、教育研究报告的一般格式

教育研究报告的写作没有固定的格式，可根据实际需要灵活运用。但约定俗成的大体结构是：

（一）标题

标题要求简明扼要反映研究主题。一般有三种表达式：点题式，即用研究课题的名称作为标题，研究内容、范围、对象和方法一目了然；概括式，即用一句话作标题，言简意赅，反映课题研究的核心问题；结合式，即用主标题和副标题结合组成标题，用副标题把主标题补充完整。

撰写标题的基本要求：

（1）全文的精髓，微型文摘；

（2）所属的分支学科，目的、方法、结果；

（3）国内一般以不超过20个字为宜，如包容不下，可加一个副标题；

（4）题目应是一个短语而不是一个句子；

（5）题目中尽量不用标点符号；

（6）避免使用未被公认的或不常见的缩略词、首字母缩写字、字符、代号和公式；

（7）一般不能用学科或分支学科的科目作为题目组成部分；

（8）不要出现那些用滥的词，如“新的”“改进了的”等。

（二）署名

要求在标题下面署上研究报告撰写者的工作单位、姓名。如署名课题组或组成人员时，应在扉页下端注明课题组成员及其他人员、研究报告的执笔者，以示对研究报告所享有的权利和所承担的责任。署名的方法：

（1）用真实姓名，不用笔名；

（2）多个作者共同署名时，以贡献大小排列，执笔者通常排在首位；

（3）署名时，还应标明作者工作单位、工作单位所在地及邮政编码。

（三）摘要（内容提要）

摘要是以第三人称立场对报告内容不加注释和评论的简短陈述，能够让读者迅速总揽论文的内容。摘要的内容包括研究目的、研究方法、主要发现、主要结论，也可以包含经验教训和应用价值，但不是必需的。与题名一样，摘要也是各种数据库中常见的检索对象。因此，摘要既要具有高度的信息浓缩性，又要具有可读性，还要结构完整、篇幅简短以及独立成篇，一般以200~300字为宜（往往是在最后写成的）。

摘要需注意：

（1）不要把本学科领域中的常识性内容写入摘要，但也不要过于深奥，令一般读者难以明白；

（2）切忌把应在前言中出现的内容写入摘要；

（3）一般也不得简单重复题名中已有的信息；

（4）用第三人称，建议采用“对……进行了研究”“报告了……的现状”“进行了……调查”等记述方式，不必使用“本文”“作者”等作为主语；

（5）采用条理清晰、措辞有力的形式写作，尽可能地使用第三人称来取代第一人称，避免使用缺乏实质信息的“万金油”语句（例如，“具有一定的理论意义和实践意义”或者“由此推断……”）。

（四）关键词

论文的关键词是从其题名、层次标题和正文中选出来的能反映论文主题概念的词或词组。尽量在《汉语主题词表》中选用，切忌用不规范的简化词或术语。可按概念外延大小或论述先后顺序排列，多个关键词之间用分号分隔。避免选用一些外延较广的词作为关键词，如“方法”“教育学”“作用”“启示”“意义”“分析”“探索”等。

编写关键词的注意事项：

（1）较定型的名词，多是单词和词组，原形而非缩略语；

（2）无检索价值的词语不能作为关键词，如“技术”“应用”“观察”“调查”等；

（3）未被普遍采用或在论文中未出现的缩写词、未被专业公认的缩写词，不能作为关键词；

（4）论文中提到的常规技术，内容为大家所熟知，也未加探讨和改进的，不能作为关键词；

（5）每篇论文标注的关键词一般为 3 ~ 5 个，最好不要超过 10 个；

（6）英文关键词：中英文关键词相互对应，且数量完全一致。

（五）绪论

绪论又称前言、绪言、引言，一般不立“引言”等小标题，只介绍论文总纲，起到定向引导的作用，长度占正文的 10% ~ 12.5%，应控制在 200 ~ 300 字。要求根据原有方案和情报资料，实事求是介绍课题研究的理论意义和实践价值，可用“问题的提出”等提法。

绪论主要内容包括：

（1）尽可能清楚地提出所研究问题的性质和范围；

（2）对有关重要的文献进行评述；

（3）阐述研究方法以及选定这种特定方法的理由；

（4）阐述研究的主要结果以及效益等；

（5）实验性的论文还应说明工作场所、协作单位和工作期限等；

撰写绪论的注意事项：

（1）不要介绍人所共知的普通专业知识，或教科书上的材料；

（2）不要对论文妄加评论，夸大论文的意义；

（3）避免使用自夸性词语：比如“填补了一项空白”“达到了什么级先进水平”“前人从未研究过”等；

（4）避免使用客套话：比如“才疏学浅、疏漏谬误之处，恳请指教”“不妥之处还望多提宝贵意见”等；

（5）避免使用广告式语言。

（六）本论

要求充分反映课题研究的整个过程。

1. 交代研究方法

主要指研究对象、研究工具与材料、测量方法与程序等。研究方法交代要具体，条理要清楚。有些材料可用附件形式附在报告后面。

具体撰写要求如下：

（1）要求交代清楚研究的操作定义；

（2）研究采用的特殊工具、设备和方法手段；

（3）研究对象的确定（总体、样本、抽样方法等）；

（4）调查的方法与项目；

（5）实验因素的操作、无关因素的控制；

（6）资料的收集和处理等。

2. 分析研究结果

主要指概述研究的发现与结果，对假设、问题、目标的结果描述，统计检验的结果等。要求将收集到的原始资料与数据进行数量统计，做出定量分析；对非数量化的资料，要进行整理、分析、比较、归纳，开展逻辑推理，用文字进行定性分析。

研究结果撰写要求：

（1）简明扼要；

（2）作者本人在这次研究中的研究结果，不能夹杂以前和他人的；

（3）不外加研究者的评论、评价、分析和推理；

（4）实验结果一般用数值表示，但不用原始实验数据，不要全部运算过程，而列出经加工或统计处理的数值；

（5）应用插图、表格、照片，目的在于直观和形象性；

（6）结果中要写成功的经验，也应如实反映失败的教训和不足之处；

（7）根据“材料与方法”中的观测指标逐项叙述结果时，若内容过多，可分成段落，加小标题，使资料层次分明。

研究结果分段方法：

（1）根据观测指标分段，适用于对同一研究对象施以相同处理因素的论文；

（2）根据不同处理因素分段，适用于对比几种处理因素实验结果的论文；

（3）根据不同观察内容分段，适用于研究或观察某研究对象不同方面特点的论文。

3. 讨论相关问题

主要指对结果的诠释、研究的局限性、对理论和实践的意义、对未来的启示等。要讨论课题研究结果的可靠性，对研究结果做理论上的分析，提出自己的看法和意见，包括提出质疑；与他人研究结果进行比较、论证和分析。还要讨论课题研究方法的科学性、可行性，以便为同行进行同类研究提供参考。

撰写教育研究论文的讨论分析部分时：

（1）对本次实验或观察结果做出理论解释和讨论；

（2）将本次结果与过去及其他研究结果（不同时间、不同地点、相同或不同的研究对象中的研究结果）相比较，分析异同，解释产生差别的可能原因，并根据自己或他人的文献资料，提出自己的见解，实事求是，有根据地与其他作者商榷；

（3）突出本项研究中的新发现、新发明，提出可能原因；

（4）分析本次研究的不足，还存在哪些尚未解决的问题，提出今后急需研究的方向和设想。

撰写讨论分析部分应注意的事项有：

（1）突出重点，围绕几个“小核心”，设几个小标题进行；

（2）讨论部分一般不再使用插图与表格，但在与众多文献资料比较时，可使用个别表格；

（3）讨论不宜过长，通常占全文的30%～50%；

（4）尽量从读者的地位设想，估计读者可能提出的有关这一研究题目的各种问题；

（5）叙述实验结果和讨论时，必须说明现象发生的原因和机制；

（6）解释表中数据或图中形象时，应逐一回答表或图所显示出来的问题。

（七）结论

结论是作者对研究总体的判断、总结性的见解。包括对结果的概括和推论，针对问题提出建议与措施等。要求简明归纳研究成果的基本要点，即研究了什么问题，有什么结果，说明了什么问题。同时，还可根据研究情况提出建设性意见和下一步应深入研究的问题。具体要求如下：

（1）简明扼要，精炼完整，每条自成段落；

（2）说明结论适用的范围、突出新发现、新发明，强调其意义并做出恰当的评价；

（3）教育实验中不能肯定的内容不能写入结论；

（4）观点鲜明，用肯定的证据和可靠的数据写作，最好不用“可能”“大概”等模棱两可之词；

（5）提出与本研究有关的建议；

（6）字数控制在100～300字之内；

（7）如果没有特殊内容，为避免与摘要重复，结论部分可以不写。

（八）鸣谢

提及经费资助的来源，在工作中给过帮助的人，或撰写报告时给予帮助的人；分别依贡献大小加以说明，对被感谢人可以冠以专业技术职务（职称）。

致谢方式有二：专列“致谢”项，置于正文之后，参考文献之前；在论文首页下加“注”，以简短的词语，对有关单位或个人表示感谢。

（九）引文注释与参考文献

对研究报告中所引用的或者是提到的资料注明其出处来源。这既是表示对他人研究成果的尊重，也为读者查找文献提供方便。如参考的文献在数十种以上，则选择最主要的写。参考文献（即引文出处）的类型以单字母方式标志，具体如下：

[M]——普通图书	[C]——会议录	[N]——报纸
[J]——期刊	[D]——学位论文	[R]——报告
[S]——标准	[P]——专利	[DB]——数据库
[CP]——计算机程序	[EB]——电子公告	

参考文献的一般格式：

期刊类：[序号] 作者．篇名 [J]．刊名，出版年份，卷号（期号）：起止页码．

图书类：[序号] 作者．书名 [M]．版本（第一版不写）出版地：出版者，出版年：起止页码．

报纸类：[序号] 作者．篇名 [N]．报纸名称，出版____年____月____日（版数）．

论文集：[序号] 作者．篇名 [C]．出版地：出版者，出版年份：起始页码．

学位论文：[序号] 作者．篇名 [D]．保存地点：保存单位，出版年．

科研报告：[序号] 作者．篇名 [R]．报告题名及编号，出版年．

译著：[序号] 原著作者．书名 [M]．译者，译．出版地：出版者，出版年份：起止页码．

二、研究报告的具体格式

在教育科学研究过程中，科研成果的表现形式是多种多样的。不同体例的教育研究成果，其结构也有所不同。

（一）教育调查报告及其构成

一般来说，教育调查报告从提出问题、分析问题到解决问题，一般由题目、前言、正文、总结及附录五部分组成。

1. 题目

用一句话点题，反映主要研究问题。可加副标题，它是对主标题的补充，用来说明在什么范围内、基于什么问题的调查。

2. 前言

调查报告前言必须开宗明义地交代清楚调查的目的、意义、任务和方法。

3. 正文

正文部分即调查内容。通过叙述、调查图表、统计数字及有关文献资料，用纲目、项或篇、章、节的形式把主体内容有条理地、准确地揭示出来。调查报告正文部分写法一般有两种。一种是把教育调查的基本情况按种类分成并列的几个部分或方面来写。另一种是将调查的基本情况按照事物发展的逻辑顺序演变过程加以排列，层层深入地记述。

4. 总结

对整个调查内容进行总体定性、定量分析的基础上，概括出事物的内在联系和规律，并提出新的见解、新的理论和参考意见。

5. 附录

必要时要把调查工具或部分原始资料附在报告后面。

（二）教育实验报告及其构成

教育实验研究报告是对整个教育实验研究的全面总结。通过阅读实验报告，使人们对该实验有全面系统的了解，为他们评判、接受或应用这一实验研究成果提供依据。教育实验研究报告的基本框架结构包括题目、前言、方法、结果、讨论、参考文献和附录等部分。

1. 题目

题目必须准确、清楚地呈现出研究的主要问题。因此，实验报告的标题常常直接采用研究课题的名称，指明研究的主要变量，使人对研究问题一目了然。

2. 前言

前言是研究报告的正文开头部分。主要内容包括：提出问题，表明研究的目的；通过对有关文献的考察，说明选题的依据、课题的价值和意义；目前国内外在这方面的研究成果、现状、问题及趋势；该项研究所要解决的问题以及研究的理论框架。

3. 方法

该部分要阐明实验研究所使用的研究方法，以便于人们对整个研究过程的科学性、客观性加以评价鉴定。

4. 结果

简明地说明每一结果与研究假设的关系，将研究结果作为客观事实呈现给读者。

5. 讨论

研究者根据研究的客观事实和结论，结合自己的认识与了解，通过分析思考，讨论和分析与实验结果有关的问题，对当前教育理论或实践的发展提出自己的认识、建议和设想。

（三）学术论文及其构成

“学术”指专深而系统的学问，“论文”指研究问题的文章。简而言之，学术论文是科学研究成果的文字表述。

在教育研究领域，无论是应用研究、发展研究还是基础研究，只要对所研究的教育问题提出了新的见解或新观点，或采用了新材料，或运用了新的研究方法，或得出了新的结论，或站在新的高度对原有理论做出了新的解释和论证，将获得的研究新成果写成文章就是学术论文。

规范性学术论文的框架结构，一般包括以下六个方面：

1. 标题

一个好的学术论文题目，一般应具备三方面的条件：能准确概括论文内容，能反映出研究方向、范围和深度；文字简练，具有新颖性；便于分类。

2. 内容摘要

摘要是研究的主要内容与结构的简介，并略加评论。

3. 序言

序言写在正文之前，用以说明写作的目的、意图及研究方法。序言的具体内容一般包括三个方面：阐明研究的背景和动机，提出自己所要研究的问题；简介研究方法和有关研究手段；概述研究成果的理论意义和现实意义。

4. 正文（本论）

正文是学术论文的主体部分，包括论点、论据、论证，是作者研究成果的表达。无论哪种类型的论文，都要注意事实材料的可靠性以及理论的运用和逻辑推理的严密性，论据要丰富充实，论证要遵循一定逻辑思维的要求，应该注意主次，抓住本质，分出层次，条理清楚。

5. 结论与讨论

结论是围绕正文所做的结语，将研究成果进行更高层次的精确概括。讨论往往用于自然科学的学术论文。讨论是从理论上对研究结果的含义和意义进行分析、解释和评价的过程。

6. 引文注释与参考文献

在引用他人的研究成果时，应在文中适当的地方注明出处，包括作者、篇名、书刊名、日期、卷（期）号、页数等，使有兴趣的读者能找到相应的文献。

注释与参考文献的主要区别在于：注释是一一对应关系，一旦采用，非注释不可；参考文献则是一个相对模糊的概念，不一定要求一一对应。

三、教育研究报告撰写的基本要求

(一) 在科学求实的基础上创新

教育研究报告的中心是创新，能反映作者在研究探索中获得的新见解、新理论，从而区别于教科书。创新必须要实事求是，以科学性为基础。科学性主要表现在：论据充分、论证严密；实事求是；观点明确、清晰、系统。

(1) 要用充分的论据和严密的论证，或精确可靠的实验观察数据来证明科研成果。

(2) 报告内容要实事求是，从实际出发，无论是立论还是分析、论断，都要恰如其分，正确反映客观规律。

(3) 理论观点表述要准确、系统和完整。

(二) 观点和材料一致

观点与材料的统一，主要问题在于如何选材。选材不是按研究者主观愿望任意取舍，而应符合以下要求：

(1) 紧紧围绕研究的主要问题选材，分清主次。

(2) 选取典型、具有广泛的代表性和说服力的材料，使材料的量与质把握得当。

(3) 选取真实准确、符合客观实际的材料，也就是要鉴别材料的真伪和价值程度。

(4) 要尽可能选取新颖生动、具有时代感的材料。

(三) 在独立思考的基础上借鉴吸收

在研究报告和论文的撰写中，必须正确处理借鉴吸收别人研究成果与自己的独立思考之间的关系：一方面，不能自持高傲，故步自封，无视前人与他人的研究成果；另一方面，不能为介绍而介绍，对所引用的观点及文献只述不评或者任意引申发挥。对引用的观点和文献：

(1) 要搞清楚作者的原意、文献内容的价值，从中挖掘实质性问题，从而加强论证的针对性。

(2) 要善于从众多的研究成果和文献中选择最典型的、富有说服力的材料。

(四) 书写格式符合规范，文字精练、简洁，表达准确完整

研究报告和论文的语言文字要准确、鲜明、生动。准确，是指真实客观地反映现实，切忌浮华夸张。既不可以日常生活语言代替科学术语，也不可以生造词语造成理解上的歧义。鲜明，指无论要点、要义或要据，都要清楚明白。生动，即要求语言讲求文采，富于句式的变化。

文字上要做到“信、达、雅”，就需要对论文进行反复推敲修改。通过删繁就简、字斟句酌、精雕细刻，使论点更加突出，论证更加严谨，文字更为简练。

第二节　论文导读

山东省农村小学师资需求预测回归模型的建构①

陈秀珍

摘要：回归分析法就是依据事物发展的内部因素变化的因果关系来预测事物未来的发展趋势，它是研究变量间相互关系的一种定量预测方法。在回归模型的建立方法中选择了向后剔除法，逐步建立一元回归模型和多元回归模型，并分别对一元多元回归分析和多元回归分析进行了参数估计和检验。

关键词：农村小学；小学师资；需求预测；预测技术

随着我国计划生育政策的执行和人们生育观的变化，山东省出生人口数同全国变化趋势一样，呈整体下降趋势，师资自然减员率低于生源减少率，根据目前师生比估算，山东省小学师资在数量上正逐渐走向饱和甚至过剩，这必然带来中小学在校生规模和教师需求量变化以及教育结构的调整；而随着经济发展和社会进步，人们的平均教育年限则逐年提高，教育需求呈扩大趋势，如何正确地选择预测技术对师资需求预测至关重要。

一、一元回归模型

回归分析法就是依据事物发展的内部因素变化的因果关系来预测事物未来的发展趋势，它是研究变量间相互关系的一种定量预测方法，又称回归模型预测法或因果法。应用于师资需求预测，往往受在校生数、班额大小、生师比等多种因素的制约，而且这些因素基本上与师资变化存在着线性关系，可以用公式表示为：

$$y = a + \sum_{i=1}^{m} b_i x_i$$

① 陈秀珍.山东省农村小学师资需求预测回归模型的建构[J].教学与管理,2010.3.山东省教育科学“十一五”规划重点课题《山东省农村小学师资队伍现状分析与需求预测》研究报告之一(课题编号:115GZ17).

解出上述方程中的参数 a、b，并和已知的 x 值一起代入方程式，就能得出 y 值。经过检验，若回归方程效果显著，将当前记录的自变量值代入回归方程，就得到要预测的下一时间段因变量的预测值。

1. 一元回归分析的参数估计

我们利用动态数列所选数据，来对师资需求的数量加以预测，利用 SPSS15.0 软件对表 2 中的数据进行回归分析处理，在回归模型的建立方法中选择了向后剔除法（Backward），并逐步建立一元回归方程。

$$\hat{Y} = 117\,435.558 + 0.031\chi$$

2. 一元回归分析的检验

选定显著性水平 $\alpha = 0.05$，继续用 SPSS14.0 软件对下表中的数据进行分析处理，得到相应方差分析、显著性检验结果（保留 3 位小数）。

一元回归模型的方差分析表

Model		Sum of Squares	df	Mean Square	F	Sig.
1	Regression	4 181 643 898.381	1	4 181 643 898.381	62.229	.001 (a)
	Residual	335 989 320.476	5	67 197 864.095		
	Total	4 517 633 218.857	6			

a　Predictors：(Constant)，村在校生

b　Dependent Variable：村专任师

从上表中可以看出，该模型都达到了 0.001 的显著性水平，说明配合回归模型是有意义的。这说明该模型的拟合优度是最好的。

二、多元回归分析法

多元线性回归是分析一个随机变量与多个变量之间线性关系的最常用统计方法，它利用变量的观察数据去拟合所关注的变量和影响它的变量之间的线性关系式，检验影响变量的显著程度和比较它们作用的大小，进而用两个或多个变量的变化去解释和预测另一个变量的变化。多元线性回归模型为：

$$Y = b_0 + b_1x_1 + b_2x_2 + \cdots + b_kx_k + \varepsilon$$

根据最小二乘法，使预测值的误差平方和：

$$\sum (e_1)^2 = \sum [y_1 - (b_0 + b_1x_1 + b_2x_2 + \cdots + b_kx_k)]^2$$

最小，将此式对 b_0、b_1、$b_2 \cdots b_k$ 求偏导，令其等于0，当 x_1、x_2、$\cdots x_k$ 相互独立时，由极值原理，可以求出回归系数矩阵

$$B_{样本} = [b_0、b_1、b_2 \cdots b_k]^T$$

$$B_{样本} = (X^T X)^{-1} X^T Y$$

其中，$X = \begin{pmatrix} 1 & X_{11} & X_{12} & \cdots & X_{1k} \\ 1 & X_{21} & X_{22} & \cdots & X_{2k} \\ \vdots & \vdots & \vdots & \vdots & \vdots \\ 1 & X_{n1} & X_{n2} & \cdots & X_{nk} \end{pmatrix}$ 和 $Y = \begin{pmatrix} Y_1 \\ Y_2 \\ \vdots \\ Y_n \end{pmatrix}$ 为观察数据矩阵。

从而我们可以得到回归方程：

$$\hat{Y} = b_0 + b_1 x_1 + b_2 x_2 + \cdots + b_k x_k$$

1. 多元回归分析的参数估计

我们根据所选数据，利用 SPSS15.0 软件进行回归分析处理，在回归模型的建立方法中选择了向后剔除法（Backward），并逐步建立多元回归方程。

多元回归模型的回归系数表

模型		Unstandardized Coefficients		Standardized Coefficients	t	Sig.	Collinearity Statistics	
		B	Std. Error	Beta		Tolerance	VIF	
	(Constant)	133 810.091	36 391.251		3.677	.067		
	917.314	村学校	-11.510	8.480	-1.575	-1.357	.308	.001
1	80.246	村教学点	10.044	5.196	.663	1.933	.193	.012
	4173.861	村班数	.747	2.965	.623	.252	.825	.000
	1870.494	村在校生	.040	.053	1.245	.751	.531	.001
	(Constant)	141 970.317	13 748.586		10.326	.002		
	29.024	村学校	-9.408	1.251	-1.287	-7.520	.005	.034
2	17.099	村教学点	8.883	1.989	.587	4.466	.021	.058
	41.033	村在校生	.053	.007	1.657	8.146	.004	.024

a Dependent Variable：村专任师

上表中根据两个包含自变量数不同的模型，分别给出了回归系数、回归系数的标准误、标准化回归系数、T检验值、T检验值的显著性水平、容限度和方差膨胀因子。从第一个包含了四个变量的模型的T检验值和显著性水平可以看出，“农村小学在校生数”“农村小学班数”“农村小学学校数”“农村小学教学点数”四个变量T检验值均达不到0.1的水平。根据向后剔除法，先剔除了显著性水平最差的“农村小学班数”这个变量。但从包含了三个变量的第二个模型中可以看出，剔除了“农村小学在校生数”后，其他变量的显著性有所增加。由此得出回归方程：

$$\hat{Y}=141970.317-9.408\chi_1+8.883\chi_2+0.053\chi_3$$

2. 多元回归分析的检验

选定显著性水平 $\alpha=0.05$，继续用SPSS［4］软件进行分析处理，得到相应回归分析、方差分析、显著性检验结果（保留3位小数）。

多元回归模型的统计概要

Model	R	R Square	AdjustedR Square	Std. Error of the Estimate	Durbin－Watson
1	0.999 (a)	0.997	0.991	2574.387	
2	0.998 (b)	0.997	0.994	2135.060	2.939

a　Predictors：(Constant)，村在校生，村教学点，村学校，村班数

b　Predictors：(Constant)，村在校生，村教学点，村学校

c　Dependent Variable：村专任师

上表包含了“农村在校生数”“农村小学班数”“农村教学点数”“农村小学学校数”四个自变量的第一个模型的调整的判定系数Adjusted R Square为0.991。剔除了“农村在校生数”这个变量后，包含了“农村小学班数”“农村教学点数”“农村小学学校数”三个自变量的第二个模型的调整的判定系数Adjusted R Square为0.994。

多元回归模型的方差分析表

Model		Sum of Squares	df	Mean Square	F	Sig.
1	Regression	4 504 378 278.028	4	1 126 094 569.507	169.913	.006（a）
	Residual	13 254 940.829	2	6 627 470.414		
	Total	4 517 633 218.857	6			
2	Regression	4 503 957 776.867	3	1 501 319 258.956	329.346	.000（b）
	Residual	13 675 441.990	3	4 558 480.663		
	Total	4 517 633 218.857	6			

a　Predictors：（Constant），村在校生，村教学点，村学校，村班数

b　Predictors：（Constant），村在校生，村教学点，村学校

c　Dependent Variable：村专任师

从上表中可以看出，每个模型都达到了0.005的显著性水平，说明配合回归模型是有意义的。但随着无效变量被逐步剔除，F值愈来愈大。这说明只包含“农村小学班数”“农村教学点数”“农村小学学校数”3个变量的模型的拟合优度是最好的。

三、农村小学教师需求预测结果

小城镇建设将直接带来农村小学小学教师需求的变化，因此，在预测中，主要采集了2000年以后的统计资料数据。预测结果基本能反映“2010～2015”年间山东省基础教育对专业教师的需求，但具体数据将随着我国市场经济体制的完善与我省基础教育的发展有待进一步精确化。根据农村小学各年级在校生人数及六年级所占百分比（全省多数学校为六年制，目前只有淄博、烟台、威海、莱芜四市为五年制）综合考虑。根据前几年数据，六年制所占毕业生数基本稳定在87%～89%之间，本研究进行预测的前提是以上述四市在近年内保持小学五年学制不变，故六年制所占毕业生数定为88%，从而预测小学生在校生人数和专任教师数，并据此预测农村小学师资数。

山东省农村小学教师需求组合预测结果

年　度	一元回归法预测	多元回归法预测	组合平均	国家规定生师比预测	超编数 *
2009	247 780	241 706	244 743	166 192	78 551
2010	257 064	247 831	252 447	178 029	74 418
2011	265 498	253 318	259 408	188 783	70 625
2012	264 756	252 856	258 806	187 836	70 970
2013	263 628	252 097	257 862	186 399	71 463
2014	266 562	254 009	260 285	190 140	70 145
2015	264 812	252 852	258 832	187 908	70 924

注：*超编数指所采用的各种预测模型所得平均数与国家规定生师比预测数的差

上表中教师需求量预测小学教师的需求量在2009~2011年间有所增加，由244 743人升到259 408人，其中在2011~2013年又有所下降，2014年后小学教师的需求量有所增加，但总体变化幅度很小。从预测结果可知，未来六七年山东省农村小学教师需求总量略有增加，但基本趋于饱和。

参考文献

[1] 胡晓颖,周志刚.高等学校师资规划需求预测——灰色系统模型的应用[J].辽宁经济职业技术学院,2005(12).

[2] 胡志伟.台州市基础教育阶段师资需求预测[J].台州学院学报,2003(02).

[3] 方道文.张北县师资需求预测及对策研究调查报告[J].张家口师专学报,1998(04).

第三节　实战体验：撰写一篇教育研究论文（报告）

试结合第二章“毕业论文开题报告”中所选课题，在实际搜集资料、分析整理资料的基础上，完成一篇研究论文（报告）。

第十章 论文答辩和评价

学习目标

学习完本章后，你将能够：

1. 说明答辩前校方、答辩委员会和答辩者分别从哪些方面进行准备。
2. 描述毕业论文答辩的基本程序。
3. 说明毕业论文答辩中应掌握的技巧。
4. 说明教育研究成果评价的标准。
5. 描述教育研究成果评价的方法。
6. 撰写毕业论文答辩提纲。

研究议题

完成毕业论文答辩提纲，并整理到 PPT 文档中。

第一节 理论基础：毕业论文答辩和评价

一、毕业论文答辩

毕业论文答辩是一种有计划、有组织、有准备、比较正规地审查论文的重要形式。为了做好毕业论文答辩工作，答辩会前，校方、答辩委员会、毕业论文的作者三方都要做好充分的准备。

（一）答辩前的准备

1. 校方的准备

答辩前的准备，对于校方来说，主要是做好答辩前的组织工作。这些组织工作主要有：审定学员参加毕业论文答辩的资格，组织答辩委员会，拟定毕业论文成绩标准，布置答辩会场等。

2. 答辩委员会的准备

一般在答辩举行前半个月确定答辩委员会成员，把要答辩的论文分送到他们手中。接到论文后，答辩委员会成员就要认真审读每一篇要答辩的论文，找出论文中论述不确切、不周全之处，以及自相矛盾和值得探讨之处，从而拟定在论文答辩会上需要论文作者回答或进一步阐述的问题。答辩老师一般是从检验真伪、探测能力、弥补不足三个方面提出问题。

（1）检验真伪题，就是围绕毕业论文的真实性拟题提问，目的是要检查论文是否是学员自己写的。

（2）探测水平题，是指与毕业论文主要内容相关问题，目的是探测学员水平高低，基础知识是否扎实，掌握知识的广度深度如何。

（3）弥补不足题，是指围绕毕业论文中存在的薄弱环节提出问题，如对论文中论述不清楚、不详细、不周全、不确切以及相互矛盾之处拟题提问，请作者在答辩中补充阐述或提出解释。

3. 答辩者的准备

这是最重要的答辩准备。要保证论文答辩的质量和效果，关键在答辩者。那么，答辩者在答辩之前应做好哪些准备呢？

第一，要写好毕业论文的简介，主要内容应包括论文的题目，指导教师姓名，选择该题目的动机，论文的主要论点、论据和写作体会以及本议题的理论意义和实践意义。

第二，要熟悉自己所写论文的全文，尤其是要熟悉论文主体和结论，明确论点和论据；弄懂文中的主要概念和运用的基本原理；仔细审查、反复推敲文中有无自相矛盾、谬误、片面的地方，以及与党的政策方针相左之处，等等。如发现上述问题，就要进行必要的补充、修正、解说等。

第三，要掌握与自己所写论文相关联的知识和材料。如该论题学术界的研究已经达到了什么程度，存在哪些争议，有几种代表性观点，各有哪些代表性作，自己倾向哪种观点及理由，重要引文的出处和版本，论证材料的来源渠道，等等。这些方面的知识和材料都要在答辩前充分了解和掌握。

第四，论文有哪些应该涉及或解决，因力所不及而未能接触的问题；论文还有哪些未涉及或涉及很少，而研究过程中确已接触到并有一定见解，只是由于觉得与论文表述的中心关联不大而没有研究的，等等。

第五，还要弄清哪些观点是继承或借鉴了他人的研究成果，哪些是自己的创新，这些新观点、新见解是怎么形成的，等等。

对上述内容，作者在答辩前都要很好地准备，经过思考、整理，写成提纲，记在脑中，这样在答辩时就可以做到心中有数，从容回答。

（二）答辩流程

毕业论文答辩流程一般包括自我介绍、答辩人陈述、提问与答辩、总结和致谢五部分。

1. 自我介绍

自我介绍作为答辩的开场白，包括姓名、学号、专业。介绍时要举止大方、态度从容、面带微笑，礼貌得体，争取给答辩小组一个良好的印象。好的开端就意味着成功了一半。

2. 答辩人陈述

收到成效的自我介绍只是这场答辩的开始，接下来的自我陈述才进入正轨。自述的主要内容包括论文标题；课题背景、选择此课题的原因及课题现阶段的发展情况；有关课题的具体内容，其中包括答辩人所持的观点看法、研究过程、实验数据、结果；答辩人在此课题中的研究模块、承担的具体工作、解决方案、研究结果；文章的创新部分；结论、价值和展望；自我评价。

3. 提问与答辩

答辩教师的提问安排在答辩人自述之后，是答辩中相对灵活的环节，有问有答，是一个相互交流的过程。一般为 3 个问题，采用由浅入深的顺序提问，采取答辩人当场作答的方式。

4. 总结

上述程序一一完毕，代表答辩也即将结束。答辩人最后纵观答辩全过程，做总结陈述，包括两方面：毕业设计和论文写作的体会；参加答辩的收获。答辩教师也会对答辩人的表现做出点评，提出成绩、不足、建议。

5. 致谢

感谢在毕业设计论文方面给予帮助的人们并且要礼貌地感谢答辩教师。

（三）答辩技巧

通过几年来作为论文答辩委员会成员的实践和观察，我认为进行毕业论文答辩应注意以下几个问题，这对提高成绩是有益的。

1. 熟悉内容

将要参加论文答辩这同学，首先要对自己的毕业论文内容有比较深刻的理解和比较全面的熟悉。这是为回答毕业论文答辩委员会成员就有关毕业论文的深度及相关知识面而可能提出的论文答辩问题所做的准备。

2. 图表穿插

图表是直观地表达观点的方法，也是一种调节论文答辩会气氛的手段。论文答辩委员会成员长时间地听述，听觉难免会有排斥性，不再对你论述的内容接纳吸收，适当穿插图表或类似图表的其他媒介，可以有效调节答辩委员会成员的注意，提高论文答辩成绩。

3. 语流适中

一般论文答辩时，答辩者说话速度往往越来越快，以致答辩委员会成员听不清楚，影响了毕业答辩成绩。答辩时的语速要有急有缓，有轻有重。

4. 目光移动

论文答辩时应注意自己的目光，使目光时常地投向论文答辩委员会成员及会场上的同学们。这是用目光与听众进行心灵的交流，使听众对论题产生兴趣的一种手段。

5. 体态语辅助

论文答辩以口语为主，但适当的体态语辅助论文答辩，会使你的论文答辩效果更好。特别是手势语言的恰当运用，会显得答辩者自信、有力、不容辩驳。

6. 时间控制

在论文答辩会上，一般都对答辩者有答辩时间要求，因此，在进行论文答辩时应重视论文答辩时间的掌握。对论文答辩时间的控制要有力度，到该截止的时间立即结束，这样，显得有准备，对内容的掌握和控制也轻车熟路，容易给毕业论文答辩委员会成员一个良好的印象。故在毕业论文答辩前应该对将要答辩的内容有时间上的估计。

7. 紧扣主题

论文答辩时往往答辩者较多，答辩委员会成员不可能对每一位答辩者的毕业论文内容有全面的了解，因此，在论文答辩过程中能否围绕主题进行，能否最后扣题非常重要。另外，如果能自始至终地以论文题目为中心展开论述，就会使评委思维明朗，对你的毕业论文给予肯定。

表 10－1　　毕业论文答辩评审表

<table>
<tr><td>论文题目</td><td colspan="7"></td></tr>
<tr><td>学生姓名</td><td></td><td>学　号</td><td></td><td>指导教师</td><td></td><td>职　称</td><td></td></tr>
<tr><td colspan="2">答辩小组评分</td><td colspan="6"></td></tr>
<tr><td colspan="8">参考评价指标</td></tr>
<tr><td>项　目</td><td colspan="7">评价内容</td></tr>
<tr><td>内　容</td><td colspan="7">思路清晰；语言表达准确，概念清楚，论点正确；实验方法科学，分析归纳合理；结论严谨；论文有应用价值</td></tr>
<tr><td>创　新</td><td colspan="7">对前人工作有改进或突破，或有独特见解</td></tr>
<tr><td>答　辩</td><td colspan="7">回答问题有理论根据，基本概念清楚。主要问题回答准确，深入</td></tr>
<tr><td>时　间</td><td colspan="7">符合要求</td></tr>
</table>

续表

<table>
<tr><td colspan="5">评语：

答辩委员会（小组）负责人签字：
年　　月　　日</td></tr>
<tr><td rowspan="3">答辩委员会（小组）成员签字</td><td></td><td></td><td></td><td></td></tr>
<tr><td></td><td></td><td></td><td></td></tr>
<tr><td></td><td></td><td></td><td></td></tr>
<tr><td colspan="5">毕业论文成绩评定</td></tr>
<tr><td>指导教师评分</td><td>评阅人评分</td><td>答辩评分</td><td colspan="2">综合评分
（按结构 4:3:3）</td></tr>
<tr><td></td><td></td><td></td><td colspan="2"></td></tr>
<tr><td colspan="2">答辩委员会（小组）负责人签字：
年　月　日</td><td>毕业论文等级</td><td colspan="2"></td></tr>
</table>

8. 人称使用

论文答辩过程中必然涉及人称使用问题，建议尽量多地使用第一人称，如“我”“我们”。即使论文中的材料是引用他人的，用“我们引用”了哪儿哪儿的数据或材料，特别是毕业论文大多是自己写作的，所以要更多使用而且是果断地、大胆地使用第一人称“我”和“我们”。如果是这样，会使人有这样的印象：东西是你的，工作做了不少！①

9. 答辩结束

论文答辩之后，作者应该认真听取答辩委员会的评判，进一步分析、思考答辩老师提出的意见，总结论文写作的经验教训，对论文做进一步修改。

二、教育研究成果评价

教育研究成果评价是对教育研究成果做出价值判断的过程。教育研究成果评价有助于教育研究信息的相互沟通，是使社会了解、承认教育研究成果的必要途径，也是推广教育研究成果的前提条件。

---

① 邓秋香. 毕业论文答辩应注意的几个问题. 青年科学，2003. 8.

（一）教育研究成果的评价标准

教育研究成果评价，既要考虑其自身的科学性、理论性和应用性，也要考虑研究成果的可读性。因此，在进行评价时应该给予全面考虑。下面的评价表可供参考。①

表 10－2　　教育研究成果评价表

	评价项目	权重	评价标准	评价等级			
				A 95 分	B 80 分	C 65 分	D 50 分
分项评价	科学性	0.25	1. 选题符合客观实际，理论依据正确； 2. 研究方案周密； 3. 研究方法科学； 4. 研究资料可靠； 5. 论证、推理合乎逻辑				
	创造性	0.25	1. 提出新理论、观点、概念，论证成立； 2. 对已有理论做出新的解释、论证，使原有理论深化； 3. 探索出事物的新规律，深化了理论认识； 4. 纠正原有理论、概念原理的错误； 5. 对学术界争鸣的问题发现了新资料、提出了新见解，使问题有所突破，并得到学术界的认可； 6. 填补某项科学空白，具有国内、国际意义				
	学术性	0.20	1. 具有比较完备的理论体系和概念系统； 2. 对已有知识进行了充实，使之条理化、系统化； 3. 对事物之间的关系进行了较深入的分析，初步说明了事物的本质，得出某些新结论； 4. 对已有的研究方法或技术有所突破				
	应用性	0.20	1. 研究成果为有关教育部门决策与管理提供参考依据，具有很高的实用价值； 2. 研究成果形成了可操作方法，实用性强，具有一定的推广价值； 3. 省内、国内学术界同行反映强烈，具有较高的引用率				
	规范性	0.10	1. 文字准确、精炼、深入浅出、通俗易懂； 2. 主题明确，重点突出；结构严谨，层次分明；推理清楚，论证充分				

① 华国栋. 教育科研方法[M]. 南京：南京大学出版社，2001. 313.

（二）教育研究成果的评价方法

教育研究成果的评价必须使用相应的科学方法，将评价标准付诸实践。近年来，有关学者总结教育研究成果评价经验，归纳出两类常用方法。

1. 定性评价法

定性评价的基本步骤是：参加评价的每位专家都依据评价标准独立对研究成果进行逐项分析，然后进行集中评价。集中评价时每位专家先依次说明自己对研究成果的评价，然后集体讨论、统一认识。在此基础上，由评价委员会主任或评价组组长归纳全体专家的意见，做出初步鉴定意见。然后集体讨论修改，确定评价意见。

2. 模糊评价法

定性评价法比较简捷迅速，直接利用定性语言给出评价意见。其优点是省时省力，而不足之处是难以做到准确。因此，有的地方探索在定性描述之前先进行定量分析，即在评价前先根据有关情况对评价体系中的各项指标赋予权重，对每项指标的评定按照四个或五个等级赋予分值。在具体评价过程中每位专家对成果的各项指标按等级计分。在进行数据处理时，先统计每位专家的评分，再统计全员评分。全员评分即对该项研究成果的定量评价结果。在此基础上，再利用定性语言进行全面评价。

以上两种方法各有长处和不足。评价经验丰富的评价组宜采用定性评价法，而评价经验不足的评价组宜采用模糊评价法。

第二节　实战体验：撰写毕业论文答辩提纲

完成一份毕业论文答辩提纲，并整理到 PPT 文档中。

主要参考文献

[1] 杨小微.教育研究[M].北京:北京师范大学出版社,2001.

[2] 裴娣娜.教育研究方法导论[M].合肥:安徽教育出版社,1995.

[3] 叶澜.教育研究方法[M].北京:中国科学技术出版社,1990.

[4] 孟庆茂.教育研究方法[M].北京:中央广播电视大学出版社,2001.

[5] 陈向明.质的研究与社会科学研究方法[M].北京:教育科学出版社,2000.

[6] 张厚粲.心理与教育统计学[M].北京:北京师范大学出版社,1987.

[7] 弗林克尔,瓦伦.美国教育研究的设计与评估[M].蔡永红,等,译.北京:华夏出版社,2004.

[8] 秦金亮,等.幼儿教师学做研究——学前教育研究方法新视野[M].北京:新时代出版社,2008.

[9] 陈向明.在行动中做质的研究.北京:教育科学出版社,2003.

[10] 袁振国.教育研究方法[M].北京:高等教育出版社,2000.

[11] 温忠麟.教育研究方法基础[M].北京:高等教育出版社,2007.

[12] 王孝玲.教育统计学[M].上海:华东师范大学出版社,2008.

[13] 李晶.社会调查方法[M].北京:中国人民大学出版社,2003.

[14] [美]维尔斯曼.教育研究方法导论[M].袁振国,译.北京:教育科学出版社,1997.

[15] 瞿葆奎,叶澜,施良方.教育学文集:教育研究方法[M].北京:人民教育出版社,1988.

[16] 高尔,高尔,博格.教育研究方法实用指南[M].胡秀国,郭书彩,屈书杰,译.5版,北京:北京大学出版社,2007.

[17] 魏薇,王红艳,路书红.教育研究方法[M].济南:山东人民出版社,2012.

[18] 王工一.教育科研实训教程[M].北京:中国水利水电出版社,2010.

[19] 杨丽珠.教育科学研究方法[M].大连:辽宁师范大学出版社,1995.

[20] 华国栋.教育科研方法[M].南京:南京大学出版社,2001.

[21] 陶保平.学前教育科学研究方法[M].上海:华东师范大学出版社,2008.